승리의 종말론

승리의 종말론

부분적 과거주의 견해

개정판

해럴드 R. 에벌리, 마틴 트랜치 공저
정광의, 천슬기 옮김

Victorious Eschatology A Partial Preterist View
by Harold R. Eberle and Martin Trench
Copyright © 2006 by Harold R. Eberle. All rights reserved
Korean Translation Copyright © 2017, 2020, 2022 by Bethel Books

본 저작물의 한국어판 저작권은 벧엘북스 Bethel Books 가 소유합니다. 신 저작권법에 의해 본 서적의 어떤 부분도 한국 내 판권을 소유한 벧엘북스의 사전 승인 없이 번역, 복제할 수 없습니다. 그러나 두 문단을 넘지 않는 한도 내에서 잡지 기사 또는 리뷰에 간략히 인용하는 것은 예외로 합니다.

저자의 견해 중 어떤 부분은 벧엘북스의 견해와 다를 수 있습니다.

Victorious Eschatology
A Partial Preterist View
Second Edition

Harold R. Eberle and Martin Trench

목차

서문
도입..13

1. 마태복음 24장의 이해
마태복음 24장 소개..20
질문 #1 : "어느 때에 이런 일이 있습니까?"................................21
질문 #2 : "주의 임하심에는 무슨 징조가 있습니까?"....................62
질문 #3 : "세상 끝에는 어떻게 됩니까?"...................................78
요약..84

2. 부분적 과거주의 견해 이해
부분적 과거주의 견해 : 승리의 견해...88
부분적 과거주의 견해의 장점..89
예언의 다면적 성취란?..91
우리의 믿음을 향한 도전...93
상황이 더 나아진다..95
요약..99

3. 다니엘에게 주어진 예언적 메시지
다니엘 2장의 메시지...102
다니엘 9장의 메시지...108
요약..120

4. 계시록의 이해
요한계시록 서론...122
요한이 계시록을 기록한 때는?..129
계시록 2장과 3장 : 일곱 교회를 향한 일곱 서신들....................133
계시록 4장과 5장 : 그리스도께서 통치하시는 하늘의 모습.........135
계시록 6장 : 전투를 준비하는 하나님의 군대...........................139
계시록 7장-11장 : 유대인 심판...143
계시록 12장-14장 : 로마제국의 심판.....................................166

계시록 17장 : 음녀는 누구인가?......198
　계시록 19장 : 하나님의 나라가 승리한다......222
　계시록 20장 : 예수님의 천년 통치......227
　계시록 21장과 22장 : 새 하늘과 새 땅......236
　요약......239

5. 유대인, 이스라엘, 성전
　메시아를 거절한 유대인......246
　유대인을 존중하는 기독교인......247
　다가올 유대인의 각성......249
　이스라엘 땅은 어떻게 되는가?......250
　예루살렘 성전은 어떻게 되는가?......257
　요약......258

6. 적그리스도
　적그리스도의 일관된 구절들......262
　요한의 적그리스도 묘사......264
　불법의 사람......271
　요약......279

7. 휴거
　미래주의 재림 견해......282
　부분적 과거주의 재림 견해......285
　관련 구절 고찰......287
　요약......290

8. 마지막 때
　자신이 마지막 때에 산다고 믿은 사도들......294
　미래주의 마지막 때 견해......296
　부분적 과거주의 마지막 때 견해......297
　요약......301

결론......305
참고문헌1......306
참고문헌2......310
저자소개......313

WHAT OTHERS ARE SAYING

추천사

나는 날마다 패배주의적인 태도로 하루를 시작하는 것을 상상하고 싶지 않다. 나는 단지 몇몇 불쌍한 영혼을 낚아채려는 연약한 사탄을 이기지 못하는 하나님을 섬기는 것이 아니다. 해럴드 에벌리와 마틴 트렌치는 이 책을 통해 승리하신 하나님으로부터 말미암는 종말론이 무엇인지 우리에게 명백하게 보여준다.

돈 앳킨스

KINGDOMQUEST INTERNATIONAL MINISTRIES 설립 목사, 대표

나는 우리 종말론에 새로운 개혁이 필요하며, 해럴드 에벌리와 마틴 트랜치가 공저한 이 책이 그런 방향을 향해 발걸음을 내딛는 시도라고 믿는다. 이 책은 예수님의 감람산 강화의 명확한 이해를 제공함으로써 말씀에서 벗어난 현재의 종말론을 바로잡는다. 이 책은 종말에 관한 기존의 사고방식에 전환점을 제공하여 건전한 영적 기초를 쌓는 데 도움을 주므로 강력히 추천한다.

존 에카르트

IMPACT NETWORK 설립 목사, 대표

Acknowledgments

감사의 글

우리는 이 책의 참고문헌에 언급한 많은 저자의 저서를 인용했다. 이들의 연구 업적에 감사하며 축복한다.

마이크 라이트 풋(MIKE LIGHT FOOT) 목사와 루스 라이트 풋(RUTH LIGHT FOOT) 목사의 조언과 격려에 특별히 감사한다. 테드 핸슨(TED HANSON) 목사는 기독교 사상의 선구자로 꾸준한 영감을 주었다. 허브 프리젤(HERB FRIZZLE)은 종말론 연구 학자로 조언해 주었으며 깊은 연구를 원하는 독자에게 추천할만한 글을 썼다. 예수 그리스도께서 재림하시기 전에 권능으로 일어설 승리하는 교회에 관한 우리 연구에 관심을 보여준 수많은 기독교인에게 감사한다.

제임스 브라이슨(JAMES BRYSON)은 따뜻하면서도 냉철한 비평을 아끼지 않았다. 로리 펙함(LORI PECKHAM)은 전문가로서 우리 팀에 귀중한 보배이다. 트리스탄 콜(TRISTAN KOHL)은 최종 편집자로서 아무도 볼 수 없는 실수를 찾아내는 탁월한 사람이다. 오랫동안 우리 책과 많은 기독교 저자의 서적을 편집한 아네트 브레들리(ANNETTE BRADLEY)에게 이 책을 헌정한다. 아네트, 아마 당신은 천국에서도 그곳의 성도들을 위해 책을 편집할 것 같군요. 정말 고맙습니다.

Foreword

서문

해럴드 에벌리와 마틴 트렌치가 이 책에 저술한 내용은 교회 안에 만연한 일방적인 마지막 때 견해의 획기적인 전환점이다. 우리는 교회에 만연한 패배주의로 가득 찬 휴거 정서를 추수 신학 HARVEST THEOLOGY 으로 바꿀 필요가 있다. 교회는 그리스도의 신부로서, 패배와 죽음의 옷을 벗고 신부에 합당한 결혼 예복을 입어야 한다.

하나님 나라의 추수에 집중하는 기독교인들은 휴거 염려로 시간을 낭비하지 않으며 자신의 생존에 연연하지 않는다. 왜냐하면, 이들의 마지막 때 관점은 어린 양의 혼인 잔치를 준비하면서 가능한 많은 사람을 천국으로 인도하는 것이기 때문이다. 승리의 종말론은 교회에 만연한 패배주의적 휴거 사고방식을 깨트리고 당신을 추수의 사역으로 무장하게 할 것이다.

명심하라, 우리는 마귀가 앞문으로 쳐들어올 때 소심하게 뒷문으로 도망치는 두려움에 가득한 실패한 교회가 아니라 원수의 모든 능력을 제어할 권세를 가진 승리하는 교회이다.

칼 피어스, 국제 치유의 집 사역
CAL PIERCE, HEALING ROOMS MINISTRIES INTERNATIONAL

Introduction

도입

종말론은 마지막 때를 연구하는 학문이다. 이 책의 종말론 견해는 하나님 나라가 이 땅에 온전히 이뤄질 때까지 교회는 계속해서 성장하며 멈추지 않고 전진함으로써 예수님의 재림 전에 강력한 연합과 성숙, 영광으로 일어날 것이라는 **승리의 종말론**이다.

20세기 이전의 위대한 교회 지도자 대부분은 승리의 종말론을 주장했다. 하지만 1차 세계대전 동안 유럽은 세상을 향해 부정적인 견해를 가지기 시작했으며 북미 지역은 세계 대공황과 2차 세계대전, 한국 전쟁, 월남전을 겪으면서 부정적 견해에 동참했다. 세계가 인간성의 사악함에 직면하자 미래를 향한 비관적 견해가 일어난 것이다. 이런 세계사적 영향력 아래에서 많은 기독교인이 세상이 점차 사악한 지도자들의 영향력에 빠져서 결국 사탄이 세계의 경제 체제와 종교 체제를 통제할 것이라고 믿는 비관적 종말론을 선호하게 되었다. 이런 비관적 견해를 가진 설교자들은 적그리스도가 곧 등장하여 전 세계를 속여 자신의 권위 아래 둘 것이며, 하나님께서 분노를 쏟아내시어 세상을 심판하시고 파괴하실 것이기 때문에 다가올 엄청난 시련을 견딜 준비를 해야 한다고 가르쳤다.

세대주의에 기초한 스코필드 주석 성경에 매우 부정적인 마지막 때 시나리오를 제시하는 비관주의적 종말 태도가 등장했고 이 노선을 따라 수백 권의 마지막 때 관련 서적이 기독교 신앙에 파고들기 시작했다. 가장 널리 알려진 것으로는 탐 라헤이와 제리 B. 젠킨스의 '레프트 비하인드$^{LEFT\ BEHIND}$'라는 소설 시리즈이다.

비관적 종말론 책들과 관련 가르침이 현대 교회에 보편적으로 받아들여지면서 부정적인 종말론이 가장 대중적인 종말론 견해가 되었다. 하지만 우리는 이 부정적 종말론 견해가 기독교 역사상 겨우 지난 60년 동안 널리 알려졌다는 사실에 주목해야 한다. 이 견해는 2000년도에 절정에 달했는데, 그것은 2000년이 바로 세상의 종말이 오기 직전이라는 인식 때문이었다. 그러나 교회가 새천년에 안착하면서 비관주의적 종말론을 가진 기독교인들은 다시 자신의 시선을 또 다른 미래로 돌렸다.

이와 반대로 많은 현대의 교회 지도자가 자신이 믿는 비관적 종말보다 더 낙관적인 견해를 제공하는 성경 구절을 발견했다. 이들은 사탄이 아니라 예수 그리스도의 교회가 이 세상을 통치할 것이라는 승리의 종말론을 주장한다. 이 책이 제시하는 승리의 종말론을 언급하는 데 사용하는 신학적 용어는 '부분적 과거주의 견해$^{PARTIAL\ PRETERIST\ VIEW}$'다. 반면 현재 널리 알려진 부정적 종말론 견해는 '미래주의 견해$^{FUTURIST\ VIEW}$'라고 한다. 신학적 용어인 부분적 과거주의 견해와 미래주의 견해는 마태복음 24장과 요한계시록의 예언을 성취하는 시기를 가리킨다. "과거주의자^{PRETERIST}"라는 단어는 지나간 것을 의미하는 라틴어 프레테리투스^{PRAETERITUS}에서 유래했다. 그러므로 부분적 과거주의 견해는 마태복음 24장과 요한계시록의 예언을 이미 성취한 것으로 본다. 반면 미래주의자들은 마태복음 24장과 요한계시록의 모든 예언을 미래에 성취할 것으로 본다.

종말론 견해	신학적 명칭
승리의 견해	부분적 과거주의 견해
보편적 견해	미래주의 견해

이 표가 앞으로 볼 내용의 요약이다. 1장에서 마태복음 24장에 기록된 예언을 살펴본다. 2장에서는 부분적 과거주의 견해에 관한 일부 이슈를 살펴본다. 3장에서는 다니엘 2장과 9장의 예언을 다룬다. 4장에서는 요한계시록과 5장과 6장, 7장에서는 유대인, 적그리스도, 휴거에 관한 부분적 과거주의 견해를 다룬다. 마지막으로 8장에서는 "마지막 때"의 의미를 규명할 것이다.

신학적 명칭	마태복음 24장 & 요한계시록 성취
부분적 과거주의 견해	부분적인 과거, 부분적인 미래
미래주의 견해	모두 미래에 성취될 것으로 봄

우리(해럴드 에벌리와 마틴 트렌치)는 목사로서 대다수 사역자처럼 미래주의 종말론 견해를 믿고 가르쳐왔다. 하지만 우리가 성도들에게 미래주의 종말론을 가르칠수록 미래주의가 제시하는 부정적 종말론 시나리오에 맞지 않는 많은 성경 구절이 있다는 사실을 발견했다. 그리고 몇 년 동안 깊이 연구한 끝에, 미래주의 견해보다

부분적 과거주의 견해가 더 성경의 종말론에 가깝다고 결론내렸다. 우리는 이 책에서 특정한 성경 구절을 연구하는 것 외에도 교부들과 잘 알려진 설교자들, 교사들, 종교개혁자들이 승리적인 종말론을 언급한 것도 인용할 것이다.

교회 역사의 모든 지도자가 성경의 종말을 부분적 과거주의 견해로 설명하지는 않지만 지난 2천 년 동안 교회의 지배적인 종말론 견해는 예수 그리스도께서 다시 오시기 전에 교회가 권세를 가지고 일어나 승리할 것이라는 승리의 종말론 견해이다.

조나단 에드워즈

사탄의 가시적인 왕국은 무너질 것이며 그리스도의 왕국이 그 위에 세워질 것이다.

(조나단 에드워즈 전기(THE WORKS OF JONATHAN EDWARDS), 1974, P. 488)

찰스 스펄전

나는 왕 되신 예수님께서 온 땅을 통치하며 우상들은 완전히 파괴될 것이라고 믿는다. 세상을 뒤덮는 하나님의 능력이 여전히 이런 일을 계속할 것이라고 예상한다. 나는 성령님께서 세상을 바꿀 수 없을 것이라는 악평에 절대 좌우되지 않는다.

(찰스 스펄전 전기(THE LIFE AND WORK OF CHARLES HADDON SPURGEON), 1992, 4:210)

요한 웨슬리

하나님께서 이 땅을 새롭게 만드신다는 사실을 모든 사람이 직접 알게 될 것이다. 하나님께서 이미 시작하신 일을 우리 주 예수 그리스도의 날까지 진행하실 것이며, 주께서 하신 모든 약속이 성취될 때까지 죄와 고통, 질병과 사망이 끝날 때까지 우주적인 거룩함과 행복을 재정비하여, 이 땅의 모든 사람이 함께 "할렐루야"를 찬양할 때까지 하나님께서는 성령님을 통한 축복의 역사를 절대 멈추지 않으실 것이다.

(요한 웨슬리 전기(THE WORKS OF JOHN WESLEY), 1985, P. 499)

오리겐

그리스도를 향한 예배를 제외한 모든 형태의 예배는 없어질 것이며 그리스도를 향한 예배만이 존재할 것이라는 생각이 매일 더 많은 사람을 사로잡아 결국에 교회와 하나님의 나라는 승리할 것이다.

(켈수스를 향한 오리겐의 반박(ORIGEN AGAINST CELSUS), 1660, 8:68)

1장

UNDERSTANDING MATTHEW 24

마태복음 24장 이해

1장에서는 예수님께서 감람산에서 제자들에게 가르침을 주셨기 때문에 "감람산 강화 OLIVET DISCOURSE"로 알려진 마태복음 24장을 살펴본다. 제자들이 예수님께 몇 가지 핵심 질문을 한 마 24:3에서 시작하려 한다.

예수께서 감람 산 위에 앉으셨을 때에 제자들이 조용히 와서
이르되 우리에게 이르소서 어느 때에 이런 일이 있겠사오며
또 주의 임하심과 세상 끝에는 무슨 징조가 있사오리이까

이후에 나타나는 본문에서 예수님께서는 우리가 살펴볼 대답을 주신다. 예수님의 대답을 이해하는 관점과 접근 방식은 마지막 때, 환란, 적그리스도, 모든 미래 사건 이해의 믿음을 결정한다.

마태복음 24장 소개

마 24:3에서 제자들의 질문 후에 예수님께서는 거짓 선지자, 전쟁, 지진, 기근, 박해, 배교 이야기와 복음이 온 세상에 전파되기 전에 파괴와 고난, 잡혀감이 있을 것이라고 말씀하신다. 미래주의를 믿는 기독교인들은 제자들을 향한 예수님의 대답을 세상의 끝이 오기 전인 말세에 해당하는 것이라고 결론 내린다. 그러나 부분적 과거주의자들은 마태복음 24장을 연구할 때 미래주의자와는 매우 다른 결론에 도달한다. 마태복음 24장을 한 절씩 설명하기에 앞서, 제자들이 예수님께 드린 질문을 명확하게 살펴볼 필요가 있다.

> 예수께서 감람 산 위에 앉으셨을 때에 제자들이 조용히 와서 이르되 우리에게 이르소서 어느 때에 이런 일이 있겠사오며 또 주의 임하심과 세상 끝에는 무슨 징조가 있사오리이까 (마 24:3)

일부 번역본은 고대 헬라어인 아이온^{AION}이라는 단어를 "시대^{AGE}"나 "세상^{WORLD}"으로 해석할 수 있으므로 이 구절을 "세상의 끝"으로 해석한다. "세상"이라는 단어를 사용하는 미래주의자들은 이 구절을 제자들이 예수님께 재림과 세상의 끝을 질문한 것이라고 믿는 경향이 있다. 그러므로 예수님께서 후속 절에서 대답하시는 내용이 미래의 종말에 일어날 일이라고 해석한다. 그러나 부분적 과거주의자들은 마 24:3에 기록된 제자들의 질문이 단지 종말에 관한 하나의 질문이 아닌 세 가지 질문이었다고 이해한다.

질문 #1 : "어느 때에 이런 일이 있습니까?"
질문 #2 : "주의 임하심에는 무슨 징조가 있습니까?"
질문 #3 : "시대(세상) 끝에는 어떻게 되겠습니까?"

세 가지 질문을 인식하는 방식에 따라 후속 절에 등장하는 예수님의 대답을 이해하는 결과도 상당히 달라진다. 예수님께서는 마 24:4~28에서 첫 번째 질문에 답하시고 마 24:29~35에서 두 번째 질문에 답하신다. 마지막으로 마 24:36~25:46에서 시대의 끝(또는 세상의 끝)이 언제인지 묻는 마지막 질문에 답하신다.

질문 #1: 어느 때에 이런 일이 있습니까?

제자들이 예수님께 드린 첫 번째 질문은 "어느 때에 이런 일이 있습니까?"이다. 예수님의 대답을 살펴보기 전에 제자들이 묻는 "이런 일"이 무엇인지 알아야 한다. 미래주의 견해를 가진 기독교인들은 "이런 일"이 예수님의 재림과 세상의 끝에 앞서 나타날 사건이라고 단정 지어 생각하는 경향이 있다.

마 23장은 예수님께서 예루살렘 성전에서 말씀하시는 모습을 보여준다. 먼저 주님께서는 군중과 제자들에게 서기관과 바리새인을 조심하라고 경고하시고 (2~12) 마 23:13에서 그 대상을 제자들에서 종교 지도자로 바꾸신다. 후속 절의 첫 번째 몇 단어를 살펴보면 예수님의 메시지의 의미를 이해할 수 있다. 예수님께서는 다음과 같이 거친 표현을 사용하신다.

13절 : "화 있을진저 외식하는 서기관들과 바리새인들이여"
14절 : "화 있을진저 외식하는 서기관들과 바리새인들이여"
15절 : "화 있을진저 외식하는 서기관들과 바리새인들이여"
16절 : "화 있을진저 눈 먼 인도자여"

예수님께서 종교 지도자들을 그들의 성전에서 꾸짖으신다. 다음 몇 절을 더 읽으면서 예수님의 꾸짖으시는 강도를 살펴보자.

23절 : "화 있을진저 외식하는 서기관들과 바리새인들이여!"
24절 : "맹인 된 인도자여"
25절 : "화 있을진저 외식하는 서기관들과 바리새인들이여!"
26절 : "눈 먼 바리새인이여"
27절 : "화 있을진저 외식하는 서기관들과 바리새인들이여!"
29절 : "화 있을진저 외식하는 서기관들과 바리새인들이여!"

그리고 이제, 종교 지도자들을 꾸짖으시는 정점에 도달하신다.

33 뱀들아 독사의 새끼들아 너희가 어떻게 지옥의 판결을 피하겠느냐 34 그러므로 내가 너희에게 선지자들과 지혜 있는 자들과 서기관들을 보내매 너희가 그중에서 더러는 죽이거나 십자가에 못 박고 그중에서 더러는 너희 회당에서 채찍질하고 이 동네에서 저 동네로 따라다니며 박해하리라 35 그러므로 의인 아벨의 피로부터 성전과 제단 사이에서 너희가 죽인 바라갸의 아들 사가랴의 피까지 땅 위에서 흘린 의로운 피가 다 너희에게 돌아가리라 36 내가 진실로 너희에게 이르노니 이것이 다 이 세대에 돌아가리라 (마 23:33~36)

당신이 이 본문을 주의 깊게 읽었다면 결코 자신이 서기관과 바리새인과 같은 편이기를 원치 않을 것이다. 예수님께서 다가올 심판을 선언하실 때 아벨에서 스가랴에 이르는 모든 의인의 피를 언급하시는데, 아벨은 창세기에 등장하고 스가랴는 구약의 거의 마지막에 등장하므로 이 언급은 매우 의미 있다. 이것은 곧 예수님 당시의 유대인들의 성경인 구약의 처음에서 끝까지 등장하는 의인들이 흘린 피의 심판이 바리새인과 그들의 세대에 임할 것을 말씀하시는 것이다. 심판이 선포되었다!

우리는 성경이 한 세대를 40년으로 규정하는 것을 안다(예를 들면 한 세대가 사라질 때까지 히브리인들은 40년 동안 광야에서 방황했다). 그러므로 예수님의 말씀이 문자대로라면 말씀을 듣는 종교 지도자들과 그 주변 사람들에게 선포하신 심판이 40년 안에 이뤄질 것이라고 예상할 수 있다. 마 23장에서 예수님께서는 이 엄청난 심판이 어떻게 일어날 것인지 보다 구체적으로 말씀하신다. 37절과 38절에서는 다음과 같이 말씀하신다.

> 37 예루살렘아 예루살렘아 선지자들을 죽이고 네게 파송된 자들을 돌로 치는 자여 암탉이 그 새끼를 날개 아래에 모음 같이 내가 네 자녀를 모으려 한 일이 몇 번이더냐 그러나 너희가 원하지 아니하였도다 38 보라 너희 집이 황폐하여 버려진 바 되리라

예수님께서 이스라엘의 중심인 거룩한 예루살렘 성전에서 이 말씀을 선포하셨다. 이것은 곧 심판이 서기관들과 바리새인들과 그 도시와 성전에 임할 것이라는 의미다.

> **요한 크리소스톰**
> 그러므로 이제 심판이 약속되었다. 이 심판은 두려워하는 자들과 도시 전체에 임할 것이다.
> *(마태복음, Homily 74.3)*

주 후 70년에 성취된 심판

앞서 말한 것처럼 예수님의 말씀이 정말 한 세대 안에 이루어졌는가? 실제로 예수님께서 주 후 30년경에 선포하신 심판은 주 후 70년에 성취되었다. 역사적으로 주 후 70년에 예루살렘이 파

괴되었다. 예수님께서 심판을 선포하신 후 40년 안에 디도(TITUS)장군의 지휘 아래 2만 명의 로마 군인이 예루살렘을 포위하고 약 4개월 동안 식량 공급을 차단하여 이스라엘 백성들을 굶주리게 했다. 그렇게 배고픔으로 전투력을 상실한 예루살렘에 훈련된 로마 군인들이 쳐들어와 1백만 명이 넘는 유대인들을 무자비하게 살해했으며, 성전을 불태우고 9만 7천 명의 유대인을 포로로 잡아갔다.[1] 이때 당시 유대 인구의 10분의 1이 죽었으며 역사적으로 그 후 60년 동안 유대인의 삶은 역사에서 지워졌다. 이스라엘은 주 후 130년~135년이 되어서야 재결집하여 로마에 대항할 수 있었으며 3년간의 전투 후에 또다시 로마는 58만 명의 유대인을 살해하여 반란을 진압했고, 이스라엘은 그 후 1948년이 될 때까지 독립된 국가로서 인식되지 않았다.

주 후 70년의 예루살렘 파괴에서 디도 장군은 예루살렘 성전을 완전히 파괴하도록 명령했고, 로마군인들은 성전을 허물고 터를 갈아엎었다. 예수님께서 말씀하신 대로 성전이 완전히 파괴되었다.[2] 역사적으로 성전과 예루살렘 파괴의 정보를 제공하는 많은 문헌이 있다. 우리가 가진 대부분의 정보는 당시에 발생한 일을 살펴보고 기록하도록 로마 정부가 고용한 유대인(기독교인이 아닌) 역사학자 요세푸스가 기록한 내용이다.

---

1. 플라비우스 요세푸스, JOSEPHUS: THE COMPLETE WORKS, 윌리엄 휘스턴 번역 (1998년 토마스 넬슨 출판사), 유대인의 전쟁(THE WARS OF THE JEWS), VI:IX:3
2. 예루살렘 서쪽 벽(통곡의 벽이라고도 함)은 예수님 당시에 존재한 성전의 일부가 아니라 헤롯 왕이 성전 주위에 건설한 성벽의 일부다.

요세푸스는 예루살렘 전투와 파괴의 많은 내용을 기록했다.

그들(로마 군인들)이 집으로 들어가 약탈을 시작할 때 이미 모든 가족이 굶어 죽어 있었다…. 군인들은 이 장면을 보고 놀라 아무것에도 손대지 않고 나왔다. 굶어 죽은 사람들은 동정했지만 살아있는 사람들에게는 그렇지 않았다. 군인들은 만나는 사람마다 죽여서 모든 거리를 파괴했으며 도시 전체를 피로 물들였다. 심지어 불타는 집을 유대인의 피로 끌 정도였다. (유대인의 전쟁, 1998, VI:VIII:5)

우리는 유대 역사가 요세푸스의 기록을 통해 예루살렘 멸망이 마태복음 23장과 24장에 기록된 예수님의 예언이 역사적으로 명백하게(기록된 단어 그대로) 성취된 것임을 알 수 있다. 요세푸스의 저서들은 대부분의 기독교 서점이나 도서관에서 찾을 수 있으며 많은 웹사이트에서 자유롭게 열람할 수 있다.

유세비우스

우리 구원자 주 예수 그리스도의 예언에 따라 이 모든 일이 베스파시아누스 제위 2년[주후 70년]에 발생했다.

교회사(ECCLESIASTICAL HISTORY), III:7

> **요한 웨슬리**
>
> 이 일은 제때에 맞춰 성취되었다. 성전이 불탄 후 로마 장군 디도가 성전의 기초까지 파괴하라고 명령했으며 로마 총독 투너스 리후스$^{TURNUS\ RUFUS}$가 성전 기초를 갈아 엎은 후에…. 당시에 생존한 이스라엘 백성들은 이 심판을 반드시 통과해야 했다. 그러나 이스라엘에게 절대적인 성전이 사라졌다고 해서 모든 것이 사라진 것은 아니었다. 예루살렘과 성전은 주 후 39년 또는 40년 후에 완전히 파괴되었다.
>
> 요한 웨슬리 전기, 1985

마태복음 24장의 문맥

예루살렘과 성전의 파괴는 나중에 더 자세히 살펴보고, 마태복음 24장이 시작되는 문맥을 좀 더 살펴보려고 한다. 사실 신약성경의 헬라어 사본에는 장절을 나누는 구분이 없었다. 원래 마태복음 23장은 중단 없이 바로 마태복음 24장으로 연결된다. 마 24:1은 다음과 같다.

> 1 예수께서 성전에서 나와서 가실 때에 제자들이 성전 건물들을 가리켜 보이려고 나아오니 2 대답하여 이르시되 너희가 이 모든 것을 보지 못하느냐 내가 진실로 너희에게 이르노니 돌 하나도 돌 위에 남지 않고 다 무너뜨려지리라 (마 24:1~2)

예수님께서는 거룩하고 영광스러운 성전이 완전히 파괴될 것임을 반복해서 말씀하신 후, 성전에서 나오셨고 제자들이 그 뒤를 따랐다. 그다음 절은 이렇게 시작한다.

예수께서 감람산 위에 앉으셨을 때에…(마 24:3)

감람산은 예루살렘 성전 밖의 언덕이다. 예수님께서 제자들과 함께 감람산 위에 앉으셔서 성전을 바라보셨다.[3] 제자들의 입장이 되어 보자. 만일 당신이 예수님과 함께 감람산에 앉아 성전을 바라본다면 어떤 질문을 제일 먼저 하고 싶을까? 제자들에게 가장 먼저 떠오른 생각은 예수님께서 예루살렘과 성전에 선포하신 심판이었을 것이다. 제자들은 다음과 같이 질문한다.

"어느 때에 이런 일이 있겠사오며…"

제자들은 "예루살렘과 성전이 언제 파괴될 것입니까?"라고 물었지만 전술한 것처럼 미래주의자들은 제자들이 세상의 끝을 질문한다고 가정한다. 하지만 제자들이 성전의 파괴를 질문하는 것과 동시에 종말을 질문하는 이유는 유대적 사고방식에 따라 예수님께서 예언하신 내용이 너무나 종말론적이었기 때문에, 정말 그

---

3. 이 내용은 감람산 강화가 기록된 마가복음 13절에서도 확인하지만, 제자들이 첫 번째 질문을 했을 때 예수님과 제자들이 성전을 마주하는 3절을 살펴보기로 한다.

예언이 세상의 끝을 말하는 것인지 궁금했다. 제자들은 하나님의 거룩한 성전이 파괴될 것이라는 예언에 큰 충격을 받았다. 과연 유대인이 성전 없이 어떻게 살아갈 수 있단 말인가? 그렇다면 이것이 세상의 종말일까? 언제 그런 일이 일어날까?

우리는 뒤에 예수님의 두 번째, 세 번째 질문을 살펴볼 것이다. 여기서는 먼저 제자들이 예수님께 "어느 때에 예루살렘과 성전이 파괴되겠습니까?"라고 물은 첫 번째 질문에 답할 필요가 있다.

> **찰스 스펄전**
>
> 먼저, 제자들이 성전 파괴 시기를 질문했다….
>
> *(하나님 나라의 복음(THE GOSPEL OF THE KINGDOM), 1974, P. 212)*

이 세대가 지나기 전에

예수님의 대답은 예수님께서 사셨던 시점의 시간 개념 안에서 해석해야 한다. 예수님께서는 명백히 예루살렘과 성전이 한 세대 내에 파괴될 것이라고 말씀하셨다. 마 24:34에서 다음과 같이 말씀하시며 이 시간 개념을 반복하신다.

> 내가 진실로 너희에게 말하노니 이 세대가 지나가기 전에 이 일이 다 일어나리라

당신은 예수님의 말씀을 문자 그대로 받아들이는가? 미래주의 자들은 예수님께서 마태복음 24장에서 예언하신 모든 사건이 주후 70년이 아니라, 당시에서 약 2천 년 후인 우리가 사는 시대에 일어날 일로 본다. 그러므로 이들은 예수님께서 두 개의 별도 구절(마 23:36과 24:34)에서 선언하신 40년을 의미하는 "세대"라는 시간 개념을 받아들이지 못한다. 일부 미래주의자들은 "세대"라는 단어를 "민족RACE"의 의미로 해석하여, 세상의 종말이 오기 전에는 유대 민족이 사라지지 않을 것이라고 한다. 또 예수님께서 말씀하신 세대가 마 24:4~33에 말한 마지막 때의 모든 사건을 볼 세대를 말하며, 이 세대는 예수님께서 다시 오실 때까지 사라지지 않을 것이라고 주장한다. 여기에서 중요한 것은 그 누구보다 예수님께서 말씀하신 의미를 예수님께서 가장 정확하게 아신다는 점이다. 예수님께서 마 23:36과 마 24:34 사이에 예언하신 모든 일이 이 말씀을 선포하실 때 생존한 세대에게 예수님께서 선포하신 그대로 정확하게 발생했다.

알렉산드리아의 오리겐

예수님께 가한 고통의 책임이 있던 한 세대에 해당하는 전체 유대 국가가 파괴되었다는 내 주장이 거짓이라고 말하는 모든 사람에게 도전한다. 유대인들이 예수님을 십자가에 못 박은 시간에서 예루살렘 파괴까지 40년이 걸렸다.

(켈수스를 향한 오리겐의 반박, IV:XXII)

예수님께서는 마 24:4-28에서 제자들의 첫 번째 질문에 대답하신다. 우리는 예수님께서 제자들의 첫 번째 질문에 대답하신 구절들을 무작위로 선택하지 않았다. 여러분은 앞으로 마 24장의 문맥 안에서 주어진 예수님의 명확한 대답을 보게 할 것이다. 제자들의 첫 번째 질문의 답이 이 구절에 기록된 것에는 의심의 여지가 없다. 이제 예루살렘과 성전이 파괴할 시기를 언급하는 질문을 향한 예수님의 대답을 한 절씩 살펴보자.

마 24:4,5 ; 많은 사람이 그리스도라고 주장함

4 예수께서 대답하여 이르시되 너희가 사람의 미혹을 받지 않도록 주의하라 5 많은 사람이 내 이름으로 와서 이르되 나는 그리스도라 하여 많은 사람을 미혹하리라

미래주의 견해에 익숙한 기독교인들은 이 말씀을 세상의 끝에 해당하는 미래로 이해한다. 이들은 현대에 자신이 그리스도라고 주장하는 사악한 지도자들을 유심히 찾고 주목하며 심지어 기다리는데, 이것이 바로 수정할 첫 번째 오류다.

예수님께서는 예루살렘과 성전이 파괴될 시기가 언제인지 묻는 말에 대답하신다. 이 사건은 예수님께서 예언하신 시간에서 40년 후인 주 후 70년에 발생했다. 예수님께서 제자들에게 이제 곧 많은 사람이 그리스도라고 주장할 것이라고 말씀하셨기 때문에 이 말씀이 성취되려면 실제로 영적 사기꾼들이 예루살렘과 성

전이 파괴되기 전에 등장해야 한다.

실제로 적그리스도가 성전 파괴 전에 나타났는가? 그렇다. 예수님의 사망 직후에 많은 지도자가 유대인들의 마음을 사로잡았다. 현대에 이것을 이해하는 것이 어려워 보일 수도 있지만, 과거의 문화를 염두에 두고 보면 그렇게 어려운 것도 아니다. 유대인들은 메시아(로마의 통치에서 해방해 줄 사람)를 간절히 기다렸다. 유대인의 희망과 종교 체계의 많은 것이 오실 메시아를 기초로 했다. 예수님께서 돌아가시자 예수님을 따른 많은 사람이 예수님께서 메시아시라는 믿음을 포기했고 이때 다른 지도자들이 재빠르게 일어나 예수님의 빈자리에서 갈 길 잃은 많은 추종자를 자신에게 끌어모았다.

유세비우스

주님께서 하늘로 올라가신 후에 악한 영 때문에 많은 사람이 자신을 스스로 신이라고 주장했다.

(교회사, 1965, II:13)

찰스 스펄전

예루살렘이 파괴되기 전에 많은 사기꾼이 스스로 하나님의 기름 부음 받은 사람이라고 주장했다….

(하나님 나라의 복음(THE GOSPEL OF THE KINGDOM), 1974, P. 213)

> **요한 웨슬리**
>
> 당시는 일반적으로 유대인이 메시아를 간절히 기대한 시대였기 때문에 예루살렘이 파괴된 후에 이전 보다 더 많은 사기꾼이 등장했다.
>
> (신약 해설(EXPLANATORY NOTES UPON THE NEW TESTAMENT), 2007년 12월 1일, HTTP://WWW.PRETERISTARCHIVE.COM/STUDYARCHIVE/W/WESLEY-JOHN_METHODIST.HTML)

> **존경받는 비드(THE VENERABLE BEDE)**
>
> 예루살렘 파괴가 임박했을 때 많은 사람이 자신이 그리스도라고 주장했다.
>
> (토마스 아퀴나스의 GOLDEN CHAIN에서 인용, 1956)

마태복음 24:6,7 ; 난리와 난리의 소문

6 난리와 난리 소문을 듣겠으나 너희는 삼가 두려워하지 말라 이런 일이 있어야 하되 아직 끝은 아니니라 7 민족이 민족을, 나라가 나라를 대적하여 일어나겠고 곳곳에 기근과 지진이 있으리니 (마 24:6,7)

약 2천 년 전, 감람산에서 예수님께서는 다가올 난리(전쟁)를 예언하시는데, 흥미로운 것은 예수님께서 난리를 예언하실 때에는

"난리와 난리 소문"의 징조가 없었다. 당시 예루살렘을 통치한 로마의 권력은 안정되고 강력하며 영원할 것처럼 보였고 역사적으로도 이 기간을 팍스 로마$^{PAX\ ROMANA}$ 즉, "로마로 말미암은 평화" 시대라고 말한다. 물론 역사에서 로마의 적들은 이 시대를 그렇게 관대하게 평가하지 않지만, 로마가 세계에서 중요한 위치를 잡은 때에 예수님께서는 앞으로 다가올 전쟁을 예언하셨다. 그렇다면 정말 예수님의 예언이 그 세대가 가기 전에 성취되었는가? 실제로 얼마 후, 전쟁이 로마제국 전체에서 일어나기 시작했고 유대인들은 끊임없는 공포 속에서 살았다. 5만 명의 유대인이 셀레우코스에서, 2만 명이 가이사랴에서 학살되었다. 그리고 주 후 66년에 5만 명의 유대인이 알렉산드리아에서 죽임당했다. 로마에서는 18개월 동안 네 명의 황제가 잔인하게 살해되었다. 이 시대는 엄청난 혼란의 시기였으며 새로운 반란의 소문이 끊임없이 나돌았다.[4]

마태복음 24:7 ; 기근

예수님께서는 곧이어 큰 기근을 예언하신다. 제자들이 살았던 세대에 기근이 발생했는가? 그렇다. 우리는 사도행전 11장에서 "큰 흉년"의 기록을 발견한다.

> 그중에 아가보라 하는 한 사람이 일어나 성령으로 말하되 천하가 크게 흉년 들리라 하더니 글라우디오 때에 그렇게 되니라 (행 11:28)

---

4. 플라비우스 요세푸스, 유대인의 전쟁, 1998, ii:xviii.

이 기근은 특히 유대 지역에서 매우 심했으며 신약성경의 두 곳에서 기독교인들이 기근으로 고통받는 신자들을 위한 연보를 모금하는 기록을 확인할 수 있다(행 11:29-30; 고전 16:1~3). 역사학자 요세푸스는 그 기간의 비참한 모습을 다음과 같이 기록한다.

> 기근이 정말 심하고 파괴적이어서…. 아버지의 입에서 흘린 것을 아이들이 먹고, 어머니가 흘린 것을 유아들에게 먹였으며, 목숨을 보전하기 위해서라면 다른 사람의 것을 모조리 뺏는 것도 부끄러워하지 않았다…. 다른 사람의 손에 것을 가로채기까지 했으며 음식을 가진 낌새가 보이면 문이 닫힌 집의 문을 부수고 들어가 먹던 것까지 빼앗았으며, 심지어 목구멍으로 넘어가는 것조차 빼앗았다. 음식을 빨리 삼킨 노인은 맞았으며, 손에 먹을 것을 감춘 여인은 머리카락이 뜯겼다. 노인이든 갓난아이든 동정하지 않았고 어린이는 들어 올려 흔들어 가진 것을 바닥 위에 털어 빼앗았다. (유대인의 전쟁, 1998, v:x:3)

이처럼 지독한 기근과 예루살렘 멸망을 예언적으로 아신 예수님께서는 예루살렘의 여인들에게 다음과 같이 말씀하셨다.

> 28 예수께서 돌이켜 그들을 향하여 이르시되 예루살렘의 딸들아 나를 위하여 울지 말고 너희와 너희 자녀를 위하여 울라 29 보라 날이 이르면 사람이 말하기를 잉태하지 못하는 이와 해산하지 못한 배와 먹이지 못한 젖이 복이 있다 하리라 (눅 23:28~29)

> **유세비우스**
>
> 그(글라우디오)의 시대에 기근이 온 땅에 퍼졌다.
>
> (교회사, 1965, II:8)

마태복음 24:7 ; 지진

...처처에...지진이 있으리니...

예수님께서 십자가에서 돌아가실 때(마 27:51~52)나 부활하실 때(마 28:2)에도 지진이 일어났을 뿐만 아니라, 주 후 70년 예루살렘이 멸망하기 몇 년 전에도 비정상적으로 높은 지진 활동이 있었음이 역사에 기록되어 있다. 가장 유명한 지진은 주 후 63년 폼페이의 멸망이다. 이 시기를 기록한 저자들은 골로새, 서머나, 밀레도, 키오스, 사모스, 라오디게아, 히에라폴리스, 캄바니아, 그레데, 로마 및 유대 지방의 지진 활동을 기록했다.[5]

마태복음 24:8 ; 재난

그러나 이 모든 것이 재난의 시작이니라

오늘날 미래주의 관점에서 훈련받은 기독교인들은 현재의 자

---

5. J. 마셀러스 킥(J. Marcellus Kik), 승리의 종말론(An Eschatology of Victory), (장로교개혁출판사, 1971), p. 93; 데이빗 B. 쿠리에(David B. Currie), 휴거(Rapture), (소피스연구소출판, 2003), p. 159.

연재해와 재난이 예수님의 임박한 재림의 징조라고 본다. 하지만 이 본문의 재난은 재림의 징조가 아니다. 예수님께서는 이 세대가 지나기 전에 징조가 발생할 것이라고 아주 분명히 말씀하셨고, 재난은 "세상 끝"의 징조가 아니라 "시작"에 불과하다고 말씀하셨다. 이 재난은 곧 예루살렘과 성전 파괴를 말한다.

> **요한 크리소스톰**
>
> 주님께서 유대인 환란의 전조를 말씀하셨다. "이 모든 것은 재난의 시작이다"라고. 이는 유대인들에게 발생할 재난이다.
>
> *(고대 기독교 주석(THE ANCIENT CHRISTIAN COMMENTARY), 2002, IB: 190)*

마태복음 24:9 ; 박해

그 때에 사람들이 너희를 환란에 넘겨주겠으며 너희를 죽이리니 너희가 내 이름을 위하여 모든 민족에게 미움을 받으리라

예수님께서 예언하신 박해의 첫 시작은 유대인 종교 지도자들로부터 시작되었다. 사울은 기독교인들을 죽이는 사람들을 감독하는 지도자였다. 사도행전은 다음과 같이 박해를 묘사한다.

그 날에 예루살렘에 있는 교회에 큰 핍박이 나서 사도 외에는 다 유대와 사마리아 모든 땅으로 흩어지니라 (행 8:1)

"큰 핍박"은 계속 확산되어 머지않아 헤롯왕과 같은 정부 관리들도 관여했다(행 12:1). 주 후 64년에는 박해가 훨씬 더 심해졌는데 이때는 로마시의 1/3 이상이 불에 타 없어진 해였다. 현대인이 이 사건의 심각성을 이해하기는 어렵다. 뉴욕의 세계무역센터 파괴와 비교했을 때, 로마의 화재가 훨씬 더 심각했다. 당시의 문명화된 세계의 중심이었던 로마의 1/3 이상이 파괴되었다. 로마 황제 네로는 이 끔찍한 화재를 기독교인의 책임으로 돌렸고 교회사에서 "대박해"라고 말하는 박해가 시작되었다. 역사가 타키투스(주 후 55-120)는 수천 명의 기독교인이 고문당했는데, 짐승 가죽을 입힌 후 개들에게 물려 죽거나, 네로가 저녁 만찬의 손님을 즐겁게 하는 동안 산 채로 타르를 묻힌 후 불을 붙여 정원을 밝혔다고 기록한다.[6]

마태복음 24:10~13 ; 배교와 거짓 선지자들

10 그 때에 많은 사람이 실족하게 되어 서로 잡아 주고 서로 미워하겠으며 11 거짓 선지자가 많이 일어나 많은 사람을 미혹하겠으며 12 불법이 성하므로 많은 사람의 사랑이 식어지리라 13 그러나 끝까지 견디는 자는 구원을 얻으리라

주님께서 돌아가신 후 머지않아 예언하신 대로 거짓 선지자들이 등장했다. 거짓 선지자들이 얼마나 심각했던지, 바울은 자신

---

6. 코르넬리우스 타키투스, 로마제국 연대기(THE ANNALS OF IMPERIAL ROME) (1989), XV, p. 44.

을 따르는 사람들에게 거짓 선지자들을 조심하라고 경고했다. 요한은 자신이 살던 시기에 "많은 거짓 선지자가 세상에 나왔음이니라"(요일 4:1)고 말했다. 베드로는 "그러나 민간에 또한 거짓 선지자들이 일어났었나니 이와 같이 너희 중에도 거짓 선생들이 있으리라 저희는 멸망케 할 이단을 가만히 끌어들여 자기들을 사신 주를 부인하고 임박한 멸망을 스스로 취하는 자들이라"(벧후 2:1)고 경고했다.

거짓 선지자들의 첫 번째 그룹은 유대주의자로 이방인이 개종하면 그리스도를 믿을 뿐만 아니라 모세의 율법도 지켜야 한다고 가르쳤다. 또 다른 거짓 선지자들은 영지주의자들이다. 이들은 교회가 박해당하자 흩어진 기독교인들이 헬라화된 지역 사람들에게 복음을 전파하자마자 나타났고, 주 후 150년까지 전체 기독교인 중 1/3 정도가 영지주의에 빠졌다. 이것은 현재 우리 사회의 전체 기독교인 중 약 1/3가량이 특정한 이단의 가르침에 빠진 것과 같은 심각한 상황이었다. 영지주의의 이해는 1세기와 2세기 교회에서 발생한 문제를 이해하는 데 중요한 열쇠가 되므로 6장에서 자세히 논의할 것이다.

마태복음 24:14 ; 복음 전파

마태복음 24:14의 복음 전파는 무엇인가?

이 천국 복음이 모든 민족에게 증거되기 위하여 온 세상에 전파되리
니 그제야 끝이 오리라

　미래주의 견해는 이 구절의 복음 전파를 미래에 있을 예수 그
리스도 재림을 위한 필수적 요소로 인식하며, 예수님의 재림을 위
해 온 민족에 복음이 전파되어야 하므로, 세계 복음전파를 위한
도전으로 이 구절을 인용한다. 이제 이 성경 구절을 이해하는 또
다른 방법을 살펴보자.
　부분적 과거주의 관점에서는 예수님께서 예언하신 모든 사건
이 당시 세대에 발생할 것을 말씀하셨다고 본다. 우리가 예수님
의 말씀을 문자 그대로 믿으려면 이 구절이 어떻게 1세기에 성취
될 수 있었는지 살펴보아야 한다.
　성경 연구의 기초 원리 중 하나는 한 구절의 특정한 의미를 도
출하여 결론에 도달하기 전에 같은 주제의 다른 성경 구절을 확인
하는 것이다. 이 방법을 통해 자신의 편견과 문화적 영향 때문에
발생하는 오해를 줄이면서 성경을 통해 성경을 해석할 수 있다. 예
를 들어 마 24:14을 바르게 이해하려면 복음을 온 세상에 전파하
는 다른 성경 구절을 확인해야 한다. 우리는 성경에 복음전파라는
주제를 언급하는 다섯 구절을 발견한다. 그런데 놀랍게도 다섯 구
절 모두 사도들의 세대가 지나기 전에 모든 나라에 복음이 선포되
었다고 한다. 먼저, 롬 1:8에 나타난 바울의 말을 살펴보자.

먼저 내가 예수 그리스도로 말미암아 너희 모든 사람에 관하여 내 하나님께 감사함은 너희 믿음이 온 세상에 전파됨이로다

바울이 살아있는 동안 로마교회 성도의 믿음이 온 세상에 전파되었다고 한다. 바울은 심지어 롬 10:18에 더 명확히 밝힌다.

그러나 내가 말하노니 그들이 듣지 아니하였느냐 그렇지 아니하니 그 소리가 온 땅에 퍼졌고 그 말씀이 땅 끝까지 이르렀도다 하였느니라

바울은 롬 16:25~26에서 다시 이렇게 말한다.

나의 복음과 예수 그리스도를 전파함은… 모든 민족이 믿어 순종하게 하시려고

바울은 또 골 1:5~6에도 이렇게 말한다.

5 너희를 위하여 하늘에 쌓아 둔 소망으로 말미암음이니 곧 너희가 전에 복음 진리의 말씀을 들은 것이라 6 이 복음이 이미 너희에게 이르매 너희가 듣고 참으로 하나님의 은혜를 깨달은 날부터 너희 중에서와 같이 또한 온 천하에서도 열매를 맺어 자라는도다

바울에 의하면 그의 평생에 복음이 온 천하에서 열매를 맺었다고 한다. 마지막으로 바울의 가장 명확한 언급을 살펴보자.

> 만일 너희가 믿음에 거하고 터 위에 굳게 서서 너희 들은 바 복음의 소망에서 흔들리지 아니하면 그리하리라 이 복음은 천하 만민에게 전파된 바요 나 바울은 이 복음의 일꾼이 되었노라 (골 1:23)

바울이 이보다 더 명확하게 말할 수 있을까? 바울에 따르면 복음이 "천하 만민에게" 전파되었다. 사람들이 이 구절을 읽을 때 "온 세상", "땅끝", "온 천하", "천하 만민"이 우리가 현재 이해하는 방식의 전 세계를 의미하는지 궁금해한다. 어떤 사람들은 이런 단어가 사도들이 알았던 제한된 세상, 또는 로마제국만을 의미하는 것인지 궁금해한다.

이 구절에는 "세상^{WORLD}"으로 번역된 두 개의 서로 다른 헬라어가 있다. 바울은 헬라어 '코스모스^{KOSMOS}'라는 단어를 롬 1:8과 골 1:6에 사용한다. 코스모스라는 단어는 "세상" 또는 "지구"로 번역할 수 있지만 둘 다 온 세상$^{WHOLE\ WORLD}$을 포함한다. 세상에 해당하는 또 다른 단어는 '오이코우메네^{OIKOUMENE}'로, "사람이 사는 땅" 또는 "문명화된 땅"으로 번역할 수 있다. 바울은 이 단어를 롬 10:18에 사용하는데 그 말씀이 "땅끝까지" 이르렀다고 선포한다. 예수님께서도 마 24:14에서 오이코우메네를 사용하셨다. 그러므로 예수님이 예언하신 복음 전도는 사도들이 복음을 문명화된 세상에 선포하는 것임을 알 수 있다. 첫 번째 사도들의 복음 전파 사역으로 한 세대가 지나기 전에 예수님의 말씀이 성취되었다.

요한 크리소스톰

너희는 모든 곳에 전파하라... 그리고 이렇게 덧붙이셨다. "이 천국 복음이 모든 민족에게 증거되기 위하여 온 세상에 전파되리니 그제야 끝이 오리라." 이 최종적인 마지막 때의 징조는 예루살렘의 몰락이 할 것이다.

(고대 기독교 주석(THE ANCIENT CHRISTIAN COMMENTARY), 2002, IB: 191)

순교자 저스틴

열두 명의 제자가 하나님의 권능으로 예루살렘에서 세상으로 들어가 모든 족속에게 하나님의 모든 말씀을 가르치도록 그리스도에게서 보내심 받았다고 선포했다.

(니케아 이전 교부들(THE ANTE-NICENE FATHERS), 1989, 첫 번째 변증 (FIRST APOLOGY), XXXIX)

찰스 스펄전

초대교회의 사도들과 복음전도자들이 복음을 선포하는 것과 십자가에 못 박히신 그리스도를 진정한 메시아로 인정한 사람들이 모인 것 사이에는 시간 간격이 있었다. 충분한 복음 전도의 시간을 준 후, 구세주께서 예언하신 대로 죄를 범한 예루살렘의 운명의 종말과 심판이 뒤따랐다.

(스펄전의 마태복음 해설(POPULAR EXPOSITION OF MATTHEW), 1979, P. 211)

> **유세비우스**
>
> 새 언약의 가르침은 모든 국가에게 전달되었으며 로마인들은 예루살렘을 포위하여 파괴했고 성전도 그렇게 했다.
>
> *(복음의 증거(THE PROOF OF THE GOSPEL), 1920, I:6)*

예수님께서는 사도들이 복음을 성공적으로 전파한 후에 "그제야 끝이 오리라"(마 24:14)고 말씀하신다. 주님께서 말씀하시는 끝이란 무엇인가? 지금 이 대답의 시점은 제자들의 "언제 예루살렘과 성전이 파괴될 것입니까?"라는 질문을 향한 것임을 기억하라. 이것이 예수님께서 말씀하시는 "종말"이다.

마태복음 24:15~20 ; 파괴의 경고

예수님께서는 제자들이 성공적으로 복음을 전파한 후에 성전 파괴가 일어날 것이므로 유대 땅에서 도망갈 준비를 하라고 말씀하신다.

15 그러므로 너희가 선지자 다니엘이 말한 바 멸망의 가증한 것이 거룩한 곳에 선 것을 보거든 (읽는 자는 깨달을진저) 16 그 때에 유대에 있는 자들은 산으로 도망할지어다 17 지붕 위에 있는 자는 집 안에 있는 물건을 가지러 내려 가지 말며 18 밭에 있는 자는 겉옷을 가지러 뒤로 돌이키지 말지어다 19 그 날에는 아이 밴 자들과 젖 먹

이는 자들에게 화가 있으리로다 20 너희가 도망하는 일이 겨울에나 안식일에 되지 않도록 기도하라 (마 24:15~20)

미래주의 종말론 견해로 교육받은 기독교인들은 이 구절을 앞으로 다가올 미래에서 성취될 것으로 본다. 이들은 전형적으로 본문에 나오는 멸망의 가증한 것이 예루살렘 성전(앞으로 건축될)으로 들어와 자신의 우상을 세우고 자신을 하나님이라고 선포할 적그리스도라고 생각하면서, 이 사건을 끔찍한 전 세계 환란의 시작이라고 생각한다. 그러나 이 구절의 부분적 과거주의 견해는 마 24장의 본문이 미래의 온 세상에 발생하는 비극적 종말 사건이 아니라 1세기 당시의 예루살렘과 유대에 국한된 것으로 본다. 이 견해의 근거는 본문 맥락을 통해 제자들이 예수님께 예루살렘과 성전이 파괴될 시점을 질문임을 통해 확증된다.

예수님께서는 멸망의 가증한 것이(이것이 무엇인지 뒤에 더 자세히 논할 것이다) 거룩한 곳에 설 때, "유대에 있는" 사람들이 산으로 피난해야 한다고 말씀하신다. 이것은 명백하게 온 세계의 사람들이 도망가야 한다고 말씀하신 것이 아니다. 그 근거는 예수님께서 안식일에 도망가는 일이 없도록 기도하라고 경고하시는 것에서 찾을 수 있다. 우리는 상식을 통해 안식일을 지키는 대상이 이방인이 아닌 유대인인 것을 안다. 유대인들은 안식일을 관습적으로 지켰고, 심지어 안식일에 비극적인 사건이 발생해도 일하거나 뛰는 것이 허용되지 않았다. 그러므로 경고는 유대인에 한정된 것이다.

또 본문에 지붕 위의 사람들은 물건을 가지러 집 안으로 들어가지 말도록 경고하는데 이는 그 지역의 사람들에게만 해당한다. 왜냐하면, 예루살렘의 집들은 종종 사람들이 지붕 위에서 모일 수 있도록 건축되었기 때문이다. 예수님의 경고는 유대 지방 밖에 사는 사람들, 먼 미래의 사람들에게 말씀하신 것이 아니다. 예수님께서는 유대 지방에서 발생할 끔찍한 사건을 말씀하시는 것이며, 이 구절이 온 세계를 지칭한다고 특정할 단서가 전혀 없다.

마가복음 13장과 누가복음 21장의 병행 구절들

예수님께서 마 24:15~20에서 말씀하시는 사건이 예루살렘 주변에서 일어나는 것임을 확인하기 위해서는 감람산 강화가 기록된 마가복음과 누가복음을 살펴보는 것이 도움이 된다. 병행 구절과 마태복음 24장을 대조하여 보자.

1. 예수님께서 유대인 종교 지도자들의 사악함을 드러내심(마 23:1-35; 막 12:38~40; 눅 20:45~47).
2. 예수님께서 성전 파괴를 선포하심(마 23:37-24:2; 막 13:1-2; 눅 21:5~6)
3. 제자들이 다가올 파괴를 예수님께 질문함(마 24:3; 막 13:3~4; 눅 21:7)
4. 예수님께서 다음과 같이 대답하심 :
   - 사람들이 그리스도라고 주장(마 24:5; 막 13:5~6; 눅 21:8)
   - 전쟁과 전쟁의 소문(마 24:5; 막 13:5~6; 눅 21:8)
   - 지진과 기근(마 24:7; 막 13:8; 눅 21:11)

- 복음이 온 세상에 전파됨(마 24:14; 막 13:10)

마가복음과 누가복음의 저자가 각각 약간씩 다른 용어를 사용하지만, 전체적인 내용이 놀라울 정도로 비슷하다. 복음서에 기록된 약간의 차이는 저자마다 중요하다고 여기는 내용이 다르거나 예수님께서 말씀하신 상황을 다르게 기억했기 때문이다. 예루살렘 성전을 나온 예수님께서 제자들의 관점에서는 도저히 믿을 수 없는 성전 파괴를 말씀하셨다. 하지만 약간의 차이가 있더라도 세 복음서에 나타난 예수님의 대답은 매우 비슷하다. 예수님께서 성전 파괴 전에 발생할 징조를 말씀하신 후 사람들이 유대에서 도망쳐야 한다는 경고가 각각의 복음서에 같이 기록되어 있다. 세 개의 병행 구절에 나타난 기록을 살펴보면, 도망가야 할 사람들을 유대인으로 한정된다.

15 그러므로 너희가 선지자 다니엘이 말한 바 멸망의 가증한 것이 거룩한 곳에 선 것을 보거든 (읽는 자는 깨달을진저) 16 그 때에 유대에 있는 자들은 산으로 도망할지어다 (마 24:15~16)

20 너희가 예루살렘이 군대들에게 에워싸이는 것을 보거든 그 멸망이 가까운 줄을 알라 21 그 때에 유대에 있는 자들은 산으로 도망갈 것이며 성내에 있는 자들은 나갈 것이며 촌에 있는 자들은 그리로 들어가지 말지어다 (눅 21:20~21)

멸망의 가증한 것이 서지 못할 곳에 선 것을 보거든 (읽는 자는 깨달을 진저) 그 때에 유대에 있는 자들은 산으로 도망할지어다 (막 13:14)

> **요한 크리소스톰**
>
> "그때에 유대에 있는 자들은 산으로 도망할지어다." "그때"란 어느 때를 의미하는가? 주님께서 말씀하신 것처럼 "너희가 선지자 다니엘의 말한 바 멸망의 가증한 것이 거룩한 곳에 선 것을 볼 때" 이 일이 일어날 것이다. 주님은 우리에게 군대와 전쟁을 말씀하시는 것처럼 보인다. 그러므로 도망가라. 도시에서 안전하리라는 희망은 없다.
>
> *(고대 기독교 주석(THE ANCIENT CHRISTIAN COMMENTARY), 2002, IB: 193)*

거룩한 곳에선 멸망의 가증한 것

이제 예수님께서 제자들에게 경고하신 "거룩한 곳에 선 멸망의 가증한 것"이 무엇인지 살펴보자. 전술한 것처럼 미래주의자들은 멸망의 가증한 것을 미래에 세워질 제 3성전에 우상을 세우고 자신을 하나님이라고 선포할 적그리스도라고 간주한다. 그러나 이것이 성경적 근거가 없는 이유는 먼저 마태복음 24장과 다른 병행 복음서에 적그리스도가 전혀 언급되지 않기 때문이다. 또 예수님께서 제자들에게 이 사건을 직접 목격할 것이라고 말씀하시는 것에 주목해야 한다. 예수님께서는 수백 년, 심지어 수천 년 이후에 등장할 적그리스도를 말씀하시는 것이 아니라 제자들이 살아 있을 동안 볼 것을 말씀하셨다. 이제 가증한 것이 설 장소를 확인하자. 마태복음은 "거룩한 곳", 누가복음은 "예루살렘"이라고 언급한다. 과연 어떤 본문이 맞는 것일까? 둘 다 맞다.

마태가 거룩한 곳은 누가가 언급한 예루살렘과 같은 장소다. 헬라어 '하기오스 토포스'$^{HAGIOS\ TOPOS}$를 번역한 '거룩한 곳'이라는 용어는 성경에서 성전이나 성전의 지성소를 언급하기 위해서만 사용한다. 헬라어 사전에 하기오스^{HAGIOS}는 '거룩함'을 의미하고 토포스^{TOPOS}는 '장소'를 의미한다. 토포스는 건물을 언급하는 것이 아닌 "버려진 곳"과 같은 표현에 사용된다. 누가가 이 거룩한 곳을 "예루살렘"이라고 언급하기 때문에 마태복음의 병행 구절의 거룩한 곳은 곧 예루살렘을 의미한다. 그렇다면 "멸망의 가증한 것"은 무엇일까? '가증한 것'은 대부분 끔찍하고, 혐오스럽고, 구역질 나는 것을 의미한다. 누가는 가증한 것이 예루살렘을 포위하는 적이라고 말한다. 이교도 적들이 모여서 거룩한 도시를 멸망하려 한다. 유대인에게 이보다 더 혐오스러운 것이 있을까? 이 해석이 역사적인 증거와 맞는가? 완벽하게 그렇다! 우리가 살펴본 것처럼, 주 후 70년에 2만 명의 로마 병사들이 예루살렘 주위에 집결하여 거룩한 도시를 포위했다.

이 묘사는 다니엘 9장과 일치한다. 예수님께서는 마 24:15에서 멸망의 가증한 것을 "선지자 다니엘의 말한바"라고 말씀하시는데, 다니엘은 3장에서 자세히 살펴보고 여기에서는 다니엘의 가증한 것을 좀 더 자세히 살펴보기로 한다.

예순두 이레 후에 기름 부음을 받은 자가 끊어져 없어질 것이며 장차 한 왕의 백성이 와서 그 성읍과 성소를 무너뜨리려니와 그의 마지막은 홍수에 휩쓸림 같을 것이며 또 끝까지 전쟁이 있으리니 황폐할 것이 작정되었느니라 (단 9:26)

말씀대로 로마 군인들이 예루살렘을 파괴했다. 로마 군인들은 4개월 동안 예루살렘 백성을 굶주리게 만든 후 마치 계곡에 휘몰아치는 홍수처럼 예루살렘 백성들을 살육했다.

> **요한 크리소스톰**
>
> … 멸망의 가증한 것이란 예루살렘의 거룩한 도시를 멸망시킨 적을 의미한다.
>
> *(니케아 이전 교부들(THE ANTE-NICENE FATHERS), 2007년 12월 1일, HTTP://WWW.PRETERISTARCHIVE.COM/STUDYARCHIVE/C/CHRYSOSTOM_HOMILY.HTML)*

예루살렘과 유대에서 도망감

거룩한 곳에 선 가증한 것에 해당하는 로마 군인들이 예루살렘 주위의 산을 둘러싸고 정렬했을 때 이스라엘 백성에게는 도망칠 최소한의 여유가 있었다. 이 정황을 보면 지붕 위의 사람들은 소유를 가지러 내려가지 말고 밭에 있는 사람들은 겉옷을 가지러 들어가지 말라고 하신 예수님의 권면을 이해할 수 있다. 예수님께서는 즉시 도망치라고 말씀하신 것이다. 예루살렘의 기독교인들이 도망치고 난 후, 로마 군인들은 도시를 포위했고 단 한 명도 들어오거나 나오도록 허용하지 않았다. 로마인들은 예루살렘을 고립시키고 굶겼다. 요세푸스는 다음과 같이 기록한다.

> 유대인들이 탈출할 수 있는 모든 희망과 도시에서 나갈 수 있는 자유가 차단되었다. 그다음 기근이 모든 집과 가족에게 덮쳤다. 위층에 있는 방에는 굶어 죽어가는 여성과 어린이들로 가득 찼으며 도시의 길에는 노인들의 주검으로 채워졌다. 어린이들과 젊은이들도 시장을 유령처럼 떠돌다가 모두 굶주림에 쓰러져 죽는 비극이 발생했다. (유대인의 전쟁, 1998, v:xii:3)

우리는 역사적으로 예루살렘이 파괴되기 전에 사도들이 예루살렘에서 탈출한 것을 안다. 과연 이들은 어떻게 도망칠 수 있었을까? 사도들은 예수님의 감람산 경고를 분명히 기억했기 때문에 예루살렘이 적들에게 포위되었을 때, 다가올 재난을 피할 수 있었다.

존경받는 비드(THE VENERABLE BEDE)

... 로마와의 전쟁과 유대인들의 전멸이 다가옴에 따라 그 지역의 모든 기독교인은 예언에 따라 경고를 받고 도망쳐서 교회사에 기록된 것처럼 요단 지방에서 물러나 펠라성에 잠시 머물렀다.

(토마스 아퀴나스, GOLDEN CHAIN, HTTP://WWW.PRETERISTARCHIVE.COM/STUDYARCHIVE/B/BEDE_VENERABLE.HTML에서 인용)

찰스 스펄전

예루살렘과 "유대"의 주변 도시와 마을의 기독교인들은 로마 군대에서 탈출할 수 있는 첫 번째 기회를 활용하여 산 위의 도시인 펠라로 도망갔는데, 그곳에서 전멸의 위험을 피했다. 이 도시에서 머뭇거릴 수 있는 시간 여유가 없었으므로 "지붕 위에 있는" 사람은 집에 소유를 가지러 내려갈 수 없었으며 "밭에 있는" 사람은 겉옷을 가지러 돌아갈 수 없었다. 이들은 "예루살렘이 적들로 포위되는 것"을 보는 그 순간 서둘러 산으로 도망쳐야 했다.

(하나님 나라의 복음, 1974, p. 215)

유세비우스

예루살렘 교회 구성원들은 그곳에서 인정받는 사람들에게 주어진 계시를 통해 전쟁이 시작되기 전에 이 도시를 떠나라는 명령을 받았고 펠라(PELLA)라는 페레아(PERAEA)에 있는 마을에 정착했다.

(교회사, 1965, III:5)

마태복음 24:21,22 ; 대환란

예수님께서 제자들에게 재난 시에 유대에서 도망치라고 경고하시고(마 24:15~20) 그 다음 다가올 대환란을 예언하신다.

21 이는 그 때에 큰 환난이 있겠음이라 창세로부터 지금까지 이런 환난이 없었고 후에도 없으리라 22 그 날들을 감하지 아니하면 모

든 육체가 구원을 얻지 못할 것이나 그러나 택하신 자들을 위하여 그 날들을 감하시리라 (마 24:21-22)

미래주의자들은 대환란이 미래 세상의 끝 직전에 발생해서 온 세상으로 퍼질 것이라고 가르친다. 다가올 환란은 미래주의 정체성을 발전시켜 온 일부 기독교 단체에서 많이 거론한다. 하지만 예수님께서 말씀하신 환란은 미래가 아닌 주 후 70년의 예루살렘 파괴다. 다시 말하지만, 예수님께서는 "예루살렘과 성전이 언제 파괴됩니까?" 라는 제자들의 질문에 대답하시는 상황이다.

예수님께서 정말로 주 후 70년의 사건을 말씀하시는 것이라면 또 하나의 의문이 생긴다. 어떻게 창세에서 지금까지 이런 환란이 없었고 이후에도 없다는 것일까? 역사상 예루살렘에서 일어난 것보다 더 사악한 사건이 일어나지 않은 것일까? 수백만 명의 유대인이 학살당한 20세기 대학살은 어떠한가? 또 다른 시대의 수많은 전쟁과 대량 파괴는 어떤가?

예루살렘 파괴는 규모 측면에서는 세계 최대의 사건이 아니지만 선택된 백성인 유대인의 고통을 향한 하나님의 슬픔이라는 관점에서는 최대의 재난이라고 볼 수 있다. 역사가 요세푸스는 주 후 70년에 발생한 역사적 사건인 예루살렘 함락과 성전 파괴를 기술했다. 요세푸스에 의하면 예루살렘이 로마 군인들에게 포위된 후 유대인이 서로 간에 끔찍한 만행, 처절한 기근 중에 사람이 사람을 잡아먹는 최악의 사건이 일어났음을 증거한다. 여인이 자신의 아이를 살해하고 요리하여 절반 정도 먹었을 때, 먹을 것을 찾기 위해 집에 침입한 도둑들과 다투는 사람으로서 더 타락할 수 없는 최악의 상황이었다.

또 유대인들은 기근을 피해 다른 장소로 피신하면서 귀금속을 안전하게 운반하기 위해 삼켰는데, 이를 안 로마 군인들이 피신 중인 유대인을 잡아 배를 가르고 보물을 수색했다고 한다. 나중에 디도 장군이 이런 잔인한 수색을 중단시킨 후에 또 다른 형태의 고문이 시작되었는데, 사람들이 도시에서 탈출하거나 먹을 것을 구하기 위해 몰래 빠져나갈 때, 로마 군인들은 이들을 잡아 손을 자른 다음 도시로 다시 돌려보냈다고 한다.

로마 군인들이 마침내 예루살렘 습격 명령을 받았을 때, 매일 500명이 넘는 사람이 채찍질과 고문을 당한 후 십자가에 못 박혔다고 요세푸스는 전한다. 로마군대는 더 십자가를 세울 공간이 없을 때까지 예루살렘의 유대인을 십자가에 못 박았다. 로마 군인들은 예루살렘에서 9만 7천 명은 살려 두었는데 이들은 이집트 광산에 노예로 보내지거나 여러 도시에 선물로 보내져 공연장에서 살해되었다.[7] 예루살렘 파괴 당시의 유대인 학살은 주변 지역으로 퍼졌다. 요세푸스는 다음과 같이 기록한다.

> 유대인 거주민을 죽이지 않는 시리아 도시는 하나도 없었다. 로마인들보다 더 잔인한 대적은 없었다. (유대인의 전쟁, 1998, VII:VIII:7)

---

7. 플라비우스 유세비우스, 유대인의 전쟁, 1998, VI:IX:2-3.

역사는 로마제국 전체에서 발생한 많은 유사한 내용을 보고한다. 주 후 70년의 대학살과 20세기의 유대인 대학살을 비교하면 6년 동안 6백만 명이 살해당한 20세기 대학살이 숫자상으로는 훨씬 더 많다는 사실을 인정한다. 강제 수용소에서의 고단한 삶과 독가스를 사용한 집단 학살은 끔찍했지만, 우리가 아는 한 20세기에 일어난 유대인 대학살에서 공식적으로 사람을 십자가에 못 박은 경우는 없었다. 주 후 70년에는 4개월 동안 백만 명 이상의 유대인이 굶어 죽고 고문당하고 살해됐다. 20세기의 대학살이 규모 측면에서는 더 크지만 주 후 70년에 발생한 폭력은 유대인 인구 백분율로 환산하면 20세기의 유대인 대학살보다 훨씬 더 많은 비율이 살해되었으며, 그 잔인성은 훨씬 더 극악무도했다.

찰스 스펄전

예루살렘 파괴는 세계가 목격한 그 어떤 것보다 전무후무할 정도로 가장 끔찍했다. 디도의 잔인무도함을 통해 복수하시는 하나님의 손을 보는 것 같다. 진정으로 예루살렘에서 살해당한 순교자들의 피는 전체 도시가 진정한 아겔다마 즉 피밭이 할 때 충분히 보응되었다.

(스펄전의 마태복음 해설(POPULAR EXPOSITION OF MATTHEW), 1979, P. 211)

> **요한 크리소스톰**
>
> 그리고 이것은 고국과 해외의 유대인들에게 분명하게 적용된다. 로마인들은 유대에 있는 유대인들 뿐만 아니라 모든 곳에 흩어진 유대인들도 대적했다.
>
> (고대 기독교 주석(THE ANCIENT CHRISTIAN COMMENTARY), 2002, IB: 197)

> **유세비우스**
>
> 여인들과 어린이들을 포함한 모든 나이의 수백만 명의 사람들이 칼과 굶주림과 헤아릴 수 없는 형태의 죽음으로 사라졌다…. 이 모든 내용은 요세푸스의 역사에 자세히 기록하여 있다. 유월절 시기에 각자의 언어를 사용하는 여러 유대 지역에서 모인 사람들이 거의 3백만 명가량 예루살렘에 감옥처럼 갇혔다.
>
> (교회사, 1965, P. 69)

마태복음 24:23~27 ; 거짓 그리스도의 출현

유대 전역에서 수많은 사람이 학살당할 때도 여전히 많은 유대인이 마지막 순간에 자신들을 구원할 메시아가 나타날 것이라는 희망을 품었다. 그러나 몇몇 사악한 지도자들은 유대인의 마음과 정신의 토대가 되는 메시아 신앙을 악용했다. 이런 일이 발생할 것을 아신 예수님께서 다음과 같이 경고하셨다.

23 그 때에 사람이 너희에게 말하되 보라 그리스도가 여기 있다 혹은 저기 있다 하여도 믿지 말라 24 거짓 그리스도들과 거짓 선지자들이 일어나 큰 표적과 기사를 보여 할 수만 있으면 택하신 자들도 미혹하리라 25 보라 내가 너희에게 미리 말하였노라 26 그러면 사람들이 너희에게 말하되 보라 그리스도가 광야에 있다 하여도 나가지 말고 보라 골방에 있다 하여도 믿지 말라 27 번개가 동편에서 나서 서편까지 번쩍임 같이 인자의 임함도 그러하리라 (마 24:23~27)

요세푸스는 당시에 많은 지도자가 자신을 그리스도라고 주장했다고 기록한다. 한 예로 어느 날 하나님께서 절망에 빠진 예루살렘 백성을 초자연적으로 구원하신다는 거짓 예언을 선포하는 사람이 나타났다. 많은 유대인이 그를 따랐지만 결국 거짓 희망으로 많은 생명을 잃었다. 요세푸스는 이때 예루살렘 하늘 위에 칼을 닮은 별이 나타나 반 시간 동안 빛이 성전을 둘러싸는 것을 포함한 초자연적인 표적이 나타났다고 묘사한다.[8] 예수님께서 예언하신 것처럼 거짓 그리스도들이 "큰 표적과 기사를" 보였다.

제롬

유대인들이 로마에 포로로 끌려간 시절에 많은 유대인 장로들이 스스로 그리스도라고 주장했다. 특별히 로마인들이 예루살렘을 포위했을 때 세 장소에서 그러한 일이 발생했다.

(고대 기독교 주석(THE ANCIENT CHRISTIAN COMMENTARY), 2002, IB: 197)

---

8. 플라비우스 유세비우스, 유대인의 전쟁, 1998, vi:v:3.

예수님께서 거짓 그리스도의 소문이나 선포, 또는 거짓 선지자들의 등장에 관심을 두지 말라고 제자들에게 경고하신 후 다음과 같이 거짓과 참을 대비하시며 선포하신다.

번개가 동편에서 나서 서편까지 번쩍임 같이 인자의 임함도 그러하리라 (마 24:27)

제자들은 예수님의 재림이 은밀한 곳에서 퍼지는 소문이나 비밀스러운 대화를 통해 알려지지 않을 것을 알았다. 메시아께서는 기록된 말씀처럼 공개적으로 다시 오실 것이다.

마태복음 24:28 ; 주검과 독수리

주검이 있는 곳에는 독수리들이 모일 것이니라

예루살렘을 둘러싼 산에 모인 수많은 군사를 떠올려 보라. 그리고 그 군사들이 든 깃발의 그림을 주목해보자. 그 깃발에는 독수리가 그려졌는데, 독수리 그림은 로마 군인들의 깃발과 방패에도 있었다. 마치 수천 마리의 독수리가 예루살렘을 둘러싸고 진격하는 것처럼 보였을 것이다. 이제 예수님께서 독수리가 모이면 예루살렘이 주검으로 변할 것이라고 선포하신 예언이 이해되는가?

어떤 성경 번역에서는 우리가 익숙한 독수리[EAGLES]가 아니라 대머리 독수리가[VULTURES] 언급된다. 현대와 달리 고대에는 독수리와 대머리 독수리를 구분하지 않았다. 대머리 독수리는 죽은 동물의 사체를 먹는 부정한 동물이었다. 그래서 예수님께서는 주검(파괴될 예루살렘)에 독수리가 모인다고 한 것이다. 이것은 사실 하나님께서 신명기 28장에 모세를 통해 유대 민족이 순종하면 받을 축복과 불순종하면 받을 저주의 경고였다.

> 곧 여호와께서 멀리 땅 끝에서 한 민족을 독수리$^{EAGLE,\ VULTURE}$가 날아오는 것 같이 너를 치러 오게 하시리니 이는 네가 그 언어를 알지 못하는 민족이요 (신 28:49)

유대인들은 자신들을 위해 오신 메시아를 거부했고, 예수님께서는 유대인들에게 의로운 자들의 피를 땅에 흘린 죗값이 그들의 세대에 돌아갈 것이라고 말씀하셨다(마 23:35~36).

복음서 병행 구절의 확증

예수님께서 예루살렘과 성전의 파괴로 이어지는 모든 표적을 설명하심으로써 첫 번째 질문의 답을 마무리하신다. 제자들의 두 번째 질문의 답을 보기 전에 두 개의 다른 복음서에 나타난 확증을 보자. 우리는 앞서 마가복음 13장과 누가복음 21장이 마태복음 24장과 어떻게 병행하는지 보았다. 하지만 한 가지 중요한 차이점이 있다. 마 24:3에서 제자들은 예수님께 세 가지 질문을 드린다.

질문 #1: "어느 때에 이런 일이 있습니까?"

질문 #2: "주의 임하심에는 무슨 징조가 있습니까?"

질문 #3: "세상 끝에는 어떻게 됩니까?"

반면에, 마가복음과 누가복음은 두 번째와 세 번째 질문을 기록하지 않는다. 눅 21:5~7은 다음과 같다.

> 5 어떤 사람들이 성전을 가리켜 그 아름다운 돌과 헌물로 꾸민 것을 말하매 예수께서 이르시되 6 너희 보는 이것들이 날이 이르면 돌 하나도 돌 위에 남지 않고 다 무너뜨려지리라 7 그들이 물어 이르되 선생님이여 그러면 어느 때에 이런 일이 있겠사오며 이런 일이 일어나려 할 때에 무슨 징조가 있사오리이까

막 13:1~4은 누가복음과 매우 비슷하며 마찬가지로 재림의 표적에 관한 질문이 없다. 이런 차이점은 마태복음 24장을 이해하는 명확한 틀을 제공하는데, 마가복음과 누가복음은 성전이 파괴될 시기가 언제인지의 질문만을 기록하기 때문에 마태복음에 예수님께서 제자들에게 적그리스도, 전쟁, 지진, 기근, 박해 등을 말씀하시는 것은 아직 오지 않은 미래의 종말이 아닌 성전의 파괴임이 확실해진다. 마가복음과 누가복음에서 예수님께서 주신 답은 마 24:4~22에서 주신 답과 거의 같다. 이것이 바로 마 24:4~22이 첫 번째 질문인 성전 파괴의 답이라는 확증이다.

복음서의 병행 구절을 살펴보면 미래주의자들이 마 24:3에 기록된 세 가지 질문을 모두 묶어서 세상의 종말에 관한 질문이라고 주장하는 것은 잘못된 것임이 드러난다. 이제 우리는 나머지 두 질문에서 예수님께서 주신 답을 살펴보고 두 번째 및 세 번째 질문에 해당하는 재림과 세상의 끝을 살펴볼 것이다. 그러나 첫 번째 질문의 답은 아직 오지 않은 미래에 일어날 일이 아니라 제자들이 살아 있는 시대인 주 후 70년에 이미 일어난 일이다.

첫 번째 질문의 결론

당신은 예루살렘과 성전의 파괴가 얼마나 중요한 사건인지 아는가? 예루살렘은 "거룩한 성"이다. 성전이 세워진 모리아산은 아브라함이 자기 아들 이삭을 기꺼이 제물로 바친 장소이고(창 22:2) 이곳에서 하나님께서 다윗에게 나타나셨으며(대하 3:1) 이곳에 솔로몬이 첫 번째 성전을 건축했다. 대제사장들이 백성의 죄를 위해 희생 제물을 드린 곳도 바로 이곳이었다. 성전은 유대인의 삶의 중심이며 매우 신성한 곳이다. 이 성전이 파괴된다는 것은 유대인들의 소중한 영적 유산이 파괴되는 것이며, 하나님에게서 단절되는 것이나 마찬가지였다. 성전이 파괴된 결과 유대교는 정체성을 상실하고 구약에서부터 내려온 종교적 체계가 폐지되었다. 히브리서 기자는 어떻게 유대인의 종교적 체계가 폐지되고 예수님을 통해 제정된 새 언약으로 대체되었는지 설명한다.

새 언약이라 말씀하셨으매 첫 것은 낡아지게 하신 것이니 낡아지고 쇠하는 것은 없어져 가는 것이니라 (히 8:13)

우리에게는 더 나은 새 언약이 있다. 우리에게는 궁극적이고 최종적인 희생 제사를 드린 대제사장 예수님이 계시다. 이전 것에서 새것으로의 전환이 역사와 성경의 중심에 있다. 이것은 시대를 초월하시는 하나님의 계획의 핵심이다. 예루살렘 성전의 파괴는 구약의 종교적 체계의 종말을 완성했다.

질문 #2: 주의 임하심에는 무슨 징조가 있습니까?

마태가 기록한 제자들의 두 번째 질문은 다음과 같다.

"주의 임하심에는 무슨 징조가 있습니까?"

미래주의자들은 이 질문을 예수님의 재림에 관한 질문으로 이해한다. 우리 미래의 어떤 시점에서 마 24:4~22의 모든 징조(전쟁, 지진, 기근, 박해)가 일어난 후, 예수님께서 다시 오실 것이라고 한다.

그러나 부분적 과거주의자들은 미래주의자들과 매우 다른 이해를 가지고 있다. 우리는 예수님께서 말씀하신 전쟁과 지진, 기근과 같은 모든 징조가 주 후 70년 성전 파괴에 앞서 발생한 징조였다는 것을 본문의 문맥과 역사적 증거를 통해 설명했다. 모든 징조는 성취되었으며 우리의 미래에 발생할 일이 아니다. 만일 미래에 이와 같은 일(전쟁과 기근, 지진과 핍박)이 있다 하더라도 이것은 본문과는 별개의 것이다.

이제 우리는 제자들의 "주의 임하심에는 무슨 징조가 있습니까?"라는 질문이 무엇을 의미하는지 자세히 알아볼 필요가 있다. 이 본문이 기록된 시기의 유대인들과 이 기록을 읽는 현대의 우리 사이에는 2천 년 이상의 사고방식 차이가 존재한다. 제자들이 예수님과 함께 감람산에서 앉아 말씀을 나눌 때, 그들은 미래의 재림은 전혀 생각하지 않았다. 실제로 복음서를 보면 제자들은 예수님께서 십자가에 달려 돌아가시고 부활하시어 다시 오실 것이라는(마 16:21-23) 선포를 이해하지 못했고 받아들이지 못했으며 심지어 예수님을 만류하기까지 했다. 그러므로 제자들은 예수님께 미래의 재림을 질문한 것이 분명히 아니다.

그렇다면 과연 제자들이 예수님께 질문한 것은 무슨 의미일까? 역사적으로 유대인들은 빼앗긴 주권을 되찾고 영원한 유대 왕국을 세울 메시아를 기다렸다. 세배대의 아들들의 어머니가 예수님께 자신의 두 아들이 예수님의 오른편과 왼편에 앉게 해달라고(마 20:20~23) 질문한 것을 볼 때, 제자들은 예수님을 영적인 메시아보다 혁명적인 구원자로서 이해했음을 알 수 있다. 이것을 통해 우리는 제자들이 가진 주의 임하심의 의미가 미래의 종말이 아니라 "동시대적인 소망, 로마로부터의 독립"이었음을 알 수 있다.

그러므로 제자들이 예수님께 "주의 임하심에는 무슨 징조가 있습니까?"라고 질문하는 것은 "주님께서 실제로 압제당하는 이스라엘을 로마의 손아귀에서 구원하시고 영원한 왕국으로 다스리실 때가 언제입니까?"라는 의미다. 실제로 유대인들의 숙원이 정말 성취되었을까? 질문의 답은 그렇다 이다. 물론 육적인 차원에서의 영토적인 변화나 혁명이 일어나지는 않았다. 그러나 예수님께서 십자가에 달려 돌아가신 후 죽은 자 가운데서 다시 살아나시고 하늘에 오르셔서 하나님 아버지 우편에 앉으시는 순간 당신의 나라로 임하신 것이다. 이 사건은 제자들이 살아있는 시대인 2천 년 전에 이미 성취되었다. 이 내용을 확증하기 위해 마 16:28에 예수님의 말씀을 읽어보자.

> 진실로 너희에게 이르노니 여기 섰는 사람 중에 죽기 전에 인자가 그 왕권을 가지고 오는 것을 볼 자들도 있느니라

> 또 저희에게 이르시되 내가 진실로 너희에게 이르노니 여기 섰는 사람 중에 죽기 전에 하나님의 나라가 권능으로 임하는 것을 볼 자들도 있느니라 하시니라 (막 9:1)

예수님께서 자신의 임하심을 이보다 더 분명하게 말씀하실 수 있었을까? 정말 제자 중의 어떤 이들은 부활하시고 승천하시는 예수님을 두 눈으로 똑똑히 보았다(행 1:10). "하나님 나라의 임하

심"의 이해가 있다면 주님의 대답을 잘 이해할 수 있을 것이다.

주님의 임하심에 접근할 때 주의할 점은 부분적 과거주의가 예수님의 재림 자체를 거부한다고 넘겨짚는 것이다. 우리는 예수님께서 미래의 어느 시점에 재림하실 것을 믿으며, 제자들의 세 번째 질문의 답변에서 미래의 재림을 다룰 것이다. 그러나 제자들의 두 번째 질문은 예수님의 재림이 아니라 예수님의 나라에 관한 것이다.[9]

> ### 조나단 에드워즈
>
> 예수님께서 당신의 임하심, 나타나심, 왕국으로 오심, 또는 왕국이 임하심을 말씀하시는 증거는 예수님의 권능과 공의, 은혜라는 위대한 역사와 관련이 있는데, 이는 예루살렘 파괴의 특별한 섭리 가운데 나타난다.
>
> (구속의 역사(THE HISTORY OF REDEMPTION, 1199, 1776, 2007년 12월 1일, HTTP://PRETERISTARCHIVE.COM/STUDYARCHIVE/E/EDWARDS-JONATHAN_REVIVAL.HTML)

두 번째 질문을 향한 예수님의 대답

예루살렘의 파괴가 예수님께서 하나님 나라의 임하심과 얼마나 밀접하게 연관되었는지 살펴보는 것이 도움이 된다. 예수님께서는 다음과 같이 말씀하신다. "*그 날 환란 후에 즉시*"(마 24:29) 예수님께서는 예루살렘 파괴 직후에 해당하는 "즉시"를 말씀하셨지

---

9. 일부 부분적 과거주의자들은 "예수님의 임하심"이 하나님 나라에 관한 권세를 받는 것뿐만 아니라, 유대인 나라 심판을 위한 임하심도 포함한다고 가르친다.

1장 마태복음 24장 이해 65

만, 제자들은 예수님께서 독립된 메시아 왕국에 임하실 것으로 알았다. 주님께서는 임하심을 다음과 같이 설명하신다.

마태복음 24:30 ; 인자의 징조

그 때에 인자의 징조가 하늘에서 보이겠고

미래주의자들은 이 말씀을 종말에 예수님께서 하늘에 나타나시는 재림이라고 생각한다. 그러나 이 구절을 자세히 살펴보면 예수님께서 하늘에 나타나시는 것이 아니라 인자의 "징조"가 나타날 것이라고 한다. 징조란 무언가를 알리는 게시판과 비슷한 것인데 인자$^{\text{THE SON OF MAN}}$가 그 징조에 해당한다. 예수님께서 직접 나타나시는 것이 아니라, 징조를 나타내실 것이다. 마 24:30의 킹제임스성경은 다음과 같이 기록한다.

그 후에 하늘^{HEAVEN}에 있는 인자의 표적이 나타나리니

인자의 징조는 인자가 하늘에 계시다는 것이다. 킹제임스성경은 "천국^{HEAVEN}"에 계신 인자를 언급하는 반면에 새영어성경(NASB)은 "하늘^{SKY}"에 계신 인자를 말한다. 헬라어 "우라노^{OURANO}"는 "천국"이나 "하늘"로 번역되기 때문에 둘 다 맞다. 하지만 우리가 "하늘"이라는 단어를 사용할 경우, 독자들은 예수님께서 구름에 쌓여 하

늘 위로 나타나시는 모습을 상상한다. 반면, 예수님께서 "천국"에 계신다고 이해하면 하나님 아버지와 함께 보좌에 앉아 계시는 예수님의 모습을 상상할 수 있다. 후자의 천국에 계시는 모습이 예수님께서 하나님 나라에 임하신 모습에 해당한다.

이제 2천 년 전 감람산의 제자들 관점으로 돌아가 보자. 이들은 곧 추종해 온 지도자를 잃을 것이다. 예수님께서 하늘로 올라가시고 나면, 예수님께서 하늘에서 실제로 이루신 일을 제자들이 어떻게 알 수 있을까? 예수님께 하늘과 땅의 모든 권세를 받으셨음을 제자들이 어떻게 알 수 있을까? 인간적인 방식에서 "주의 임하심에는 무슨 징조가 있습니까?"라는 제자들의 질문에, 예수님께서는 하나님 나라의 관점으로 대답하신 것이다.

그러면 이 징조는 무엇일까? 예수님께서는 앞서 예루살렘과 성전이 파괴될 때 끝날 모든 징조를 말씀하셨다. 곧, 예루살렘과 성전의 파괴 자체가 인자의 징조다. 제자들이 예수님의 말씀을 감람산에서는 이해할 수 없었지만, 예루살렘과 성전의 파괴를 보면서 감람산에서 하신 말씀을 깨닫고 예수 그리스도께서 천국의 보좌에 앉으신 사실을 의심 없이 믿었을 것이다. 이 징조가 1세기 유대인 제자들에게 미친 영향을 이해하기 위해 1945년 두 개의 원자폭탄이 일본의 히로시마와 나가사키에 떨어진 사건을 예로 들어보자. 원자 폭탄이 두 도시를 파괴하면서 피어오르는 버섯구름을 멀리서 보면서 일본인들은 이미 전쟁이 끝났음을 알았다.

이제 주 후 70년 예루살렘이 파괴되었을 때 일어난 일을 비교해 보자. 두 개의 원자 폭탄이 일본에 떨어졌을 때보다 더 많은 사람이 예루살렘에서 죽었다. 국가 전체가 단번에 멸망했다. 이것이 바로 징조였다. 성전이 파괴되었을 때, 유대 종교 시스템이 종말을 고했다. 사람들은 더는 동물 희생 제물로 성전을 통해 하나님께 나갈 수 없었다. 하지만 사람 대제사장이 아닌 새로운 대제사장이신 예수님께서 건축자들의 버린 돌로서 머릿돌이 되셨다. 이것이 예수님께서 하나님 나라에 임하셨다는 징조였다. 다윗의 보좌가 하늘로 들려 올렸으며, 예수 그리스도께서 하늘에서 영원한 하나님 나라를 통치하실 것이다.

마태복음 24:29 ; 심판의 징조

그 날 환란 후에 즉시 해가 어두워지며 달이 빛을 내지 아니하며 별들이 하늘에서 떨어지며 하늘의 권능들이 흔들리리라

이 구절을 바르게 이해하려면 먼저 성경적 시간 개념과 관용구의 개념을 이해해야 한다. 예수님께서는 이 일들이 "그날 환란 후에 즉시" 일어날 것이라고 말씀하셨다. 예수님께서 묘사하신 환란은 주 후 70년에 일어났기 때문에 이 구절의 사건이 주 후 70년 후에 "즉시" 일어났다고 봐야 한다. 또 유대인들은 해, 달, 별들을 종종 통치자를 언급하는 데 사용했다. 예를 들면, 요셉은 해, 달, 별들이 모두 자기 앞에 절하는 꿈을 꾸었다(창 37:9). 요셉이 이

꿈을 자기 가족에게 전달하자 이들은 해, 달, 별들을 문자 그대로 하늘의 해와 달과 별이라고 해석하지 않고 요셉이 강력한 권세를 가질 것이라고 결론 내린다. 마찬가지로 계 12:1에서 한 여자가 해를 입고 나타나 그 발아래는 달이 있고 그 머리에는 별의 면류관을 쓴 모습을 보면서 우리는 이 여자에게 큰 권세가 있다는 것을 안다. 성경에는 대도시들의 명성과 영광이 해, 달, 별들과 같이 빛날 것이라고 기록되었으며 성경에 어떤 도시가 파괴할 때는, 해, 달 또는 별들이 어두워졌다. 에스겔서는 애굽의 심판과 다가오는 파괴를 다음과 같이 기록한다.

> 7 내가 너를 불 끄듯 할 때에 하늘을 가리어 별을 어둡게 하며 해를 구름으로 가리며 달이 빛을 내지 못하게 할 것임이여 8 하늘의 모든 밝은 빛을 내가 네 위에서 어둡게 하여 어둠을 네 땅에 베풀리로다 주 여호와의 말씀이니라 (겔 32:7~8)

에스겔이 예언한 심판이 애굽에 실제로 발생했지만, 해와 달과 별이 문자 그대로 어두워진 역사적 기록은 없다. 우리는 선지자들이 때때로 이런 묵시적인 용어를 통해 의미를 전달한다는 사실을 알아야 비로소 그 의미를 바르게 이해할 수 있다. 이런 묵시적인 용어를 현대의 사람들이 비극적인 상황에 부딪혔을 때 사용하는 "하늘이 무너져 내린다!" 또는 "빛이 보이지 않는다!"라는 관용구와 비교해 보자. 우리의 종교적 사고의 틀에서는 이런 관용구를 사용하시는 예수님을 선뜻 이해하기 어려울 수 있지만, 성경에는 의심의 여지 없이 이런 상황을 발견할 수 있다. 아래 제시된 것보다 더 많은 성경의 예에서 이런 용어가 사용된다. 이 용어는 다가올 멸망과 권력 이양을 언급하는 관용구였다. 이사야가 에돔으로 알려진 이스라엘 남쪽 지역에 임하는 멸망을 선포하는 모습을 보자.

> 4 하늘의 만상이 사라지고 하늘들이 두루마리 같이 말리되 그 만상의 쇠잔함이 포도나무 잎이 마름 같고 무화과나무 잎이 마름 같으리라 5 여호와의 칼이 하늘에서 족하게 마셨은즉 보라 이것이 에돔 위에 내리며 진멸하시기로 한 백성 위에 내려 그를 심판할 것이라 (사 34:4~5)

역사적으로 당시 하늘은 문자 그대로 "두루마리같이 말리지" 않았다. 하늘의 만상이 문자 그대로 무화과나무 잎처럼 바닥으로 떨어지지 않았다. 그러나 에돔은 멸망했다. 마지막으로 하나님께서 이사야를 통해 바벨론의 심판을 다음과 같이 선포하신다.

> 하늘의 별들과 별 떨기가 그 빛을 내지 아니하며 해가 돋아도 어두우며 달이 그 빛을 비추지 아니할 것이로다 (사 13:10)

바벨론이 심판받을 때 별과 별 떨기가 빛을 잃었다는 역사적 기록은 없다. 해가 떴어도 어둡지 않았다. 하지만 멸망은 이뤄졌다. 우리가 기록된 성경을 통해 예수님의 말씀을 이해한다면 예수님께서 묵시적 언어를 사용하여 심판을 선포하셨다는 결론을 내릴 수 있다. 선지자 이사야와 에스겔이 애굽, 에돔, 바벨론의 심판을 말한 것처럼 예수님께서도 선지자로서 예루살렘의 멸망을 선포하셨다. 제자들은 이런 구약성경의 어법을 알았다. 묵시적 용어는 유대인들의 문화적 표현의 일부였기 때문이다.

이것은 예수님께서 죽으시고, 부활하셔서, 승천하신 이후에 실제로 발생한 일과 완벽하게 일치한다. 예수님께서 하나님 아버지 우편에 앉으시고 하늘과 땅의 모든 권세를 받으셨다. 하늘을 통치하시는 예수님을 향한 이 땅의 증거는 옛 성전의 파괴였다. 그리고 새 대제사장이 하늘에 앉으셨다. 예수님은 새로운 통치자로 모든 왕 가운데 왕이시며 모든 주 가운데 주님이시다.

> 저는 하늘에 오르사 하나님 우편에 계시니 천사들과 권세들과 능력들이 저에게 순복하느니라 (벧전 3:22)

예수 그리스도께서 당신의 나라에 들어가실 때, 하늘이 흔들렸다.

마태복음 24:30B ; 영광스러운 인자

우리는 앞서 마 24:30의 첫 부분을 살펴보았다. 이제 나머지 부분을 살펴보자.

그 때에 인자의 징조가 하늘에서 보이겠고 그 때에 땅의 모든 족속들이 통곡하며 그들이 인자가 구름을 타고 능력과 큰 영광으로 오는 것을 보리라

"땅의 모든 족속이 통곡하리라"는 구절의 의미는 무엇일까? 먼저 이 번역본에서 "땅^{EARTH}"으로 번역된 헬라어 "게^{GE}"의 뜻을 살펴보자. '게'라는 단어를 신약성경의 다른 구절에서는, 지구가 아닌 "땅^{LAND}"으로 번역했다. 사실 이 단어는 유대인의 약속의 땅을 언급할 때 종종 사용된다. 이것은 이 구절의 문맥에서 더 사실적으로 나타난다. 즉 땅의 모든 족속이 통곡할 것이라는 내용은 지구 전체가 아닌 약속의 땅에 사는 백성인 이스라엘의 모든 족속이 통곡한다는 의미다. 실제로 성전과 예루살렘의 파괴 소식이 이스라엘 족속에게 전달되었을 때 회당과 집집 마다 엄청난 통곡이 일어났다. "징조"(예루살렘 멸망)가 "족속들"(이스라엘)의 엄청난 통곡을 촉발했지만, 이들은 여전히 징조의 의미를 간과했다. 이는 하나님 아버지께로 올라가신 "인자"가 "하늘"에 계신다는 징조였다. 예수님께서 "인자가 구름을 타고 능력과 큰 영광으로 오는 것"을 언급하실 때, 이것은 미래주의자들의 관점처럼 인자가 땅으로 되돌아오실 재림을 말씀하시는 것이 아니다. 이 사건은 하늘(또는 천국)에서 일어나는 일이다. 예수님께서는 하늘에서 권능과 영광으로 옷 입으신다. 이 내용은 다니엘이 하나님 아버지 우편에서 계신 예수 그리스도의 환상을 보았을 때 예언한 내용과 일치한다.

13 내가 또 밤 환상 중에 보니 인자 같은 이가 하늘 구름을 타고 와서 옛적부터 항상 계신 이에게 나아가 그 앞으로 인도되매 14 그에게 권세와 영광과 나라를 주고 모든 백성과 나라들과 다른 언어를 말하는 모든 자들이 그를 섬기게 하였으니 그의 권세는 소멸되지 아니하는 영원한 권세요 그의 나라는 멸망하지 아니할 것이니라 (단 7:13~14)

예수님께서 하나님 아버지로부터 통치할 권세를 받으시면서 다니엘의 예언을 성취하셨다.

마태복음 24:31 ; 택하신 자를 모으는 천사들

저가 큰 나팔소리와 함께 천사들을 보내리니 저희가 그 택하신 자들을 하늘 이 끝에서 저 끝까지 사방에서 모으리라

미래주의자들은 이 구절이 시대의 끝에서, 그리스도의 재림 시에 일어날 일이라고 이해한다. 그러나 예수님께서 말씀하신 의미는 그렇지 않았다. 이 구절에서부터 단 세 구절 후에 예수님께서 분명히 "이 세대가 지나가기 전에 이 일이 다 이루리라"고 말씀하셨기 때문이다. 예수님께서는 이 구절이 먼 미래의 일이 아니라 말씀하신 시간을 기준으로 한 세대인 40년 안에 일어날 일이라고 말씀하신다. 이것을 어떻게 이해해야 할까?

예수님께서 부활하사 승천하셔서 보좌에 앉으심으로 하늘과 땅의 모든 권세를 취하셨다. 예수님께서 당신의 나라에 임하시는 순간 모든 것이 변했다. 유대인에게 나팔 소리는 왕명$^{ROYAL\ DECREE}$의 선포를 의미한다. 왕명은 무엇인가? 하나님의 천사들을 보내서 모든 나라에서 하나님의 사람들을 모으시는 때다. 예수님의 제자들은 가서 복음을 전파하고 모든 나라를 제자로 삼으라는 명령을 받았다. 이 명령에서 유대인 국가와 백성만 하나님과 언약 관계가 허용되는 것으로 국한되지 않는다. 예수님께서는 선한 목자가 되셔서 당신의 양들을 온 세상에서 모으신다. "모으다^{GATHER}"라는 단어는 문자 그대로 "회당으로$^{TO\ SYNAGOGUE}$"를 뜻하기 때문에 의미가 있다. 그리스도의 "메신저^{MESSENGER}"들은 사람을 모아 주님의 새로운 회당으로 모을 것이다. 옛 성전의 종말은 교회인 새로운 성전의 건축을 서두르게 하고 실제로 예루살렘이 멸망한 후에 교회가 왕성하게 성장한 것은 역사적 사실이다.

마태복음 24:32~33 ; 문앞에 가까이 계신 인자

32 무화과나무의 비유를 배우라 그 가지가 연하여지고 잎사귀를 내면 여름이 가까운 줄을 아나니 33 이와 같이 너희도 이 모든 일을 보거든 인자가 가까이 곧 문 앞에 이른 줄 알라

예수님께서 제자들에게 무화과나무 가지의 잎이 나면 여름이

가까운 것이라고 말씀하시면서 이것이 징조이며, 새로운 영적 계절의 시작(이전 것은 지나고 새로운 것이 번성함)을 알린다고 말씀하신다. 무화과나무의 교훈은 예수님과 제자들이 예루살렘과 성전을 바라보는 산 위에 앉으신 상황을 알면 훨씬 더 강력하게 다가온다. 예수님께 앉으신 곳 가까이 있는 무화과나무에서 부드러운 가지를 잘라 제자들에게 주시면서 예루살렘 멸망과 당신의 나라에 들어가심을 나타내는 분명한 징조에 주목하라는 교훈을 주신다.

미래주의자들은 무화과나무가 이스라엘의 상징이며 이스라엘이 국가로 다시 재탄생하는 것을 보는 세대가 그리스도의 재림을 맞이할 것이라고 주장한다. 단언하지만, 이것은 터무니없는 해석이다. 먼저, 성경에서 이스라엘의 예표는 무화과나무가 아니라 감람나무다(렘 11:16; 롬 11:17). 성경 전체에서 이스라엘의 예표로 사용하지 않은 무화과나무를 두고 이 구절이 이스라엘의 회복을 의미한다고 말하는 것은 지나친 해석이다. 더 중요한 것은 이 문맥에서 이스라엘 나라의 회복 언급이 전혀 없다. 본문에 예수님께서 말씀하신 어떤 것도 이스라엘의 회복을 의미하지 않는다. 이 문맥에서 예수님께서는 앞으로 2천 년 후의 사건을 말씀하시는 것이 아니라 제자들이 살아있는 동안 있을 일을 예언하신 것이다.

이 본문의 다음 구절이 그 세대 동안 모든 징조가 일어날 것이라고 말하므로(24:34) 무화과나무 예화는 미래의 이스라엘 회복에 관한 것이 분명히 아니다. 예수님의 재림 때에는 어떤 징조도 없다는 것은 다음 구절(24:36)에서 예수님께서 말씀하시는 내용과 일치한다. 예수님께서는 재림의 분명한 징조를 볼 것을 말씀하지 않으시고 당신조차도 재림의 날과 시는 알지 못한다고 말씀하신다. 만일 이보다 더 확실한 증거를 원한다면 간단한 역사적 증거가 있다. 이스라엘이 1948년에 국가가 되었지만 한 세대인 40년을 지나 60년이 넘는 세월이 지났음에도 아직 주님은 재림하지 않으신 사실이다. 무화과나무의 분명하고 간단한 교훈은 마 24:4~28에 나열된 모든 징조를 주의하라는 것이다. 이 징조가 성취되었을 때 제자들은 예수님께서 당신의 나라에 좌정하셨음을 알았다.

마태복음 24:34 ; 이 세대가 지나기 전에

예수님께서는 제자들의 두 번째 질문의 답을 마치신다. :

내가 진실로 너희에게 말하노니 이 세대가 지나가기 전에 이 일이
다 이루리라

이 구절을 문자 그대로 받아들이면 마 24:5~34에 예수님께서 예언하신 모든 일이 주 후 70년까지 성취되었다고 믿을 것이다. 그러나 미래주의자들은 너무도 당연하게 예수님의 말씀을 문자 그대로 받아들이지 않고 거기에 자신들의 추측을 더 한다. 때때로 이들은 자신의 관점에 따라 "세대"^{GENESIS}를 "민족"^{RACE}으로 재정의하여 미래에 유대 민족이 멸망하기 전에 마태복음 24장에 나열된

사건이 일어날 것이라고 주장한다. 그러나 이런 재해석은 신약성경의 나머지 내용과 일치하지 않는다. 헬라어 '제네시스'는 신약성경에서 34회 사용되는데, 성경의 가장 흔하게 사용되는 번역본에서 "민족^{RACE}"으로 번역하지 않는다. 예수님의 말씀을 문자적인 의미로 받아들이면 기록된 모든 사건이 예수님의 말씀을 들은 제자들의 일생에 발생할 것이라고 결론 내릴 수 있다.

존 칼빈

예수님께서는 한 세대가 끝나기 전에, 제자들이 예수께서 말씀하신 진리를 경험할 것이라고 알려주셨다. 예루살렘이 멸망하고 성전이 파괴된 후 50년 이내에 전체 유대 국가가 끔찍한 폐허로 변했다.

(공관복음 주석(COMMENTARY ON A HARMONY OF THE EVANGELISTS, MATTHEW, MARK, AND LUKE), 1949년, VOL. 3, P. 151)

찰스 스펄전

예수님께서는 제자들에게 이런 일이 일어날 시기를 분명하게 알려 주셨다. "내가 진실로 너희에게 말하노니 이 세대가 지나가기 전에 이 일이 다 이루리라." 로마 군인들이 예루살렘을 포위하여 전무후무한 슬픔과 고통, 비탄과 참사에 빠진 때는 한 세대라는 제한된 기간이었다. 예수님께서는 진정한 선지자셨다. 예언하신 모든 일이 문자 그대로 성취되었다.

(하나님 나라의 복음(THE GOSPEL OF THE KINGDOM), 1974, P. 218)

질문 #3 : 세상(시대)의 끝에는 어떻게 됩니까?

제자들의 세 번째 질문은 말세에 관한 것이다(마 24:3). 전술한 것처럼 헬라어 아이온^{AION}은 일부 성경에서 "세상^{WORLD}"으로 번역되었기 때문에 제자들이 "세상의 종말"을 묻는 것으로 이해할 수 있다.

세 번째 질문을 향한 예수님의 대답

예수님께서 마 24:35~25:46에서 제자들의 세 번째 질문에 대답하신다. 예수님의 말씀이 빨간색으로 인쇄된 성경을 소유한 기독교인이라면 마 24:35~25:46이 모두 예수님의 말씀이라는 사실을 알게 할 것이다. 세상의 끝에 관한 예수님의 대답은 하나의 긴 대답과도 같다. 이 긴 내용을 구절 단위로 살펴보기 전에 먼저, 예수님께서 세 번째 대답을 시작하신 곳이 마 24:35라는 것을 인식하는 것이 중요하다. 이 구절은 후대에 임의로 지정한 것이 아니라 실제로 성경 본문 전체의 문맥을 통해 예수님께서 세상의 끝이 언제인지 말씀하시기 시작한 지점이다.

우리는 예수님께서 이 구절 앞에 기록된 모든 사건이 한 세대 안에 일어날 것이라고 말씀하신 마 24:34을 이미 살펴보았다. 주님께서는 마 24:35절을 통해 마 24:34 이후의 사건이 언제 어떻게 발생할지 합리적으로 이해할 수 있도록 여유^{BREAK}를 제공하신다.

천지는 없어지겠으나 내 말은 없어지지 아니하리라. (마 24:35)

예수님께서는 당신의 말씀이 정말로 실현될 것임을 강조하시면서 세상의 끝(천지가 없어지는 것)도 말씀하신다. 이것이 바로 제자들의 세 번째 질문이었다 : "세상 끝에는 어떻게 됩니까?"

그러나 그 날과 그 때는 아무도 모르나니 하늘의 천사들도 아들도 모르고 오직 아버지만 아시느니라 (마 24:36)

성경이 "그 날과 때", "최후의 심판 날" 또는 "마지막 날", 또는 어떤 문맥에서는 "그 날"이라는 용어를 사용할 때는 하나님께서 세상 끝에 모든 사람을 심판하기 위해 부르시는 최후의 심판 날을 나타낸다(예, 마 7:22; 눅 10:12; 요 6:39; 12:48; 롬 2:16; 고전 1:8; 3:13; 5:5; 빌 1:6; 1:10; 살후 1:10; 딤후 1:18; 4:8; 히 10:25; 벧후 3:10, 12; 유 1:6).

이 최후 심판 날이 마태복음 24장의 35절 이후의 나머지 부분과 마태복음 25장 전체의 주제다. 예수님께서는 최후의 심판을 노아 홍수의 심판(마 24:37~39), 밭에 있는 두 사람(24:40~41), 밤에 오는 도둑(24:42~44), 돌아와서 자신의 종에게 회계를 요구하는 주인(24:45~51), 신부를 찾아오는 신랑(25:1~13), 종이 달란트를 어떻게 사용하는지 알아보기 위해 오는 주인(25:14~30)과 비교하고 모든 천사와 함께 영광 가운데 오시는 인자와, 그에 앞서 만국을 모으시는 이야기로 이 위대한 가르침을 마치신다(마 25:31~46).

이 구절을 하나씩 간략하게 살펴보면 각각 다가올 심판을 말씀하시는 것을 충분히 이해할 수 있기 때문에 예수님께서 시대(또는 세상)의 끝에 관한 제자들의 세 번째 질문에 대답하시는 것임을 알 수 있을 것이다.

> **찰스 스펄전**
>
> 여기 우리 주님의 말씀에 분명한 변화가 있다. 당신의 최후 심판을 분명하게 나타내신다.
>
> (하나님 나라의 복음(THE GOSPEL OF THE KINGDOM), 1974, P. 218)

마태복음 24:36 ; 그때는 아무도 모른다

그러나 그 날과 그 때는 아무도 모르나니 하늘의 천사들도, 아들도 모르고 오직 아버지만 아시느니라

이 구절의 핵심은 주님의 날이 갑작스럽게 온다는 것이다. 예수님도, 천사도 모르고 오직 하나님 아버지만 아신다. 예수님께서는 그날이 징조나 경고 없이 올 것을 분명히 말씀하신다. 다른 두 질문의 답과 이 질문을 향한 주님의 답이 얼마나 다른지 주목하라. 예수님께서는 복음을 전파할 시간이 주어진 후, 적들이 예루살렘을 포위할 것이라고 말씀하신다. 예수님께서 당신의 나라에 임하시는 중요한 가시적 징조는 예루살렘과 성전의 파괴라고 말씀하신다. 하지만 세상의 끝은 "아무도 모르나니 하늘의 천사들도, 아들도 모른다"고 말씀하신다. 이 놀라운 세상의 끝에 관한 내용은 예수님께서 마태복음 24장의 나머지 부분과 마태복음 25

장 전체에서 말씀하시는 비유의 기초가 되는 주제다.

마태복음 24:37~39 ; 노아의 때와 같이

37 노아의 때와 같이 인자의 임함도 그러하리라 38 홍수 전에 노아가 방주에 들어가던 날까지 사람들이 먹고 마시고 장가 들고 시집가고 있으면서 39 홍수가 나서 그들을 다 멸하기까지 깨닫지 못하였으니 인자의 임함도 이와 같으리라

예수님께서는 최후 심판 날이 갑작스럽게 다가올 것임을 제자들이 명심하기 원하셨다. 노아 시대의 비유처럼 사람들이 먹고, 마시고, 장가들고, 시집갈 때, 갑자기 예수님께서 재림하실 것이며 심판 날이 도래할 것이다

마태복음 24:40~42 ; 밭에 있는 두 사람과 같이

40 그 때에 두 사람이 밭에 있으매 한 사람은 데려가고 한 사람은 버려둠을 당할 것이요 41 두 여자가 맷돌질을 하고 있으매 한 사람은 데려가고 한 사람은 버려둠을 당할 것이니라 42 그러므로 깨어 있으라 어느 날에 너희 주가 임할는지 너희가 알지 못함이니라

이 구절의 요점은 단순하고 간단하다. 심판 날이 갑자기 다가올 것이므로 항상 깨어 있어야 한다.

마태복음 24:43 ; 밤에 오는 도적

밤에 오는 도적의 비유를 통해 놀라운 내용을 가르쳐 주신다.

43 너희도 아는 바니 만일 집 주인이 도둑이 어느 시각에 올 줄을 알았더라면 깨어 있어 그 집을 뚫지 못하게 하였으리라 44 이러므로 너희도 준비하고 있으라 생각하지 않은 때에 인자가 오리라

아무런 징조나 경고 없이, 최후의 심판이 도래할 것이다. 그러므로 항상 깨어 준비해야 한다.

마태복음 24:45~51 ; 주인의 귀환

45 충성되고 지혜 있는 종이 되어 주인에게 그 집 사람들을 맡아 때를 따라 양식을 나눠 줄 자가 누구냐 46 주인이 올 때에 그 종이 이렇게 하는 것을 보면 그 종이 복이 있으리로다 47 내가 진실로 너희에게 이르노니 주인이 그의 모든 소유를 그에게 맡기리라 48 만일 그 악한 종이 마음에 생각하기를 주인이 더디 오리라 하여 49 동료들을 때리며 술친구들과 더불어 먹고 마시게 되면 50 생각하지 않은 날 알지 못하는 시각에 그 종의 주인이 이르러 51 엄히 때리고 외식하는 자가 받는 벌에 처하리니 거기서 슬피 울며 이를 갈리라

이 구절에서 얻을 수 있는 많은 교훈이 있지만 가장 기본적인

진리는 심판 날이 경고 없이 갑작스럽게 도래하기 때문에 계속해서 부지런히 일하고 의롭게 살아야 한다는 것이다.

마태복음 25:1~13 ; 열 처녀의 기다림

다음 절에서 예수님께서 신랑이 와서 데려가기를 기다리는 열 처녀의 비유를 말씀하신다. 그중 다섯 명은 어리석어서 신랑이 돌아오는 것을 준비하지 못하였지만, 나머지 다섯 명은 지혜로워서 신랑이 올 것을 준비했다. 다시 말하지만 가장 분명한 교훈은 예수님께서 경고 없이 어느 때라도 다시 오실 수 있으므로 하나님의 사람들은 항상 깨어 준비해야 한다는 것이다.

마태복음 25:14~30 ; 달란트를 받은 종

예수님께서는 자신의 소유를 세 명의 종에게 맡긴 주인의 비유를 말씀하신다. 주인이 종 중 한 명에게는 다섯 달란트를, 다른 한 명에게는 두 달란트를, 나머지 한 명에게는 한 달란트를 맡긴다. 주인이 돌아왔을 때 맡긴 달란트를 어떻게 사용했는지 보고하도록 명령하고 각 사람이 행한 대로 대가를 지급한다. 다가올 심판의 중요한 교훈은 언급할 필요가 없을 정도로 분명하다. 이 구절의 두 번째 교훈은 예수님의 재림에 상당한 지연이 있다는 것이다. 19절에 심판 지연의 내용을 볼 수 있다. "_오랜 후에_ 그 종들의 주인이 _돌아와_" 이 지연은 당대에 발생한 예루살렘 심판과는 다르다.

마태복음 25:31~46 ; 최후의 심판 날

마태복음의 마지막 절에서 예수님께서는 다가올 최후의 심판 날의 묘사와 요약을 제시하신다.

> 31 인자가 자기 영광으로 모든 천사와 함께 올 때에 자기 영광의 보좌에 앉으리니 32 모든 민족을 그 앞에 모으고 각각 구분하기를 목자가 양과 염소를 구분하는 것 같이 하여 33 양은 그 오른편에 염소는 왼편에 두리라 34 그 때에 임금이 그 오른편에 있는 자들에게 이르시되 내 아버지께 복 받을 자들이여 나아와 창세로부터 너희를 위하여 예비된 나라를 상속받으라... 41 또 왼편에 있는 자들에게 이르시되 저주를 받은 자들아 나를 떠나 마귀와 그 사자들을 위하여 예비된 영원한 불에 들어가라

이 교훈은 분명하다. 예수님께서 다시 오셔서 의인과 악인을 심판하실 것이다. 제자들이 예수님께 한 세 번째 질문 "세상 끝에는 어떻게 됩니까?"에 명확하게 답변하신다.

요약

마태복음 24장에 관한 부분적 과거주의 관점은 전 세계의 많은 그리스도의 몸 된 교회가 지지한다. 우리가 이것을 언급하는 이유는 부분적 과거주의는 아무도 믿지 않는 특이한 종말론 견해가 아

님을 분명히 하기 위함이다. 수많은 복음주의적 성경 교사들이 우리가 설명한 것과 같은 관점으로 마태복음 24장을 설명한다.

당신이 마태복음 24장의 부분적 과거주의 견해를 받아들인다면 이전에는 이해하지 못한 많은 새로운 개념을 받아들일 수 있을 것이다. 그중에서 가장 중요한 것은 예수님의 재림이나 세상 끝에 앞서 아무런 징조도 없을 것이라는 점이다. 재림하실 예수님조차 언제 오실지 모르시기 때문에 아무도 알아낼 수 없다.

예수님께서는 여섯 개의 서로 다른 비유를 통해 이 점을 강조하셨는데, 이를 통해 제자들은 재림이 모든 피조물에게 갑작스럽게 임할 것을 이해했다. 이 견해는 세상의 끝에 앞서 전쟁이 늘어나고 기근, 지진, 거짓 종교 지도자들, 사람들의 배교를 말하면서 재림을 짐작하고 준비해야 한다고 말하기 좋아하는 미래주의자들의 주장과 배치된다. 마 24장의 본문의 모든 징조는 주 후 70년 예루살렘 멸망과 관련한 것이었으며 이미 끝났다.

세상의 끝, 종말과 재림에 관해 성경은 이렇게 증거한다. 예수님께서 미래의 어느 시점에 재림하실 때 사람들은 먹고 마시거나, 운전하거나, 잠들었거나 일하고 있을 것이다. 그때 갑자기, 아무런 경고나 징조 없이 예수 그리스도께서 나타나신다. 이제 더 이상 성경에서 벗어나거나 성경에 더한 추측으로 예수님의 재림을 추측하지 말고 성경 본문이 말하는 것을 이해하라.

2장

UNDERSTANDING THE PARTIAL PRETERIST VIEW

부분적 과거주의 견해 이해

이 장에서 우리는 부분적 과거주의 견해를 이해하기 위한 중요한 문제들을 살펴볼 것이다. 이 책 전체에서 종말과 관련한 특정 성경 구절에 초점을 맞추지 않는 곳은 이 장이 유일하다. 이번 장에서 우리는 종말과 관련한 성경 구절에 집중하는 대신 이 책 전체를 관통하는 중심인 부분적 과거주의 견해를 이해하는 데 필요한 관점과 부분적 과거주의 견해를 받아들이는 데 걸림돌이 되는 문제를 살펴볼 것이다.

부분적 과거주의 견해 : 승리의 견해

부분적 과거주의자들은 때때로 자신의 종말론 견해를 "승리의 견해"라고 언급한다. 승리의 견해$^{THE\ VICTORIOUS\ VIEW}$는 미래를 향한 부정적 견해를 가진 일부 미래주의자들의 기분을 불편하게 한다. 그러나 결국 예수님께서 재림하실 때 모든 악을 정복하시고 승리하실 것이다. 미래주의자들도 궁극적인 승리를 추구한다는 점은 같지만, 현실을 받아들이는 데 분명한 차이가 있으므로 우리는 두 견해의 차이를 비교해볼 것이다. 미래주의자들은 가까운 미래에 큰 지진과 기근, 전쟁이 있을 것이라고 가르치며 다음과 같이 주장한다.

> 적그리스도가 하나의 세계 정부, 하나의 경제 체계, 거짓된 종교를 구축하여 세계를 정복할 것이며 따르는 많은 사람을 속이고 자신의 표식인 "짐승의 표"를 받지 않는 기독교인들을 참수할 것이다. 그 후에 하나님께서 세상을 향한 심판의 진노를 쏟아부으시며 세상의 1/3을 불태워 버리시고 7년 환란 동안 인류에게 엄청난 고통을 주실 것이다. 교회는 환란 이전에 엄청난 배교를 경험하며 기독교인 중에 수만 명이 믿음을 버릴 것이다.

미래주의자들의 종말론 견해에 따르면 결국에는 하나님께서 승리하시겠지만, 현재로부터 앞으로 다가올 승리의 때까지의 과정은 매우 험난하고 비극적일 것이다.

이제 앞 장에서 살펴본 대로 마태복음 24장에 나오는 일련의 비극과 멸망을 이미 성취된 것으로 보는 부분적 과거주의자의 견해와 미래주의자의 견해를 다음과 같이 비교해 볼 것이다. 우리가 제3장에서 다니엘를 다루는 견해처럼, 하나님 나라는 지금 우리 가운데 있으며 온 세상을 채울 때까지 계속 성장할 것이다. 제4장에서는 요한계시록을 살펴보면서 예수님의 모든 대적이 종말의 때까지 어떻게 점진적으로 주님의 발아래 있을지, 어떻게 종말에 땅의 모든 나라가 하나님의 나라가 되는지 살펴볼 것이다. 제5장에서는 유대인들의 미래를 다루면서 유대인들과 이방인들이 함께 하나님을 예배하리라는 하나님의 약속과 함께 유대인들에게 약속하신 미래를 살펴보며, 계속해서 예수 그리스도의 재림 이전에 교회가 승리와 성숙함, 연합과 권능 가운데 어떻게 일어나는지 살펴볼 것이다. 이같이 미래주의와 과거주의를 나란히 배열해 보면 진정한 승리의 견해가 어느 것인지 분명해진다.

부분적 과거주의 견해의 장점

미래주의와 부분적 과거주의 외에도, 완전 과거주의 견해(또는, 간단히 과거주의 견해)가 존재한다. 완전 과거주의 견해를 믿는 기독교인들은 마태복음 24장과 요한계시록의 모든 부분이 완전히 성취된 것으로 본다. 더 많은 내용에 관심이 있는 사람들을 위해 완전 과거주의 견해를 제공하는 몇 권의 서적을 도서 색인에 수록했다.

종말론 견해	마태복음 24장과 계시록
미래주의 견해	모든 것이 미래에 성취됨
부분적 과거주의 견해	일부는 과거, 일부는 미래에 성취됨
완전 과거주의 견해	모든 것이 과거에 성취됨

우리는 완전 과거주의의 한 가지 주요 약점만을 지적하려 한다. 완전 과거주의 추종자들은 성경에 기록된 종말에 관한 예언 모두가 이미 성취되었다는 가정으로 성경에 접근한다. 그러므로 이들은 모든 구절이 과거에 어떻게 성취되었는지 알아내기 위해 집중한다. 미래주의자들도 관련한 모든 예언이 미래에 성취될 것이라는 가정으로 성경에 접근한다. 이 두 견해 모두 같은 문제점이 있는데 즉, 성경 자체가 자신에게 말씀하게 하는 것이 아니라 자신이 선호하는 가정을 가지고 성경에 접근함으로써 성경 구절을 자신의 가정에 끼워 맞추려고 한다는 것이다.

반면 부분적 과거주의 견해를 믿는 교사들은 특정한 성경 구절을 미래나 과거에 끼워 맞출 필요가 없으며, 각각의 성경 구절을 문맥과 역사적 환경에서 이해하려고 노력한다. 부분적 과거주의자들은 예언적 메시지가 "지금 당장", "특정 세대가 지나기 전에" 또는 "오랜 후에" 성취될지 해당 문맥 안에서 그 의미를 찾으며, 그다음 역사적 기록을 고려하여 예언적 메시지에 해당하는 분명한 사건이 존재하는지 아닌지를 살펴보는 식으로 성경과 역사를 대조한다. 이런 방식을 사용하면 미리 결정된 가정에 성경을 억지로 맞추지 않고도 상당 부분의 성경을 그 기록 목적대로 이해할 수 있다.

예언의 다면적 성취란?

마 24장과 관련한 성경 구절들이 이미 역사적으로 성취되었다는 부분적 과거주의의 주장에 미래주의자들은 다윗왕의 자손 중 한 명이 성전을 건축하고 왕국을 세울 것이라는 다윗왕을 향한 하나님의 약속(대상 17:11~12)과 같은 본문을 예언의 다면적 성취의 예로 들면서, 마 24장의 성취가 단지 한 번으로 끝나는 것이 아니라 두 번 이상 이루어질 수 있다고 자신의 견해를 고수한다. 미래주의자들의 주장대로 다윗의 아들인 솔로몬이 예루살렘에 성전을 건축하고 중동지역의 넓은 지역을 통치했지만, 다윗왕의 또 다른 후손인 예수님께서 영적인 성전을 건축하고 새로운 하나님의 나라를 세우셨다. 미래주의자들은 이처럼 이중적 성취의 예를 사용하기 좋아하며 마 24:4~34 역시 역사적으로 성취되었지만, 미래에도 또다시 성취되는 이중적 성취가 될 수 있다고 한다.

미래주의자들의 예언의 다면적 성취에 부분적 과거주의 견해는 일부 마지막 때 예언에 그와 같은 이중적 성취가 있을 수 있음에 동의하지만, 주의해야 할 몇 가지를 분명히 한다.

첫째, 다윗을 향한 하나님의 약속인 역대상 17장은 왕국이 영원할 것이라고 말씀하시는 것에 주목할 필요가 있다. 이 영원이라는 조건은 곧 솔로몬이 약속을 성취할 수 없는 것을 분명히 보여준다. 왜냐하면, 솔로몬의 성전과 왕국은 멸망했기 때문이다. 정확하게 말하자면, 솔로몬은 예언의 진정한 성취의 전조에 불과했다. 오직 예수님만이 영원이라는 조건 안에서 이 예언의 유일한 성취다. 하지만 다윗왕을 향한 약속 안의 영원이라는 조건과 달리, 마 24:4~34에는 해당 사건이 아주 먼 미래에 성취될 것이라는 명확한 표현이 없다. 사실 마 24:4~34의 사건은 그 시대가 지나기 전에 일어날 것이라는 언급이 두 번(마 23:36; 24:34)이나 존재하기 때문에 예언의 다면적 성취로 적용할 수 없다.

두 번째, 앞 장에서 언급한 것처럼 올바른 성경 해석을 위해서는 성경 구절이 위치한 본문 안에서 시간에 관한 표현을 찾아야 한다. 본문에 미래에 성취된다는 내용이 없으면 미래에 성취될 것이라는 근거가 없다. 미래주의자들이 말하는 미래의 성취는 본문의 문맥에 기초한 명백한 사실이라기보다는 그렇게 되기를 바라는 추측에서 시작된 가능성으로, 그럴 수도 있고 그렇지 않을 수도 있는 교리이기 때문에 매우 무책임하고 위험하다.

마지막으로, 사람들은 자신이 원하는 것을 더 잘 보는 경향이 있다. 믿음은 어떤 사건에 영향을 줄 수 있는 힘이 있는 데, 이것은 우리가 가진 모든 부주의한 생각이 세상을 변화시킨다는 뉴에이지적 사고방식이 아니라, 성경에 기초하여 어떤 경우에 우리의 믿음이 실제로 산을 옮길 수 있다는 것에 따른다. 그러므로 미래주의자들이 기근, 지진, 전쟁, 많은 배교가 있을 것이라고 말할 때, 이런 부정적인 미래 관점은 사람들의 잘못된 믿음에 작용하여 자신이들은 부정적인 것에 더 집중하고 맹목적으로 수집하며 그렇지 않은 사건까지도 억지로 부정적으로 해석하게 한다.

과연 올바른 성경 해석에 기준을 두지 않은 추측만으로 당신 안에 부정적인 가능성에 기초한 믿음을 만드는 것이 옳은가? 우리는 그렇게 생각하지 않는다.

우리의 믿음을 향한 도전

대부분의 기독교인들(미래주의자와 부분적 과거주의자)은 자신의 믿음이 성경의 가르침에 기초한다고 생각한다. 그러나 우리는 모두(그 심각성이 어떠하든지) 우리가 사물을 보고 성경을 해석하는 방식에 영향을 주는 여러 가지 관점과 경험을 통해 성경을 보는 것을 인정해야 한다. 문화와 관점, 경험을 통해 성경을 보기 때문에 누구나 성경을 잘못 해석할 수 있다.

다음과 같이 자신을 진단해보라 : 어떤 것을 향한 당신의 믿음이 변한적 있는가? 오랫동안 기독교인으로 산 사람은 누구나 이 질문에 분명히 대답해야 한다. 본서의 저자들은 한때 미래주의자로서 미래주의 종말론 견해를 가르쳤지만 앞서 말한 외부적 요인(왜곡되거나 치우친 가르침, 개인의 비관적 성향, 부정적 경험) 때문에 마지막 때와 관련한 말씀을 오해할 수 있다는 결론에 도달했다. 이제 바라기는 당신이 성경에서 벗어난 소설과 영화, TV 전도자들의 메시지와 당신이 영적으로 선호하는 교사의 영향을 받은 마지막 때 추측과 선입견을 온 힘을 다해 배제하고 새로운 눈으로 성경을 보길 원한다. 기꺼이 변하려는 마음을 가지고 종말이라는 주제에 접근하면 또 다른 관점에서 당신에게 제공되는 마지막 때의 진리를 바르게 볼 수 있을 것이다.

우리는 여러 해 동안 성경의 진리를 다양한 기독교 그룹에 제시하면서 그들이 도전받을 때 어떻게 반응하는지 관찰했다. 대부분의 기독교인이 성경을 믿는다고 말하지만, 자신의 믿음이 성경의 어느 부분에서 비롯되었는지 말하지 못한다. 사실 감히 말하자면 그들은 성경이 아니라 자신이 좋아하는 목사나 주일학교 교사, 성경 교사, 교단 또는 TV 설교자들이 가르친 "의견"을 믿는다. 우리는 우리가 보지 못한 영역까지 성경을 이해하도록 도와주는 교사들이 필요하다. 하지만 우리가 특정적인 교리와 교사, 교단에 지나치게 맹목적이면 같은 주님을 섬기는 또 다른 교사들의 견해를 쉽게 비판하고 부정하게 된다.

대부분의 기독교인의 현재 믿음이 성경적이고 역사적인 증거와 맞지 않는 데도 단지 익숙하다는 이유만으로 그 믿음을 고수하려고 노력한다. 이들은 성경에서 말하는 근거가 아니라, 자신이 사랑하고 존경하는 영적 지도자를 향한 맹목적 충성을 근거로 잘못된 믿음을 고수한다. 이들에게 자신의 믿음에 문제를 제기하는 것 자체가 자신을 가르친 지도자를 향한 배신으로 여겨지기 때문이다. 물론 변화는 어렵다. 어쩌면 당신이 틀렸다는 것을 인정하는 것이 곧 당신이 사랑하고 존경하는 교사가 틀렸다는 가능성을 열어주는 것이므로 정말 힘겨운 일이 될 수 있다. 또 현재의 믿음이 틀렸다고 할 때, 이를 대체할 올바른 믿음이 무엇인지 당장 알 수 없어서 큰 불안전함에 빠질 수 있다. 하지만 우리는 당신이 부분적 과거주의 종말론 견해를 선택하면 부정적 미래주의 보다 승리하는 낙관적 견해를 통해 미래를 향한 계획을 세우고 현재를 살아내는 확신과 에너지를 누릴 수 있음을 확신한다. 당신의 종말론이 당신의 삶을 변화시킬 것이다.

상황이 더 나아진다

미래주의 견해는 세상이 점점 더 악화할 것이라고 믿는다. 유명한 미래주의자 중 한 명인 잭 반 임패는 "지옥의 모든 것이 지구 위로 쏟아져 수백만 명이 엄청난 고통을 당할 것이다. 지구 경제 위기의 징조가 임박했다"고 경고한다.[1] 할 린지는 자신의 유명한 "대유성 지구 종말"이라는 책에서 '혼란한 세계'를 말한다.[2] 미래주의 견해를 주장하는 유명한 방송 설교자인 존 해기는 "세상은 아마겟돈의 핵전쟁 위기에 처해 있으며 제3차 세계대전이 임박했다"고 주장한다.[3] 미래주의자들은 세상이 점점 더 나빠질 것이며 멸망할 위기에 처해 있다는 믿음이 있으므로 부정적이고 비관적인 문구와 개념이 미래주의자들의 가르침에 가득하다. 그러므로 미래를 향한 비관적 견해가 없으면 미래주의자의 견해를 이해하기 어렵다.

---

1. 잭 반 임패(JACK VAN IMPE), MILLENNIUM: BEGINNING OR END? (밀레니엄: 시작인가 끝인가?), (미국 테네시주 네쉬빌: WORD 출판, 1999), pp. 5, XVI, 1.
2 할 린지(HAL LINSDSEY), THE LATE GREAT PLANET EARTH (대유성 지구의 종말), (미시간주 GRAND: 존더반 출판, 1975), P. 7.
3. 존 해기(JOHN HAGEE), JERUSALEM COUNTDOWN (예루살렘 카운트다운), (플로리다주 LAKE MARY: FRONTLINE, 2006), pp. 6, 17).

이것은 반대로, 당신이 세계와 미래에 부정적인 견해가 있다면 아주 쉽게 미래주의자들의 주장에 동조할 수 있음을 의미한다.

사실 TV 뉴스가 일상에 전달하는 내용에 초점을 맞추면 세상이 무척 우울해 보이는 것이 사실이다. 세상은 날이 갈수록 끔찍한 사건이 늘어나고 죄악이 만연해 보인다. 하지만 더 높은 곳에서 포괄적인 관점으로 역사를 보면 현재의 세상과 과거의 차이를 객관적으로 비교할 수 있다. 200년 전 미국의 삶은 어땠는가? 1800년대 초 미국에 약 5백만 명의 이주자 중 20%는 노예였다. 동시에 많은 주에서 9세 또는 10세에도 서로 동의하면 성행위가 가능했다.[4] 19세기의 대부분은 낙태가 합법이었으며 임신 중 1/5이 낙태되었는데 가장 높은 비율의 미시간주는 낙태율이 무려 34%에 달했다.[5] 당시의 알코올 중독은 현재보다 훨씬 더 높은 비율이었으며 매춘 비율도 높아서 뉴욕시는 64명의 남성 당 대략 1명의 비율로 매춘부가 존재했다. 사바나SAVANNAH시의 시장은 자기 도시에 39명의 남성에 1명의 비율로 매춘부가 존재한다고 추산했다.[6]

교회에 출석하는 미국인들의 비율은 현재와 거의 비슷하여 35~45% 정도였다.[7] 수천 명의 사람이 서부로 이주했고 그중 대부분은 정착하여 사회가 발전할 때까지 몇 년 동안 출석할 교회가 없

---

4. 스테파니 쿤츠, THE WAY WE NEVER WERE: AMERICAN FAMILIES AND THE NOSTALGIA TRAP(결코 반복해서는 안 할 과거: 미국 가정과 사회), (뉴욕: BASICS BOOKS 출판, 1992), P. 184.
5. 로널드 A. 웰즈(RONALD A. WELLS), HISTORY THROUGH THE EYES OF FAITH(믿음의 눈으로 본 역사), (뉴욕: 하퍼 콜린스 출판, 1989), P. 179.
6. 존 데밀로(JOHN D'EMILIO)와 에스텔 프리드먼(ESTELLE FREEDMAN), INTIMATE MATTERS: A HISTORY OF SEXUALITY IN AMERICA(남녀 관계: 미국 성의 역사), (뉴욕: HARPER AND ROW 출판, 1989), PP. 65, 133-134).
7. 딘 메릴(DEAN MERILL), SINNERS IN THE HANDS OF AN ANGRY CHURCH(성난 하나님의 손 안에 떨어진 죄인들), PP. 96-97.

었다. 미국 원주민들이 자신의 땅에서 추방되거나 살해되는 것이 당연하게 여겨졌으며 수천 명의 중국인이 미국 서부해안에서 강제 노역을 했고, 서부의 여러 곳에서 황금이 발견되자 골드러시가 일어나 그중 일부는 세계에서 가장 거칠고 위험한 사회가 되어 살인이 흔하게 일어났으며 서부의 많은 사람이 신변 보호를 위해 총을 소지했다. 미국 전역의 여성은 투표권이 없었으며 남성은 자신의 아내를 죽지 않을 정도까지 합법적으로 구타할 수 있었다. 200년 전의 미국은 도덕적, 윤리적, 영적 상태는 지금 비교할 수 없을 정도로 나빴다. 물론 미국 정부의 기초를 세운 일부 경건한 사람이 있었지만, 미국의 전체적인 도덕 및 윤리 기준은 현재보다 훨씬 더 나빴다. "좋은 과거$^{GOOD\ OLD\ DAYS}$"는 실상 그렇게 좋지 않았다.

더 과거인 예수님의 어릴 적 세계를 보자. 로마제국이 주도하는 문명화가 유럽, 중동, 북아프리카에 집중되었다. 이탈리아에서는 인구의 약 40%가 노예였다. 로마제국 전체에 동성애가 만연했으며 특히 주종 관계에서 많이 발생했다. 대부분의 로마인과 그리스인은 많은 신을 숭배했고 로마제국을 벗어난 아프리카, 아시아, 호주의 원주민들은 자연, 악령, 조상을 숭배했다. 북미 지역의 사람들은 메시아를 전혀 몰랐으며 남미 지역에서는 피에 굶주린 신을 숭배하여 한 번의 제사에 수천 명의 사람을 제물로 희생했다. 중동 지역에 유일하신 하나님께서 사람의 몸을 입고 오신 작은 나라가 있었는데 그 나라의 국민은 엄청난 의심과 불신의 시대를 살았다. 사도 바울은 다음과 같이 기록한다.

11 그러므로 생각하라 너희는 그 때에 육체로는 이방인이요 손으로 육체에 행한 할례를 받은 무리라 칭하는 자들로부터 할례를 받지 않은 무리라 칭함을 받는 자들이라 12 그 때에 너희는 그리스도 밖에 있었고 이스라엘 나라 밖의 사람이라 약속의 언약들에 대하여는 외인이요 세상에서 소망이 없고 하나님도 없는 자이더니 (엡 2:11~12)

이것이 바로 2천 년 전, 세상의 상황이다. 어네스트 햄덴 쿡_{ERNEST HAMPDEN COOK}은 다음과 같이 기록한다.

세상이 여전히 나쁜 것은 사실이지만, 예수님께서 유대 베들레헴에 태어나신 때보다 지금이 도덕적으로 훨씬 더 좋아졌다. 당시에는 짐승과 같은 사악함, 계속되는 전쟁, 독재 정치의 무자비함, 만연한 노예 제도가 만연했고, 거의 모든 사람이 비참함과 타락을 인식할 수조차 없었다.[8]

이제 현재의 세상이 얼마나 축복받았는지 보자. 복음이 지구의 모든 곳에 전파 중이다. 온 세계에서 매일 20만 명이 넘는 사람이 거듭난 기독교인이 되고, 중국에서는 하루에 2만 명이 넘는 사람이 기독교인이 되고 있다. 남미 지역에서는 하루에 3만 5천 명의 회심 비율을 보인다. 이런 지역 전체를 합하면 매주 백만 명이 넘는 사람이 기독교인이 된다는 결론이 나온다. 오늘날 20억

---

8. 어네스트 햄덴 쿡, THE CHRIST HAS COME(예수께서 오셨다), 1995, P. XVI.

명이 넘는 사람이 스스로 기독교인이라고 말하며, 기독교는 세계에서 가장 크고 가장 많은 영향력을 끼치는 집단이 되었다.

상황이 나아지고 있는가? 그렇다. 물론 여전히 비극적인 일이 있고 모든 것이 만족스럽다고 하기에는 가야 할 길이 멀지만, 예수님께서 세상에 오신 2천 년 전에 비하면 현재 상황이 훨씬 더 좋아졌다. 그러나 비관적인 세계관을 가진 기독교인들은 이런 낙관적인 견해를 불편해한다. 많은 설교자가 정기적으로 사람을 모아 세상의 암울한 상황을 강조하면서 부정적 영향을 끼친다. 기독교인들이 깨어 있어야 하는 것은 사실이지만 한편으로는 우리가 점진적 하나님의 통치 영역을 넓혀간다는 사실도 잊지 말아야 한다. 하나님의 나라는 지금도 전진하고 확장되고 있다.

요약

당신은 이제 부분적 과거주의 견해가 많은 사람이 믿는 보편적인 종말론 견해란 사실을 배울 것이다. 교회사에서 유명한 대부분의 지도자가 믿은 승리의 관점을 보고[9] 인생과 미래를 향해 낙관적인 승리의 관점을 제공하는 진리를 배울 것이다.

---

9. 다시 말하지만 모든 지도자가 우리 같은 방식으로 모든 구절을 해석하지는 않는다. 하지만 예수님의 재림 이전에 교회가 연합하여 영광 중에 일어날 것이라는 믿음이 20세기 중반 이전 거의 대다수 교회의 공통적인 믿음이었다.

3장

PROPHETIC MESSAGES GIVEN TO DANIEL

다니엘에게 주어진 예언적 메시지

　예수님께서 세상에 오시기 수백 년 전에 다니엘은 메시아의 도래, 마지막 때, 유대인들의 미래, 하나님 나라의 도래에 관련한 환상과 꿈과 예언을 기록했다. 이 장에서는 다니엘 2장과 9장에 기록된 하나님의 메시지를 살펴본다.

다니엘 2장의 메시지

어느 날 강대국 바벨론의 왕 느부갓네살은 한 꿈을 꾸고 번민하여 잠을 이룰 수 없었다. 그 꿈의 내용은 다음과 같다. 머리는 정금, 가슴과 팔은 은, 배와 넓적다리는 놋, 종아리는 철, 다리는 철과 흙으로 된 발을 가진 엄청난 크기의 신상을 뜨인 돌이 나타나 발을 쳐서 부서뜨려서 바람에 날리는 먼지처럼 날려버렸으며 이 뜨인 돌이 태산을 이뤄 온 세계에 가득했다(단 2:31~35). 바벨론의 누구도 이 꿈을 해석할 수 없을 때, 점령국 이스라엘에서 온 다니엘이 꿈의 내용을 듣지도 않고 꿈의 내용과 해석까지 느부갓네살 왕에게 설명한다.

> 왕이여 왕은... 그 금머리니이다. 왕을 뒤이어 왕보다 못한 다른 나라가 일어날 것이요 셋째로 또 놋 같은 나라가 일어나서... 넷째 나라는 강하기가 쇠 같으리니... (단 2:37~40)

다니엘은 왕에게 신상의 네 부분이 뒤이어 나타나는 네 왕국을 나타낸다고 한다. 또, 다니엘은 느부갓네살 왕에게 그의 왕국(바벨론)이 첫 번째 왕국이라고 한다. 다니엘의 다른 구절은 이런 네 왕국을 말한다. 두 번째 왕국(5:28; 8:20)은 메대-바사 왕국, 세 번째 왕국(8:21)은 그리스 제국이다. 역사적으로 이 지역에 네 개의 연속된 왕국(바벨론 제국, 메대-바사 제국, 그리스 제국, 로마제국)이 존재했다.

다니엘 2장에 나타난 계시의 시간표

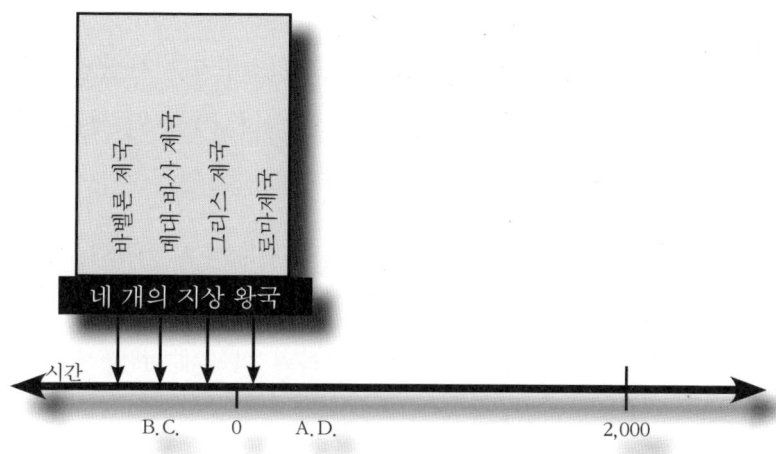

미래주의나 부분적 과거주의나 어떤 견해를 지지하는가와 상관없이 기독교인은 하나님께서 다니엘에게 네 개의 지상 왕국이 존재할 것이라고 말씀하신 사실에 동의한다. 계속해서 다니엘은 느부갓네살 왕의 꿈에 나타난 뜨인 돌이 결국 왕국을 부수고 태산을 이뤄 온 세계에 가득하다고 설명한다.

> 이 여러 왕들의 시대에 하늘의 하나님이 한 나라를 세우시리니 이것은 영원히 망하지도 아니할 것이요 그 국권이 다른 백성에게로 돌아가지도 아니할 것이요 도리어 이 모든 나라를 쳐서 멸망시키고 영원히 설 것이라 (단 2:44)

다니엘은 뜨인 돌이 다른 모든 왕국을 부수고 하나님 나라를 세울 것이라고 한다. 하나님 나라는 온 세계에 가득한 태산과 같을 것이다. 어떤 종말론 견해를 지지하든지, 뜨인 돌은 영원한 하나님 나라를 세우기 위해 세상에 오신 예수 그리스도라는 사실에 동의한다. 그러나 뜨인 돌이 세상에 오는 때와 하나님 나라가 세워지는 때는 미래주의와 부분적 과거주의 견해가 해석을 달리한다.

미래주의의 하나님 나라 견해

미래주의자들은 진정한 하나님 나라가 미래에 이 땅에 임할 것이라고 말한다. 이들은 예수 그리스도께서 재림하시고 7년 환란 후에 천국으로부터 하나님 나라를 이 땅으로 가져오실 것이며 하나님 나라가 천 년 동안 지상에 있을 것이라고 한다.

미래주의 견해에 따른 다니엘 2장의 시간표

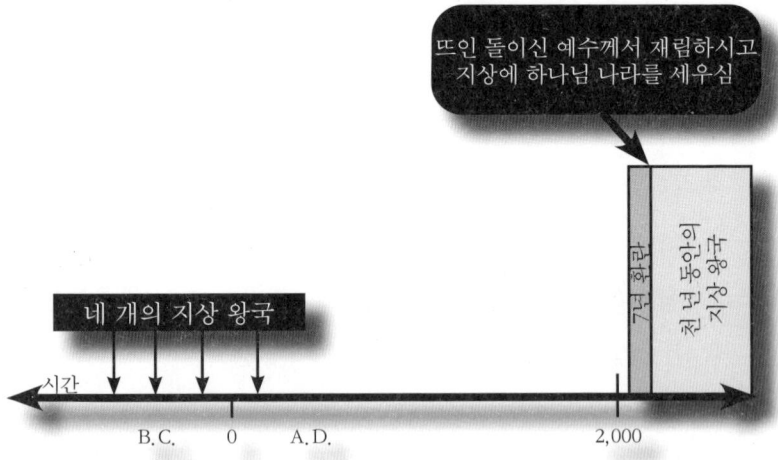

부분적 과거주의의 하나님 나라 견해

부분적 과거주의자들은 예수님께서 승천하셔서 하나님 우편에 앉으신 2천 년 전에 이미 하나님 나라의 통치권을 받으셨다고 믿는다. 그날 이후, 하나님 나라가 이 땅에서 성장해 왔으며 궁극적으로는 느부갓네살왕의 꿈에 나타난 태산과 같이 온 세상을 가득 채울 것이라고 믿는다.

부분적 과거주의 견해에 따른 다니엘 2장의 시간표

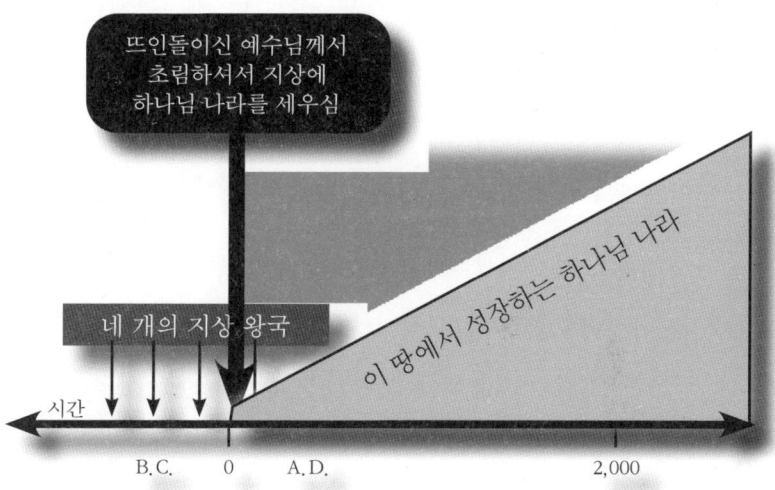

부분적 과거주의자들은 궁극적으로 하나님 나라가 온 세상을 채우시겠지만, 예수님께서 재림하실 때까지는 이 땅에 악이 존재할 것이라고 보며, 이는 씨뿌리는 사람의 비유를 통해 이해할 수 있다. 하나님 나라의 씨들은 결실할 수 있을 정도까지 자라지만 원수도 같은 밭에 가라지를 덧뿌려서 가라지도 함께 자란다.

예수님께서는 이 비유를 통해 심판하실 때까지 세상에 선과 악이 함께 자라도록 허용하신다(마 13:24~43)는 사실을 분명히 말씀하신다. 또 예수님께서는 밭에서 가장 크게 자라는 겨자씨로 하나님 나라를 비유하셨다. 마찬가지로 하나님 나라는 겨자씨와 같이 성장하며 하나님 나라에 속하지 않는 식물이 함께 존재하는 가운데 미래의 어느 날 이 땅에서 가장 위대해질 것이다(마 13:31~32). 이것이 바로 예수님께서 보좌에 앉으신 후, 이 땅에 일어나는 일이다. 기독교는 중동의 작은 지역에서 한 명의 지도자와 12명의 제자로 시작했지만 2천 년이 지난 현재, 지구에서 가장 큰 종교가 되었다. 세상의 60억이 넘는 사람 중에 20억이 넘는 사람이 기독교인이다.

로마제국을 멸망시키는 하나님 나라

다니엘의 느부갓네살 왕의 꿈 해석에 따르면 네 번째 왕국인 로마제국 시대에 뜨인 돌이 세상에 들어와서 로마제국을 파괴한다. 미래주의자들은 예수님께서 재림하실 때 하나님 나라가 지상에 임할 것이라고 보기 때문에 재림의 시점에 로마제국이 다시 지배력을 가질 것이라고 본다. 그래서 일부 미래주의자들은 다시 살아난 로마제국이 미국 혹은 유럽 연합 또는 모슬렘 국가의 연합이라고 본다. 또 어떤 미래주의자들은 로마 가톨릭 교회가 로마제국의 예표이며, 머지않아 뜨인 돌이 이를 파괴할 것이라고 주장한다. 미래주의자들은 마지막 때에 적그리스도가 중추적인 역할을 할 것으로 보기 때문에 뜨인 돌이 파괴할 로마 왕국에서 악한 지도자가 나와 큰 영향을 끼칠 것이라고 한다. 이런 믿음 때문에 예수님께서 재림하실 때 악한 권세를 가질 것으로 추측하는 로마 가톨릭 교회나 로마제국 형태의 유럽 연합을 매우 비판적이고 회의적인 시각으로 본다. 반면 부분적 과거주의자들은 다시 살아난 로마제국에 주목하지 않는다. 이들은 뜨인 돌이 2천 년 전에 이미 지상에 왔다고 믿는다. 역사적으로 로마제국이 권력을 잡았던 1세기에 예수님께서 이 땅에 오셔서 하나님 나라를 세우셨고, 그 하나님 나라가 이미 로마제국을 파괴했다고 본다.

다니엘 2장의 요약

다니엘 2장의 부분적 과거주의 견해를 받아들이면 예수님께서 2천 년 전에 이 땅에 오셨을 때 이미 하나님 나라가 세워졌다고 믿으므로 이제 더 이상 로마제국이 한때 통치한 지역과 관련한 다양한 형태의 현대 정부를 의심스럽게 살피거나 로마 가톨릭 교회를 로마제국으로 의심하지 않을 것이다. 2천 년 전에 세상에 등장한 뜨인 돌이 다니엘의 예언처럼 로마제국을 부쉈기 때문이다.

부분적 과거주의 견해를 받아들이면 현재의 시간속에서 하나님 나라를 경험하고 누리는 삶이 가능한 것을 깨달을 것이다. 하나님 나라는 "성령 안에서 의와 평강과 희락"(롬 14:17)이며, 먼저 하나님 나라를 구하기 때문에 "이 모든 것(먹을 것, 입을 것, 다른 필요들)을 우리에게 더하시는" 하나님의 축복을 경험할 것이다(마 6:33).

미래주의 견해를 믿는 많은 기독교인이 겉으로는 이런 축복된 믿음을 주장하지만, 예수님께서 재림할 때까지 하나님 나라가 임한 것이 아니라고 믿기 때문에 현존하는 하나님 나라와 미래에 임할 하나님 나라의 두 믿음 사이에서 갈등한다.

당신이 부분적 과거주의를 받아들이면 하나님 나라가 이미 임했고 계속해서 성장하고 있으며 예수 그리스도께서 재림하실 때, 남은 모든 악을 정복하시고 온 세계에 하나님의 완전한 뜻을 성취하실 것을 믿게 된다. 하나님의 나라는 점진적으로 성장하고 진행하고 있으며 자신 있게 하나님의 나라는 지금 우리와 함께한다고 말하게 될 것이다.

다니엘 9장의 메시지

다니엘 9장에는 유대인을 위한 다니엘의 기도가 있다. 역사 속에서 당시 유대인들은 바벨론의 포로 상태였고 거룩한 성 예루살렘은 폐허가 되었다. 그러나 다니엘은 하나님께서 이전에 선지자들을 통해 약속(단 9:2)하셨기 때문에 유대 백성을 포로 상태에서 해방하실 것을 알고 조상과 백성의 죄를 회개하고 용서를 구한다(9:3~19). 다니엘의 회개를 통해 하나님께서 천사 가브리엘을 보내사 미래에 일어날 일을 알려주신다. 천사 가브리엘이 선포한 계시는 유대인과 예루살렘의 미래와 온 세상의 미래의 일부 중요한 사실을 드러낸다. 하지만 천사 가브리엘의 말을 미래주의자와 부분적 과거주의자가 서로 다르게 이해한다.

유대인과 예루살렘의 칠십 이레

미래를 향한 가브리엘의 선포는 다음과 같이 시작한다.

네 백성과 네 거룩한 성을 위하여 일흔 이레를 기한으로 정하였나니 허물이 그치며 죄가 끝나며 죄악이 용서되며 영원한 의가 드러나며 환상과 예언이 응하며 또 지극히 거룩한 이가 기름 부음을 받으리라 (단 9:24)

기독교인들이 미래주의나 부분적 과거주의 견해 중 어느 것을 지지하더라도 하나님께서 허락하신 예언과 약속을 성취하신 칠십 이레라는 기간을 유대인과 거룩한 성 예루살렘이 경험한다는 선포에 동의한다. 미래주의자와 부분적 과거주의자 모두 하나님의 "칠십 이레" 약속이 490년에 해당한다고 본다. 일주일은 7일이고, 여기에 70을 곱하면 490이 되기 때문이다. 이 기간의 예언적 언어를 연구하면 이것이 연수를 의미하므로(창 29:27, 레 25:8, 민 14:34, 스 4:4~6 참조) 유대인들은 490년 동안의 하나님 은혜의 약속을 받은 것이다. 사실 이 기간을 실제 역사적 사실에 적용하면 주목할만한 가치가 있는 몇 가지 두드러진 - 분명한 하나님의 예언이 나타난다. 가브리엘과 다니엘의 대화를 보면, 490년을 세 기간으로 나눈다. 첫째, 일곱 이레(7 곱하기 7 또는 49년)를 말한 다음, 62주(62 곱하기 7 또는 434년)을 말하고, 끝으로 마지막 주(7년)를 언급한다. 이 모든 기간을 합하면 490년이다.

첫 번째 69주

첫 번째(7주와 62주를 더한) 69주를 살펴보자.

> 그러므로 너는 깨달아 알지니라 예루살렘을 중건하라는 영이 날 때부터 기름 부음을 받은 자 곧 왕이 일어나기까지 일곱 이레와 예순 두 이레가 지날 것이요 그 곤란한 동안에 성이 중건되어 광장과 거리가 세워질 것이며 (단 9:25)

가브리엘은 메시아께서 오실 때까지 예루살렘을 중건하기 위해서 7주와 62주 즉, 69주 또는 483년이라는 정확한 시간을 제시한다. 주전 457년, 바사의 아닥사스다왕은 유대인들에게 고향으로 돌아가 예루살렘과 성전을 재건하라는 명령을 내린다(스 7:12~26). 이 날짜에 483년을 더하면, 주 후 27년이 된다.[1] 역사가들은 예수님께서 주 전 4년에 태어나셨다고 보는데 이는 주님께서 주 후 27년에 30세였음을 의미한다. 이 시기는 예수님께서 세례를 받으시

---

1. 현대식 달력(주 후 525년에 최초로 개발)에 오류가 있었기 때문에 역사학자들은 예수님께서 주전 4년에 탄생 하셨음을 지지하며 마 2:1에는 (주전 4년에 사망한) 헤롯왕 통치 시대에 예수님께서 탄생하셨다고 기록하여 있다.

고, 하늘에서 "이는 내 사랑하는 아들이요 내 기뻐하는 자라 하시니라"(마 3:17)라는 음성이 들린 해다. 그리고 광야에서 금식하신 후, 당신을 메시아라고 드러내시고 공생애를 시작하신다.

칙령과 메시아 등장 사이의 483년을 보여주는 시간표 :

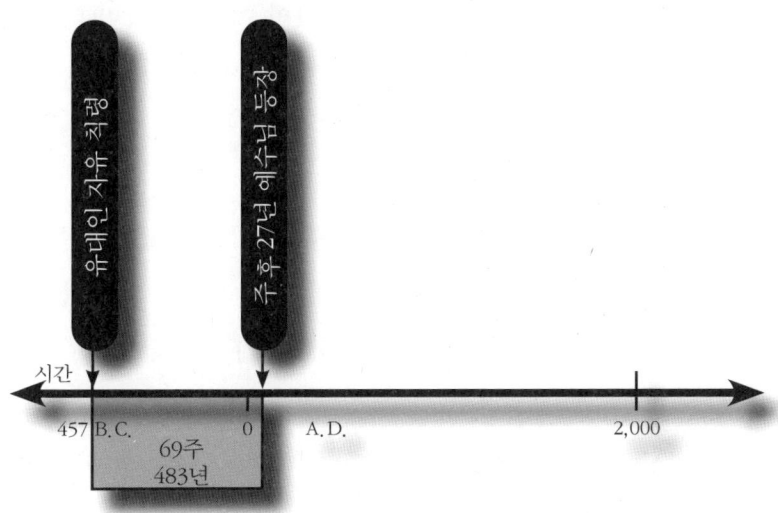

예루살렘 중건 칙령과 메시아 현현 사이에는 483년이라는 시간이 존재하며 이것은 곧 예수님께서 세상에 오시기 전에 5세기 반의 시간이 주어졌다는 가브리엘의 예언이 정확했음을 증거한다. 가브리엘은 메시아께서 오시기 전에 일어날 일을 선포한다.

예순두 이레 후에 기름 부음을 받은 자가 끊어져 $^{CUT\ OFF}$ 없어질 것이며 장차 한 왕의 백성이 와서 그 성읍과 성소를 무너뜨리려니와 그의

3장 다니엘에게 주어진 예언적 메세지

> 마지막은 홍수에 휩쓸림 같을 것이며 또 끝까지 전쟁이 있으리니 황폐할 것이 작정되었느니라 (단 9:26)

이 구절에 기록된 것처럼 예수님께서는 십자가에서 "끊어져$^{CUT\ OFF}$" 돌아가셨다. 가브리엘은 한 왕의 백성이 와서 성읍과 성소를 파괴할 것이라고 하는데, 가브리엘의 말이 예수님께서 마태복음 24장과 누가복음 21장에 말씀하신 내용과 얼마나 비슷한지 살펴보라. 전술한 바와 같이 예루살렘과 성전은 주 후 70년에 로마 군대에 파괴되었다. 관찰력이 좋은 사람들은 메시아가 끊어진 시기와 예루살렘 멸망의 연관성을 알아차릴 것이다. 가브리엘은 두 가지 사건을 말하면서 62주 후라고만 말했다. 이것은 특정한 시간이 아니라 메시아가 자신을 드러내신 후의 언젠가를 가리킨다.

다니엘의 70번째 주

일반적으로 미래주의자와 부분적 과거주의자 둘 다 하나님께서 은혜를 베푸시는 처음 69주(483년)에 동의한다. 의견이 다른 것은 나머지 한 주(한 주는 7일=7년)로 "다니엘의 70번째 주"로 알려진 부분이다. 미래주의 견해는 하나님께서 유대인들에게 마지막 7년의 은혜를 베풀지 않으셨으므로 다니엘의 70번째 주는 미래에 도래할 것이라고 결론 내린다. 반면 부분적 과거주의 견해는 다니엘의 70번째 주가 이미 발생한 일이므로 기다릴 필요가 없다고 말한다. 왜 이렇게 서로 다르게 이해할까?

미래주의의 다니엘의 70번째 주 견해

미래주의자들은 세계에 종말이 오기 전에 예수님께서 유대인들에게 은혜를 베푸셔서 약속의 땅을 회복하시고 유대인들에게 7년의 은혜가 베풀어지면서 그 기간에 하나님께서 이스라엘을 세계에서 높이시는 것을 포함하여 유대인들의 나머지 약속을 성취하실 것이라고 주장한다. 유대인들은 예루살렘에 성전을 재건할 것이며(제 3성전) 희생 제사를 드리던 구약의 종교 체계를 회복할 것이라고 한다. 이런 유대인 국가 부흥이라는 청사진을 가진 미래주의자들은 다니엘 9장의 마지막 절을 이렇게 인용한다.

> 그가 장차 많은 사람들과 더불어 한 이레 동안의 언약을 굳게 맺고 그가 그 이레의 절반에 제사와 예물을 금지할 것이며 또 포악하여 가증한 것이 날개를 의지하여 설 것이며 또 이미 정한 종말까지 진노가 황폐하게 하는 자에게 쏟아지리라 하였느니라 하니라 (단 9:27)

미래주의자들은 이 구절의 "그"가 적그리스도를 언급한다고 이해하며, 적그리스도가 미래 어느 시점에 유대인의 평화와 안전을 약속하는 언약을 맺을 것으로 생각한다. 이 언약은 다니엘의 70번째 주의 시작이다. 하지만 적그리스도가 7년 기간의 중간에 (즉, 3년 반이 지난 후에) 언약을 파기하고 유대인들을 대적해서 하나님을 위한 희생 제사를 금지하고, 미래주의자들은 이때 하나님께서 이 땅에 진노를 쏟아부으셔서 많은 지역을 파괴하시지만, 피해의 대부분은 적그리스도와 그의 추종자들이 되리라 추측한다.

미래주의자들은 69번째 주 동안 하나님의 은혜의 기간과 이스라엘을 향한 하나님의 은혜의 시기인 70번째 주 사이에 커다란 간격(대략, 2천 년)이 있다고 본다. 이들은 이 두 기간 사이에 하나님께서 이방인들을 집중적으로 다루시지만, 그것은 미래의 어느 시점이라고 본다. 미래주의자들은 하나님께서 관심을 유대인에게 돌리시고 유대인을 향한 약속을 성취하실 것이라고 이해한다.

미래주의의 다니엘의 70번째 주 견해 시간표

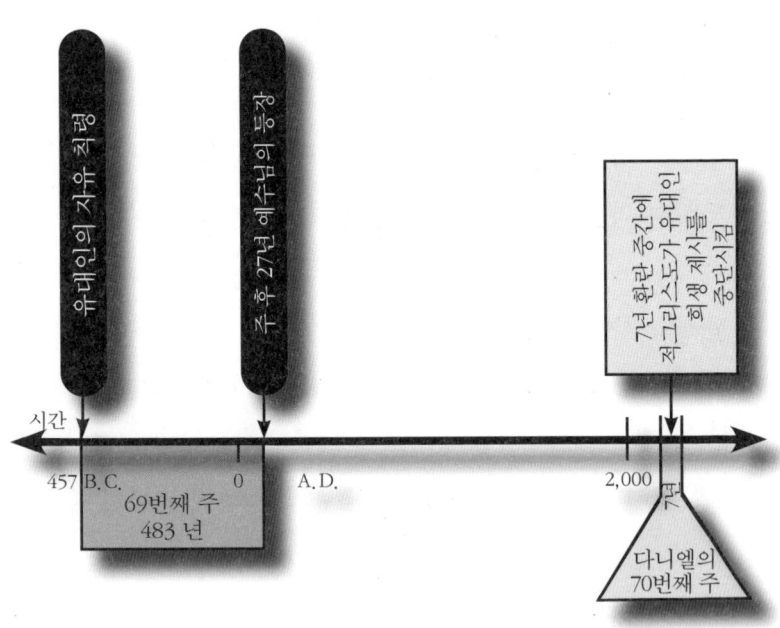

과거주의의 다니엘의 70번째 주 견해

부분적 과거주의자들은 다니엘의 70번째 주의 미래주의자 견해와 매우 다른 견해를 가진다. 특히 69번째 주와 70번째 주 사이에 2천 년을 넣지 않는데, 그 이유는 실제로 다니엘 9장에 간격이 있다는 기록이 전혀 없기 때문이다. 다니엘 9장을 살펴보면 70번째 주가 69번째 주 바로 다음에 올 것으로 볼 수 있으며, 교회의 역사적인 관점에서 대다수의 교부가 다니엘의 69번째 주와 70번째 주 사이에는 간격이 없다고 이해했다.

> **어거스틴**
>
> 다니엘의 이레 계산이 상충되거나 불완전하므로, 모든 일이 종말 후에 완성된다고 가정하면 안되는 이유는, 예루살렘이 파괴되었을 때 다니엘의 예언이 성취되었다고 누가복음에서 분명하게 증언하기 때문이다.
>
> (EPISTLE OF AUGUSTINE(어거스틴의 편지), 199:31, 토마스 아퀴나스의 GOLDEN CHAIN에서 인용, 1956)

부분적 과거주의자들은 이 구절의 "그"는 적그리스도가 아니라 예수 그리스도라고 주장한다. 성경 구절의 문맥상 앞의 두 구절(단 9:25~26)에서 메시아가 주제이므로 다음 절에서 언급되는 "그"도 메시아라고 보는 것이 가장 자연스럽다. 또 유대인들의 7년 동안의 은혜가 69번째 주 직후에 시작되면 예수님께서 세례를 받으시고 공생애를 시작하신 주 후 27년이 된다. 주 후 27년이 다니엘의 70번째 주의 시작이라면 "그가 그 이레의 절반에 제사와 예물을 금지할 것이며"라는 말씀이 어떻게 성취되었는지 설명해야 한다.

> **유세비우스**
>
> 이제 주님께서 가르치시고 기적을 행하신 전체 기간을 3년 반이라고 하면 한 이레의 절반에 해당한다. 요한복음은 이를 분명하게 밝힌다.
>
> (THE PROOF OF THE GOSPEL(복음의 증거), 1920, VIII:I)

이 관점은 이레의 절반이 예수님의 공생애 3년 반과 정확하게 맞아 떨어진다는 것에 주목한다. 예수님께서는 3년 반이라는 공생애의 끝에서 자신의 생명을 십자가에 내어놓으셨다. 예수님께서 제자들과 유월절 만찬을 나누시면서 빵을 가리켜 "이것은 내 몸이다"라고 말씀하신 후 잔을 들어 "이 잔은 내 피로 세운 새 언약이다"라고 말씀하신다(고전 11:24~25). 그리고 예수님께서는 십자가에서 죽으심으로 말씀을 성취하신다. 히브리서 기자가 말한 대로 예수님께서 십자가에서 죽으심으로 그때까지 성전에서 진행된 구약의 희생 제사를 끝내시고 새 언약의 체계를 세우셨으므로 더이상의 희생 제사가 필요 없다(히 8:9). 이 부분적 과거주의 견해가 미래주의 견해와 어떻게 다른지 살펴보자.

미래주의자들은 적그리스도가 미래의 어느 날 유대식 희생 제사를 끝낼 것으로 본다. 그러나 부분적 과거주의자들은 예수님께서 대략 2천 년 전에 이 희생 제사를 끝내신 것으로 본다. 다니엘의 70번째 주의 첫 번째 3년 반을 예수님의 공생애를 통해 설명한다면 예수님께서 돌아가신 후 남은 3년 반을 어떻게 설명하는가?

유대인들이 7년 동안 하나님의 은혜와 약속의 성취를 경험하는 것은 변하지 않는 사실이다. 그리고 7년의 첫 3년 반을 예수님께서 십자가에 못 박히신 시간에 도입할 경우 나머지 3년 반의 시작점에서 또 하나의 역사적인 사건에 도달한다. 정확한 날짜는 알 수 없지만, 대부분의 부분적 과거주의자는 전승에 의해 나머지 3년 반의 시작점이 바로 스데반이 돌에 맞아 순교한 해라고 본다(행 7:59~60). 스데반이 예수님을 메시아라고 선포하지만, 종교 지도자들은 메시아를 거부한다. 대제사장이 예수님을 거부한 사람들 가운데 해당하므로 이 사건은 특별히 중요하다(행 7:1). 스데반 순교 후 예수님께서는 눈부신 광채 가운데 사울에게 나타나셔서(행 9:1~6) 사울의 이름을 바울로 바꾸신 후 이방인들에게 복음을 전파하라고 명하신다(행 26:15~18). 이 직후에 하나님께서는 베드로에게 각양 짐승의 환상을 보여 주신다.

또 소리가 있으되 베드로야 일어나 잡아 먹어라 하거늘 (행 10:13)

베드로는 부정한 동물 먹는 것을 금하는 유대법을 준수했기 때문에 처음에는 이 명령을 거부한다. 하지만 이 환상 후에 이방인 고넬료 무리가 하나님의 은혜를 받는 모습을 목격하고 더 이상 하나님께서 인종을 구분하여 부정하게 여기지 않으신다는 사실을 깨닫는다(행 10:28). 이제 예수 그리스도를 통해 모든 사람이 구원을 얻을 것이다! (행 10:34~35)

이 모든 사건이 무엇을 의미하는가? 바울이 유대인들에게 "하나님의 말씀을 마땅히 먼저 너희에게 전할 것이로되"(행 13:46)라고 말한 것처럼 제자들은 최초에 예수 그리스도의 진리를 유대인들에게만 제시한다. 하지만 3년 반이 지난 후의 시점인 스데반 사건을 전후하여 하나님께서는 바울과 베드로에게 복음을 온 세상에 전해야 한다고 말씀하신다.

바로 이것이 다니엘의 70번째 주가 성취된 것으로 보는 근거다. 주 후 27년 예수님께서 자신을 메시아라고 드러내신 날에서 시작하여 유대인들에게는 총 7년 동안의 은혜가 주어진다. 처음 3년 반은 예수님께서 유대인들과 동행하시고 나머지 3년 반은 제자들이 유대인들에게 복음을 선포한다. 유대인들은 메시아께서 첫 번째 나타나신 하나님의 가장 큰 은혜를 받은 것이다. 또 이들은 선포된 복음을 처음으로 듣는 은혜를 받는다. 사실 유대인들은 메시아께서 세상에 오시는 민족으로 선택받았으며 하나님께서 이들에게 처음으로 구원을 베푸셨기 때문에 모든 민족 가운데 가장 큰 특권을 받은 것이다.

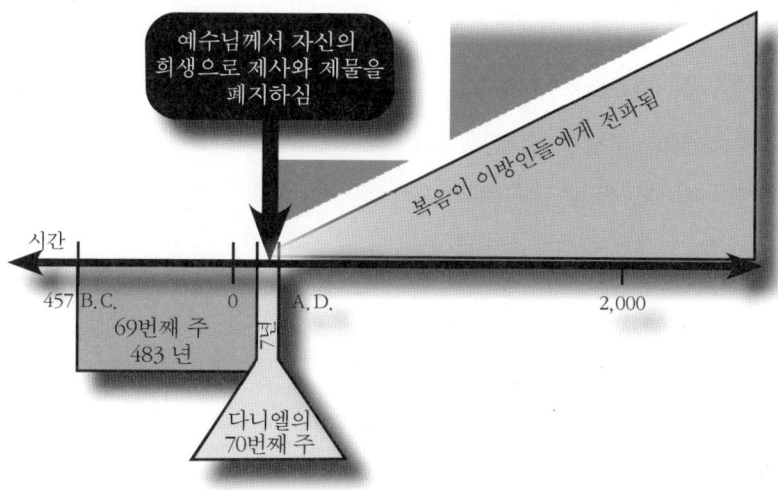

다니엘 9장 요약

다니엘 9장을 부분적 과거주의가 설명한 것처럼 이해하면 유대인들의 70주 동안 하나님의 은혜가 이미 2천 년 전에 성취되었다고 본다. 다시 가브리엘의 예언을 살펴보면서 유대인을 향한 하나님 은혜가 얼마나 아름답게 성취되었는지 보자.

네 백성과 네 거룩한 성을 위하여 일흔 이레를 기한으로 정하였나니 허물이 그치며 죄가 끝나며 죄악이 용서되며 영원한 의가 드러나며 환상과 예언이 응하며 또 지극히 거룩한 이가 기름 부음을 받으리라 (단 9:24)

유대인에게 주어진 가장 크고 가장 놀라운 예언은 메시아의 도래다. 메시아이신 예수님께서 이 땅에 오셨을 때 유대인들은 메시아를 영광스럽게 영접하거나 수치스럽게 거절할 기회가 있었다. 이 결과를 통해 "허물이 그치고 죄가 끝나며 죄악이 용서되며 영원한 의가 드러난다." 하지만 유대인들은 예수님을 하나님께서 자신들에게 약속하신 메시아로 인정하지 않았기 때문에 유대인들을 향한 하나님의 70주의 은혜가 끝났고 완성되었다.

여기에는 다니엘의 70번째 주가 포함되며 마지막 7년의 하나님의 은혜는 예수님께서 공생애를 시작하실 때 시작하여 스데반이 선포한 복음의 메시지를 유대인을 대표하는 대제사장이 거절할 때 끝났다.

요약

다니엘 2장과 9장의 부분적 과거주의 견해를 믿으면 새로운 많은 개념을 수용하는데 거기에는 두 가지 핵심이 있다.

첫째, 기독교인들이 하나님 나라를 바로 지금 경험할 수 있다는 사실을 이해한다. 하나님 나라는 세상에서 성장하고 있으며 예수님께서 재림하실 때 완전한 권세를 취하실 것이다.

둘째, 미래의 어느 날 7년 동안 유대인에게 제공되는 하나님의 은혜의 때는 없다. 이미 다니엘의 70주는 지나갔다. 우리는 제5장에서 여전히 유대인들이 미래의 영적 각성을 위한 하나님의 약속을 가지고 있음을 살펴볼 것이다.

4장

UNDERSTANDING THE BOOK OF REVELATION

계시록의 이해

우리는 이번 장에서 부분적 과거주의 견해를 통해 요한계시록의 일부는 이미 성취했고 일부는 미래에 성취할 것을 확인할 것이다. 모든 구절은 아니지만, 종말 이해에 영향을 끼치는 중요한 구절을 중심으로 계시록의 초점이 악한 세상을 향한 하나님의 심판이 아니라 온 세상에 확장되는 하나님 나라와 영광중에 계시되는 예수 그리스도를 증거하는 것임을 깨달을 것이다.

요한계시록의 계시라는 단어는 복수가 아닌 단수이며 미래주의자의 관점처럼 요한계시록은 파괴의 계시, 심판의 계시, 적그리스도의 계시에 초점을 맞춘 책이 아니다. 요한계시록의 초점은 모든 만물의 왕과 주님이 되신 살아 계신 하나님의 아들 예수 그리스도 한 분에게 맞추어져 있다.

요한계시록 서론

일반적으로 요한계시록의 첫 세장의 해석에 미래주의자와 부분적 과거주의자 모두 동의한다. 1장은 요한이 예수님을 만나는 기록이며 2장과 3장은 일곱 교회에 보낸 일곱 서신으로 인정한다. 하지만 계시록 4장에서 끝까지의 의미부터 미래주의자와 부분적 과거주의자의 견해가 다르다.

미래주의의 요한계시록 견해

미래주의자들은 요한계시록 4장에서 22장까지의 내용이 전부 미래에 성취될 것이라고 믿는다. 특히 4장에서 18장까지 묘사된 심판은 7년 대환란 기간에 성취된다고 본다. 미래주의자들은 대환란 이후 예수님께서 천 년 동안 통치하신 후 새 하늘과 새 땅이 도래한다고 본다.

미래주의의 요한계시록 견해

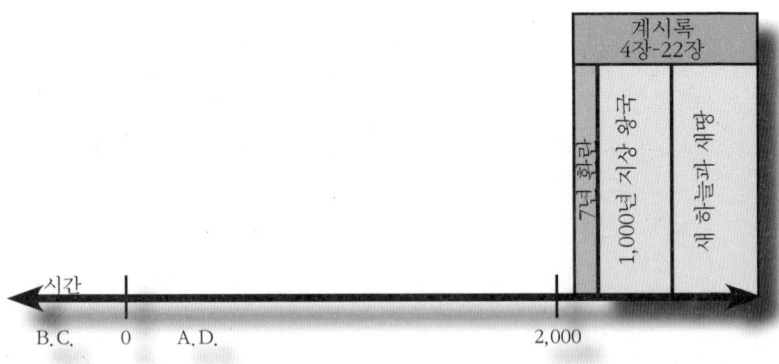

그런데 미래주의자들 중에도 약간의 이견이 있다. 예를 들면 어떤 미래주의자는 예수님의 천 년 통치 기간에 새 하늘과 새 땅이 도래한다고 주장한다. 또 다른 미래주의자는 교회의 휴거가 천 년 통치 기간에 발생한다고 한다. 어떤 미래주의자들은 대환란이 시작할 때 휴거가 발생한다고 생각하며 일부는 대환란 도중에, 일부는 7년 대환란 이후에 발생한다고 주장한다. 다른 의견도 많지만 중요한 점은 미래주의자들은 계시록의 거의 모든 내용(4장에서 끝까지)이 미래에 성취될 것이며, 4장에서 18장까지의 내용은 미래의 어느 시점에 일어날 7년 대환란이라고 본다.

부분적 과거주의의 요한계시록 견해

부분적 과거주의자들은 요한계시록의 많은 내용이 이미 성취되었다고 믿는다. 이 주장을 지지하기 위해 이들은 성경 본문 안에서 언급된 시간을 지적한다. 예를 들면 예수님께서 "반드시 속히 할 일을 보이시려고(계 1:1)"라는 말로 계시록을 시작하시는데, 이것은 요한계시록이 수백 년, 수천 년 이후에 일어날 일을 보여 주시는 것이 아니라 당시 수신자의 생애에 시작한 일을 계시하신 것이다. 예수님께서는 사람들이 "속히"라는 단어가 실제로 '곧'을 의미하는 것을 이해하도록 "때가 가까움이라(계 1:3)"고 시간을 강조하신다. 부분적 과거주의 견해를 가진 기독교인은 요한계시록의 단어를 문자 그대로 받아들여서 요한 사도가 기록한 계시록의 내용은 요한이 살아 있을 동안 시작된 것으로 이해한다.

요한계시록을 적절한 시간대에 두기 위해 우리는 요한이 일곱 교회에 보내는 편지를 기록한 후(요한계시록 2,3장), "이리로 올라오라 이 후에 마땅히 일어날 일들을 내가 네게 보이리라(계 4:1)"는 음성이 하늘에서 들렸음을 기록했다. 사도 요한은 하늘로 올라가 자신의 생애에서부터 시작되어 앞으로 일어날 일을 보았다. 그러므로 부분적 과거주의자들은 요한계시록 14장이 요한의 생애에 시작한다고 믿는다.

부분적 과거주의의 요한계시록 이해

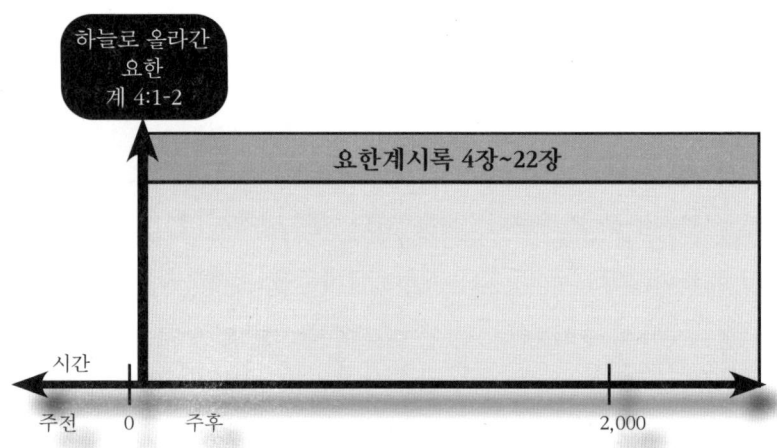

부분적 과거주의의 견해의 변형

모든 부분적 과거주의 교사가 요한계시록 일부가 이미 성취되었다는 것에 동의하지만, 그것이 어떤 부분이냐에 따라서 다양한 견해가 있다. 부분적 과거주의자들은 요한계시록 1장이 예수님께서 요한에게 자신을 계시하신 것이며, 물론 요한의 생애에 일어날 일을 기록한 것에 동의한다. 2장과 3장은 요한의 생애에 존재했던 일곱 교회에 보내는 예수님의 편지라는 것에 동의하지만 4장부터 18장까지 묘사된 하나님의 심판에는 각자 다른 견해를 보인다. 일부는 4장부터 18절까지의 모든 심판이 주 후 70년에 일어난 예루살렘과 성전 파괴에서 성취되었다고 본다. 또 다른 이들은 1차 심판은 예루살렘에, 2차 심판은 로마제국에 임한다고 본다. 그리고 또 다른 이들은 심판이 1차는 예루살렘, 2차는 로마제국, 3차는 온 세상에 임한다고 생각한다.

부분적 과거주의의 세 가지 다른 요한계시록 이해

1. 모든 심판이 예루살렘과 1세기 유대인에게 임한다.
2. 1차는 예루살렘, 2차는 로마제국에 임한다.
3. 1차는 예루살렘, 2차는 로마제국, 3차는 온 세상에 임한다.

이 세 가지 견해는 요한계시록을 이해하는 다른 접근법으로 발전한다.[1]

---

1. 이 다른 접근법은 심판이 언제 임하느냐 뿐만 아니라 요한계시록 19장에서 22장을 어떻게 성취하는가를 결정한다. 그러나 다음 페이지에서 우리는 역사주의적 견해라 불리는 세 번째 접근법만을 설명할 것이다.

1. 모든 심판이 예루살렘과 1세기 유대인을 향한다고 보는 부분적 과거주의자들은 요한계시록을, 하나님께서 유대인과 맺었던 옛 언약을 폐지하고 예수님을 통해 세워진 새 언약을 시작하는 기록으로 본다.

2. 심판이 예루살렘과 로마제국을 향한다고 보는 부분적 과거주의자들은 심판을 마태복음 23장에 나오는 유대인을 향한 예수님의 예언과 다니엘 2장에 나오는 로마제국을 향한 예언 성취로 본다.

3. 심판이 예루살렘과 로마제국과 온 세상에 임한다고 보는 부분적 과거주의자들은 요한계시록을 역사의 과정을 넘어 확장되는 하나님의 나라이며, 하나님의 나라가 확장될 때 모든 예수님의 원수가 심판받을 것이라고 접근한다.

요한계시록의 세 가지 접근법은 각각 장점과 훌륭한 교사들이 존재하지만, 이 책에서는 세 번째 접근법인 하나님 나라의 확장으로 요한계시록에 접근할 것이다. 요한계시록 4장에서 18장까지 기록된 심판은 예루살렘과 로마제국과 온 세상을 향한 것이다.

요한계시록 일부가 이미 성취되었고 나머지는 앞으로 성취된다. 종말론 교사들은 종종 요한계시록을 향한 세 번째 부분적 과거주의 견해를 **역사주의 견해**라고 부른다. 이 명칭은 요한계시록이 역사의 과정 동안 성취된다는 이해에서 나온 것이다. 이 역사주의 견해는 종교개혁 지도자들이 가장 많이 지지한 견해다.[2]

---

2. 여기에 제시된 역사주의 견해와 개신교 개혁가들의 분명한 차이는 로마 가톨릭 교회와 교황을 계시록에 언급된 사악한 세력과 짐승으로 보는 점이다.

루터, 녹스, 칼빈, 후스와 같은 종교 개혁 지도자들은 계시록이 미래의 7년 환란을 설명한 것이 아니라 역사를 통해 펼쳐지는 하나님의 계획으로 이해했다. 역사주의 견해는 종교개혁 기간에 보편적으로 받아들여져서 "개신교 견해PROTESTANT VIEW"라고 언급되었다.

역사주의 견해의 개요

역사주의 견해는 요한계시록 1장을 요한을 향한 예수님의 소개라고 이해한다. "반드시 속히 일어날 일들을 그 종들에게 보이시려고(계 1:1)" 예수님께서는 요한에게 본 것을 기록하도록 명하신다. 2장과 3장은 1세기와 2세기에 존재했던 일곱 교회를 향한 일곱 편지라고 본다. 4장과 5장에서 요한은 하나님의 보좌로 들려 올려진다. 예수님께서는 하나님의 보좌 오른편에 앉으셨고, 하나님 아버지께 속한 봉인된 책을 열 수 있는 분으로 계시된다.

6장에서 18장까지 세상의 모든 나라가 하나님의 나라가 될 때까지 하나님 나라가 세계에 점진적으로 확장된다. 따라서 앞으로 논의할 내용의 대부분은 하나님 나라의 확장이 될 것이다. 하나님 나라의 확장을 위해 성취되어야 하는 세 가지 심판 예언이 있다. 첫 번째는 유대인의 심판이다. 유대인은 하나님 나라를 빼앗기고(마 21:33~34), 예루살렘은 멸망한다(마 23:34~38). 우리는 요한계시록 7장에서 11장까지의 내용에서 첫 번째 심판을 볼 것이다.

두 번째, 하나님 나라를 위한 로마제국 심판이다. 우리가 앞의

제3장에서 본 것처럼 다니엘은 뜨인 돌이 모든 왕국을 무너트릴 것이라고 기록했다(단 2:31~45). 그리고 정말 뜨인 돌 되신 예수님의 복음이 약 2천 년 전에 로마제국을 무너트렸다. 요한계시록 12장부터 14장을 통해 이 심판을 볼 것이다.

마지막으로, 다니엘이 예언한 대로 하나님의 나라가 온 세상을 채울 때까지 확장될 것이다(단 2:35,44).

역사주의 견해의 요한계시록 이해

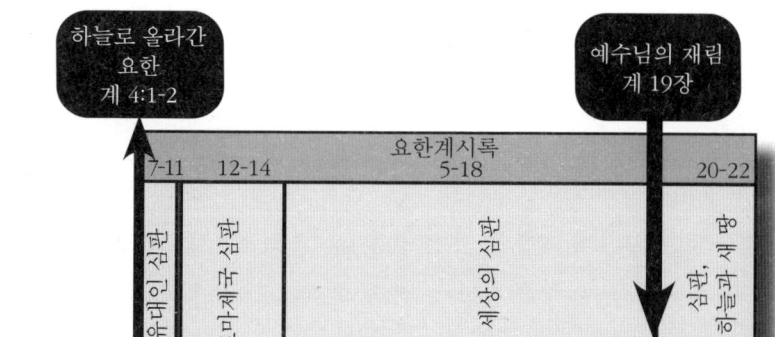

유대인, 로마제국, 온 땅을 향한 세 가지 예언 사건은 가벼운 내용이 아니다. 이 세 가지 예언은 성경과 하나님 나라를 세우는 중심이었다. 요한계시록을 통해서 우리는 하나님께서 이 땅에 하나님 나라 통치를 점진적으로 확장하시는 것을 본다. 세상 나라가 우리 주와 그리스도의 나라가 될 것이다(계 11:15).

19장은 예수님의 재림과 신부와 어린양의 혼인 잔치를 보여준다. 20장은 악한 자들을 향한 예수 그리스도의 마지막 심판과 통치를 보여준다.[3] 21장과 22장은 생명책에 기록된 사람들이 받을 보상을 설명한다. 새 하늘과 새 땅이 임하고 새 예루살렘이 새로워진 이 땅에 내려와서 예수 그리스도께서 영원히 다스리실 것이다. 할렐루야!

요한이 계시록을 기록한 때는?

역사주의 견해는 계시록에 기술된 첫 번째 심판이 주 후 70년에 유대인과 예루살렘에 성취된 것으로 본다. 이 예루살렘 심판은 후에 짧게 살펴보도록 하고 먼저 계시록이 기록된 시기에 관한 문제를 다루자. 요한계시록을 바르게 이해하기 위해서 언제 기록되었는지를 확인해야 한다. 많은 신학자와 교사가 요한계시록은 주 후 96년경에 기록되었다고 말한다. 실제로 요한계시록이 1세기 말에 기록되었다고 하면 부분적 과거주의자들의 주장인 주 후 70년의 예루살렘과 성전의 멸망을 예언적으로 기록했다고 볼 수 없다. 이 문제는 우리가 계시록 전체의 중요 구절을 살펴보기 전에 답을 내릴 충분한 가치가 있다. 미래주의 견해를 지지하는 사람들은 주 후 96년경에 요한계시록을 기록했다는 주장이 자신들의 견해를 뒷받침하기 때문에 다른 가능성을 고려하지 않는다.

---
3. 우리는 앞으로 천년왕국의 두 가지 다른 부분적 과거주의 견해를 살펴볼 것이다.

일부 성서학자는 요한계시록 1장 9절에 요한이 계시를 받을 때 밧모섬에 있었다고 언급하기 때문에 계시록이 주 후 96년경에 기록되었다고 주장한다. 실제로 주 후 81년에서 96년 사이 도미티안 황제 통치 아래에 요한이 밧모섬으로 유배되었다는 몇 가지 증거가 있으므로 이 시기에 요한계시록이 기록되었다고 볼 수도 있지만, 문제는 요한이 이보다 훨씬 더 이른 시기에 밧모섬에 유배되었다는 역사 문서도 존재한다는 것이다.

예를 들어, 시리아 역본이라고 불리는 신약성경의 가장 오래된 역본과 2세기 시리아 역본의 요한계시록 표제 페이지에 다음과 같이 기록되어 있다.

"이 책은 하나님께서 네로 가이사에 의해 밧모섬에 유배된 사도 요한에게 계시하신 내용이다".

네로 가이사는 주 후 54년에서 주 후 68년까지 로마제국을 통치했기 때문에 신뢰할 만한 고대 기록에 따르면 요한은 우리가 아는 것보다 훨씬 이른 시기에 밧모섬에 있었다고 볼 수 있다.[4]

터툴리안도 요한이 네로의 통치 기간에 로마에서 기름에 끓여지는 고통을 당한 후 밧모섬에 유배되었다고 기록한다.

---

4. 모제스 스튜어트(MOSES STUART), 계시록 주석(COMMENTARY ON THE APOCALYPSE), 1945, VOL. I, P. 267; 커트 시몬스(KURT SIMMONS), 시대의 종말(THE CONSUMMATION OF THE AGES), (CARLSBAD, NM: BIMILLENNIAL PRETERIST ASSOCIATION, 2003), PP. 17-18.

> **터툴리안**
>
> 로마에서는 베드로가 주님과 같은 고통을 당했으며 바울도 요한과 같은 고통으로 영광을 얻었다. 사도 요한은 로마에서 끓는 기름에 넣어졌지만 아무런 고통 없이 섬으로 유배되었다.
>
> *(이단의 추방(EXCLUSION OF HERETICS 36), 2007년 12월 1일, HTTP://WWW.PRETERISTARCHIVE.COM/STUDYARCHIVE/T/TERTULLIAN_PREMILLENNIALIST.HTML)*

우리는 주 후 41년에서 54년에 통치한 글라우디오 치하에서 요한이 투옥되었음을 언급한 에피파니오(c. 315-403)의 기록같이[5] 역사적 기록을 통해 요한이 계시록을 기록한 시기가 우리가 생각하는 것보다 훨씬 앞섰음을 알 수 있다.

계시록 11장에서 요한은 예루살렘의 성전을 측량하라는 명령을 받는데, 11장 앞부분의 성전은 지상 성전이며 11장 끝부분의 성전은 지상 성전을 대체하는 하늘 성전으로 서로 다르다. 요한이 성전을 측량해야 했으므로 지상 성전이 파괴되기 전인 주 후 70년 이전에 계시록이 기록되었음을 알 수 있다. 데이빗 커리는 '휴거'에서 이 주제의 더 자세한 내용을 다루며, 커트 시몬스는 '시대의 종말'에서 이 내용을 학문적인 방법으로 설명한다.

요한계시록이 일반적으로 알려진 1세기 말에 기록된 것이 아니라는 또 다른 이유는 제롬(c. 340-420)은 주 후 96년경에 계시록을 기

---

5. 에피파니오(EPIPHANIUS), 살라미스의 성 에피파니오의 이단 논박(THE PANARION OF ST. EPIPHANIUS OF SALAMIS, 프랭크 윌리암스(FRANK WILLIAMS)역, (NEW YORK: E. J. BRILL, 1987), pp. II, 12, 33.

록하기에는 너무 늙어서, 교회를 가는 것조차 힘들었으며, 교회를 가도 사람들에게 몇 마디밖에 할 수 없을 정도로 기력이 약해졌다고 기록한다.[6] 요한계시록 10장 11절은 정확한 사실을 알려준다. "그가 내게 말하기를 네가 많은 백성과 나라와 방언과 임금에게 다시 예언하여야 하리라 하더라" 주 후 96년의 요한은 이미 나이가 많았기 때문에 이 말씀을 성취하기에 어려움이 있었다.

요한이 주 후 96년에 계시록을 기록하지 않은 마지막 이유는 요한계시록의 본문이 박해받던 초대 교회의 초기 기독교인을 격려하기 위해 쓰인 것이 분명한 본문이 존재하기 때문이다. "예수의 환란과 나라와 참음에 동참하는 자라(계 1:9)" 요한은 초기 기독교인과 같은 시간대에 살면서 같은 박해를 경험하던 기독교인들을 격려하기 위해 계시록을 작성한 것이 분명하다.

책의 앞부분에서 보았듯이, 초대 교회와 기독교인을 향한 핍박의 첫 번째 파도는 유대 종교 지도자들에 의해 시작되었다. 우리는 행 8:1에서 예루살렘의 기독교인들이 자신의 집과 교회에서 주변 지역으로 흩어져야 했던 "큰 박해GREAT PERSECUTION"가 있었다고 기록한다. 그리고 이 박해에 로마제국이 개입하자 그 박해의 규모와 강도가 더욱 세졌다. 수많은 기독교인이 로마제국의 황제를 신으로 숭배하지 않아 고발당했다.

주 후 64년, 로마 시에서 발생한 화재로 1/3이 불타버리자 네로 황제는 원인을 기독교인의 짓으로 지목하고 수만 명의 기독교

---
6. 커트 시몬스(KURT SIMMONS), 시대의 종말(THE CONSUMMATION OF THE AGES), (CARLSBAD, NM: BIMILLENNIAL PRETERIST ASSOCIATION, 2003), P. 13 인용.

인을 끔찍한 방법으로 고문하고 처형했다. 이것이 요한계시록이 기록된 당시의 정황이다. 요한계시록은 고통받는 기독교인을 격려하기 위해 쓰였다. 계시록에 기록된 심판과 파괴의 예언을 통해 초기 기독교인들은 여전히 하나님께서 다스리시고 통치하시며, 모든 원수를 제압하실 것으로 인해 위로받았다.

우리가 지금까지 알아온 주 후 1세기 말보다 더 일찍 계시록이 기록되었다는 많은 이유가 있지만, 그중에서 가장 분명하고 확신할 만한 이유를 제시했다. 데이빗 커리는 자신의 책 "휴거[RAPTURE]"에서 요한계시록 기록 연대의 철저한 토론을 제공하며, 커트 시몬스[KURT SIMMONS]는 저서 "시대의 성취[THE CONSUMMATION OF THE AGES]"에서 학술적으로 설명한다.

계시록 2장과 3장 ; 일곱 교회를 향한 일곱 서신

요한은 계시록 2장과 3장에서 예수님의 지시에 따라 일곱 교회를 향한 일곱 서신을 기록한다. 주님께서는 자신이 어떤 분이신지를 선언하시고 서신 수신자의 상황을 향해 "내가 네 행위를 아노니", "내가 네 환란과 궁핍을 아노니", "네가 어디 사는 것을 내가 아노니"와 같이 선포하시면서 서신을 시작하신다.

이 서신은 요한의 생애에 소아시아에 실제로 존재한 일곱 교회를 향해 쓰어졌으며, 일곱 교회가 1세기에 분명히 존재했다는 역사적 기록이 있다. 물론, 각 서신의 마지막 부분에 "귀 있는 자는 성령께서 교회에 하시는 말씀을 들을지어다"라고 끝마치기 때문에 예수님께서 일곱 교회에게 주신 말씀은 현재 우리의 삶에도 적용할 수 있다. 하지만 이 일곱 교회 메시지는 요한의 생애에 실존한 교회를 향해 쓰인 것임을 인식하면서 역사적인 문맥으로 이해할 수 있어야 한다.

많은 미래주의자가 일곱 교회는 지난 2천 년간 펼쳐진 일곱 기간을 대표한다고 한다. 첫 번째 교회는 1세기의 교회, 두 번째 교회는 2세기의 교회, 이런 공식으로 마지막 교회는 현대의 교회를 대표한다고 주장한다. 요한계시록 3장에 언급된 마지막 교회인 라오디게아 교회는 미지근함 때문에 꾸짖음 받는데, 라오디게아가 예표하는 현대 교회의 부정적인 시각은 마지막 때 일어날 교회의 엄청난 배교와 냉랭함이라는 믿음을 가진 미래주의자의 전형적인 비관적 견해와 일치한다.

그러나 부분적 과거주의자들은 이런 식으로 요한계시록 2장과 3장을 해석하는 것을 거부한다. 일곱 교회는 일곱 시대를 나타내는 것이 아니라 문자 그대로 1세기에 존재한 교회를 의미하며, 현대는 라오디게아 교회의 시대가 아니다. 교회의 일부는 어려움을 겪지만, 또 다른 한편으로는 지난 역사 속에서 어느 시대보다 복음을 위해 뜨겁게 삶을 드리는 기독교인과 복음 전도자들, 선교사들을 비롯한 많은 사람이 새롭게 일어나고 있다. 우리가 라오디게아 교회에 해당한다는 미래주의자들의 틀에 박힌 추측을 순순히 받아들이지 말라.

다음 장에서 보겠지만, 예수님께서는 지금 교회를 연합시키시고 능력과 영광스러운 위치로 높이신다.

계시록 4장과 5장 ; 그리스도께서 통치하시는 하늘의 모습

계시록 4장 1절에서 사도 요한은 하늘의 음성을 듣는다.

이 일 후에 내가 보니 하늘에 열린 문이 있는데 내가 들은 바 처음에 내게 말하던 나팔 소리 같은 그 음성이 이르되 이리로 올라오라 이 후에 마땅히 일어날 일들을 내가 네게 보이리라 하시더라 (계 4:1)

미래주의자들이 교회가 하늘로 휴거되는 것을 묘사할 때 이 구절을 자주 인용하는데[7] 그 이유는, 계시록 4장에서 18장까지의 심판이 미래의 7년 대환란 기간에 성취될 것이며, 교회는 7년 환란 기간에는 지상에 없을 것이라는 견해를 이 구절이 지지하는 것처럼 보이기 때문이다.[8] 그러나 실제로 계시록 4장에는 교회가 하늘로 휴거한다는 언급이 없으며, 오히려 요한 개인이 하늘로 끌려 올라간 모습이 묘사될 뿐이다. "끌려 올라감"의 문자적 시간 기준은 1세기 요한의 일생에 발생한 일이다. 계 4:1은 미래에 발생할 사건이 아니라 2천 년 전 요한이 하늘로 끌려 올라간 내용이다.

---

7. 잭 반 임패(JACK VAN IMPE), MILLENNIUM: BEGINNING OR END?(지복천년: 시작인가 끝인가?), (테네시주 네쉬빌: WORD PUBLISHING 출판, 1999), P. 43.
8. 대부분의 미래주의자들이 교회가 계 4:1에서 휴거되는 것으로 보지만 대환란 이후 휴거주의자(POST-TRIBULATIONALIST)와 같은 일부는 그렇지 않다.

미래주의자들은 스스로 성경을 문자 그대로 해석한다고 생각하지만, 사실이 아니다. 실상은 많은 성경 구절을 영적, 풍유적, 신화적으로 해석한다. 그중 하나가 전술한 대로 계시록 2장과 3장의 일곱 교회를 일곱 시대의 비유로 믿는 것이다. 또 계 4:1의 요한의 천상 방문을 먼 미래에 교회가 하늘로 휴거되는 상징으로 이해하려 한다.[9] 물론, 성경에는 묵시적 언어로 봐야 하는 구절도 분명히 존재한다. 성경의 많은 구절이 상징적 표현을 사용하며 특히 다니엘이 사용한 상징을 계시록에서 다시 사용된다.

사실, 미래주의와 부분적 과거주의 모두 비유적 언어를 인정하지만, 우리가 미래주의 견해에서 부분적 과거주의 견해로 전환한 이유는 부분적 과거주의가 성경의 문자적, 역사적 이해에 더 충실하기 때문이며 이런 성경적 이해는 올바른 성경 해석에 매우 필수적이기 때문이다.

계시록 4장 ; 보좌 환상

계 4:1에서 요한은 하늘로 들려 올라가 하나님의 보좌를 본다.

> 내가 곧 성령에 감동되었더니 보라 하늘에 보좌를 베풀었고 그 보좌 위에 앉으신 이가 있는데 (계 4:2)

---

9. 미래주의자들은 교회가 계시록 4장에서 18장까지 언급하지 않았다고 종종 주장하며 그러므로 교회가 이런 장에 묘사된 다른 기간 동안 지상에 존재하지 않을 것이라는 자신들의 견해를 지지해야 한다고 주장한다. 하지만 실제로, 교회를 구성하는 성도들이 4장에서 18장까지 최소한 11번 언급한다.

요한은 하나님께서 보좌에 앉으신 모습과 보좌 주위의 24 장로가 각자의 보좌에 앉은 모습을 본다. 또 요한은 보좌에서 울려 퍼지는 번개와 음성과 뇌성에 압도당한다. 요한은 네 생물이 보좌 주위를 두른 것을 보며 다음과 같은 소리를 듣는다.

> 네 생물은 각각 여섯 날개를 가졌고 그 안과 주위에는 눈들이 가득하더라 그들이 밤낮 쉬지 않고 이르기를 거룩하다 거룩하다 거룩하다 주 하나님 곧 전능하신 이여 전에도 계셨고 이제도 계시고 장차 오실 이시라 하고 (계 4:8)

거룩하고 장엄한 순간을 이보다 더 정확하게 전달할 수 있을까? 분명한 것은 독자가 요한계시록 4장 전체를 통해 분명하게 알 수 있는 것은 요한이 현대의 어떤 설교자보다 훨씬 더 탁월하게 천상의 모습과 분위기를 전달했다는 것이다.

이제 우리는 여기서 계시록의 나머지 부분을 위한 전체적인 무대가 어떻게 설정되었는지 확인할 필요가 있다. 천국에 올라간 요한은 자신의 인생에서 앞으로 일어날 모든 일을 본다.

"이 후에 마땅히 할 일을 내가 네게 보이리라 하시더라"(계 4:1).

계시록 5장 ; 책을 펼치시기에 합당하신 예수님

내가 보매 보좌에 앉으신 이의 오른손에 두루마리가 있으니 안팎으로 썼고 일곱 인으로 봉하였더라 (계 5:1)

보좌에 앉으신 이의 손에 들린 책의 봉인은 아직 이 책이 개봉되지 않았음을 의미한다. 이는 다니엘이 "마지막 때까지 이 말을 간수하고 이 글을 봉함하라(단 12:4)"는 계시를 받은 것처럼 계시록 5장에서 하나님의 손에 들린 책도 그 내용이 성취할 때까지 봉인된다. 그러나 이제 성취의 날이 도래했고, 책의 봉인이 떼어질 것이며 앞으로 계속 살펴볼 것처럼 인이 떼어질 때 하나님의 심판이 어떻게 시행될 것인지 살펴볼 것이다. 그러나 우리가 하나님의 심판을 생각할 때, 죄인을 향한 형벌을 선포하는 재판관을 떠올리기보다는 통치를 확장하기 위해 재판하는 정의로운 왕을 생각하는 것이 더 낫다. 요한계시록은 왕의 의지를 정립하기 위한 왕명이다. 하나님께서 심판하시며 당신의 나라를 확장하신다.

요한계시록 5장에서 우리는 하나님 나라의 왕명 시행이 임박했음을 본다. 실제로 성취의 날이 도래했지만 먼저 봉인을 떼고 책을 펼치기에 합당한 사람이 있어야 한다. 요한계시록 5장은 인을 떼기 합당한 사람을 찾는 기록이다. 죽임당하신 어린 양이시며, 유다 지파의 사자이신 예수님께서 하나님 아버지로부터 책을 받으시는 동안 장로들과 천사들과 네 생물은 경배하며 찬양한다.

계시록 6장 ; 전투를 준비하는 하나님의 군대

요한계시록 6장에서 예수님께서는 책의 인을 떼신다. 처음 네 개의 인을 뗄 때마다 각 말이 하나님 앞에서 파괴할 능력을 받는다. 첫 번째 말은 흰 말로 이기고 정복하는 능력을 받는다. 두 번째 말은 붉은 말로 땅에서 화평을 제거하는 능력을 받는다. 세 번째 말은 검은 말로 필수품과 음식물을 얻기 어렵게 만드는 능력을 받는다. 네 번째 말은 청황색 말로 검과 흉년과 사망과 땅의 짐승으로 세상을 죽이는 능력을 받는다.

미래주의자들은 이 말들이 앞으로 일어날 7년 대환란 기간에 사람을 심판하기 위해 이 땅에 임할 것이라고 본다. 그러나 이 말들은 실제로 이 세상에 오는 것이 아니다. 이 말들은 하나님께 자신을 드리는 의미로 "오라^{COME}"고 묘사된다. 파괴를 풀어낼 능력을 받은 말들은 세상으로 오는 것이 아니라 세상에 영향력을 행사할 수 있는 영적인 세계의 권위를 갖는다.

이는 세상의 왕이 전투가 시작되기 전에 전선에 자신의 군대를 배치하는 모습으로 비유할 수 있다. 이와 마찬가지로 하나님께서 임박한 전투를 위해 전사를 배치하고 그들은 명령을 기다린다. 다섯 번째 인이 떼어지고 믿음을 지키기 위해 죽임당한 사람을 보는 요한의 모습이 등장할 때, 전사들이 전쟁을 위해 기다린다는 주장이 확실해진다. 이들은 하나님을 바라보면서 다음과 같이 외친다.

큰 소리로 불러 이르되 거룩하고 참되신 대주재여 땅에 거하는 자들을 심판하여 우리 피를 갚아 주지 아니하시기를 어느 때까지 하시려 하나이까 하니 (계 6:10)

하늘에 있는 요한의 관점에서 이 상황을 보자. 다섯 개의 봉인이 열리고 네 말이 하늘에서 전투를 준비한다. 믿음을 지키기 위해 순교한 사람들이 이 모습을 보고 즉시 지금이 하나님께서 자신이 흘린 피를 신원해 주시는 때인지 궁금해한다. 하나님의 심판은 성도들의 기도를 향한 응답이다. 성도들은 기대감으로 소리치지만, 전투가 임박했더라도 조금 더 기다리라는 응답을 듣는다.

처음 다섯 개의 봉인이 열리고 최전선에 네 말이 배치됨

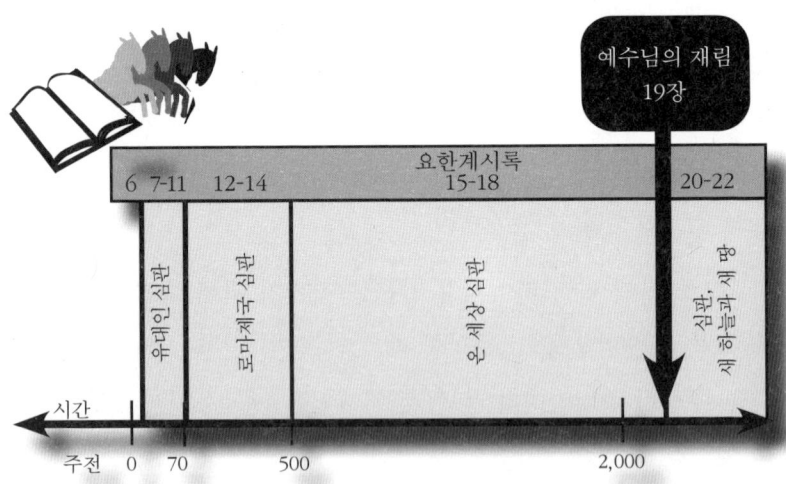

계시록 6장 ; 여섯 번째 봉인의 해제

여섯 번째 봉인이 떼어질 때, 요한은 격변과 같은 사건을 본다.

12 내가 보니 여섯째 인을 떼실 때에 큰 지진이 나며 해가 검은 털로 짠 상복 같이 검어지고 달은 온통 피 같이 되며 13 하늘의 별들이 무화과나무가 대풍에 흔들려 설익은 열매가 떨어지는 것 같이 땅에 떨어지며 14 하늘은 두루마리가 말리는 것 같이 떠나가고 각 산과 섬이 제 자리에서 옮겨지매 (계 6:12~14)

앞서 설명한 것처럼 성경의 해, 달, 별은 권력자나 정부를 의미하며, 땅의 권력자나 정부가 사라질 때 해, 달, 별이 떨어지거나 어두워진다고 표현했다. 이 본문에서 해와 달과 별이 하나님의 임재 앞에서 흔들리는 것을 보는데, 이것은 권력자의 실각을 의미한다. 지진이라는 묵시적 언급은 하나님께서 심판에 개입하셔서 기존의 권력자를 제거하고 당신의 권위를 세우시는 것을 의미한다. 히 12:26~28에서 또 다른 예를 찾을 수 있다.

26 그 때에는 그 소리가 땅을 진동하였거니와 이제는 약속하여 이르시되 내가 또 한 번 땅만 아니라 하늘도 진동하리라 하셨느니라 27 이 또 한 번이라 하심은 진동하지 아니하는 것을 영존하게 하기 위하여 진동할 것들 곧 만드신 것들이 변동될 것을 나타내심이라

28 그러므로 우리가 흔들리지 않는 나라를 받았은즉 은혜를 받자 이로 말미암아 경건함과 두려움으로 하나님을 기쁘시게 섬길지니 또는 감사하자

히브리서에 기록된 약속의 관점에서 보면 하나님께서 권력자를 제거하시고 당신의 나라의 권위를 세우시는 여섯 번째 인을 떼실 때 나타나는 지진을 본다. 여섯 번째 인을 뗄 때 요한은 다음과 같은 소리를 듣는다.

15 땅의 임금들과 왕족들과 장군들과 부자들과 강한 자들과 모든 종과 자유인이 굴과 산들의 바위 틈에 숨어 16 산들과 바위에게 말하되 우리 위에 떨어져 보좌에 앉으신 이의 얼굴에서와 그 어린 양의 진노에서 우리를 가리라 17 그들의 진노의 큰 날이 이르렀으니 누가 능히 서리요 하더라 (계 6:15-17)

요한은 "속히 일어날" 일의 환상을 본다. 하나님께서 전투를 위해 네 말(즉, 당신의 권능)을 배치하셨고, 하나님의 영광스러운 권능의 임재를 통해 이 땅의 권력자들이 두려워 떨었다. 이들은 심판과 전쟁 개시가 임박했음을 알았다. 이제 이 모든 것을 적절한 시간으로 맞춰보자. 약 2천 년 전 예수님께서 승천하셨을 때 하나님 아버지께서 예수 그리스도께 이렇게 말씀하신다. "내가 네 원수로 네 발등상 되게 하기까지 너는 내 우편에 앉아 있으라(행

2:34~35)". 요한은 보좌에서 예수님을 향한 하나님의 언약 성취를 목격했다. 하나님의 명령 선포가 임박했다. 말들이 전선에 배치되었고, 전쟁 개시가 임박했다. 결국, 모든 적은 예수님의 발아래 놓이게 될 것이다.

계시록 7장~11장 ; 유대인 심판

바울이 로마서 2:9절에서 경고하듯이 심판은 하나님의 집에서, 하나님의 백성인 유대인에게서부터 시작된다.

> 악을 행하는 각 사람의 영에는 환란과 곤고가 있으리니 먼저는 유대인에게요 그리고 헬라인에게며

세상을 심판하기 전에 자기 백성을 먼저 심판하는 것이 하나님의 방식이다(벧전 4:17). 오늘날 많은 기독교인이 하나님께서 자기의 백성을 가혹하게 심판하시는 모습을 어렵게 느낀다. 그러나 하나님께서 유대인에게 선포하신 언약의 기본은 유대인이 하나님께 순종하면 축복하시고, 하나님을 버리면 심판하시는 것이다(신 28장). 우리는 구약에서 유대인들이 하나님을 향한 신앙을 버리므로 심판받는 모습을 본다. 유대인들은 불순종과 완악함으로 대적에게 패배해서 주전 5세기와 6세기에 자기 땅에서 쫓겨나고 예루살렘은 파괴되며, 죽지 않은 사람은 앗수르와 바벨론에 노예로 끌려갔다.

원수들이 유대인을 칠 수 있었던 이유는 유대인이 하나님을 향해 그 마음의 완고함으로 불순종했기 때문이다.

신약성경에서도 이와 비슷한 패턴을 본다. 세례 요한이 유대인에게 회개를 촉구하지만 이에 응하지 않자 도끼가 이미 나무뿌리에 놓였다고 선포한다. 이는 심판이 바리새인, 더 나아가 유대인 위에 있음을 의미한다(눅 3:7~9). 예수님은 하나님께서 유대인에게 많은 선지자를 보내셨지만, 오히려 유대인은 선지자들을 핍박하고 죽였다는 사실에 슬퍼하셨으며(마 23:29~35) 유대인들의 가장 큰 죄는 메시아이신 하나님의 아들 예수님을 거부한 것이다.

예수님께서는 예루살렘과 성전에 임박한 멸망을 다음과 같이 선포하신다.

> 그러므로...땅 위에서 흘린 의로운 피가 다 너희에게 돌아가리라...
> 보라 너희 집이 황폐하여 버려진 바 되리라 (마 23:35~38)

> 너희가 예루살렘이 군대들에게 에워싸이는 것을 보거든 그 멸망이 가까운 줄을 알라 (눅 21:20)

> 그들이 칼날에 죽임을 당하며 모든 이방에 사로잡혀 가겠고 예루살렘은 이방인의 때가 차기까지 이방인들에게 밟히리라 (눅 21:24)

예수님께서 멸망을 선포하셨다. 앞서 제1장에서 주 후 70년의 유대인 대학살을 살펴보았다. 그러나 이 책의 제1장을 읽지 않고 요한계시록 장부터 읽는 독자도 있을 것으로 생각한다. 만일 독자들이 1세기 유대인 대학살의 의미를 이해하지 못하면 요한계시록 7장에서 11장까지 묘사된 심판 성취의 의미를 이해할 수 없다. 혹시 유대인 대학살의 의미를 잘 모르면 제1장의 내용을 다시 읽어보라. 4개월의 굶주림과 고문으로 백만 명이 넘는 유대인이 학살되었고 그중 수천 명은 십자가에서 못 박혔다. 물론 모든 유대인이 예수님을 거부한 것은 아니며, 초대교회의 다수가 예수님을 구세주로 영접한 유대인으로 구성되었지만, 대다수 유대인은 예수님을 거부했다. 사도 바울은 유대인의 소수가 예수 그리스도를 영접했다고 기록하면서(롬 11:5) 어떻게 대다수의 유대인이 복음의 원수가 되었는지도 기록한다(롬 11:28).

　예수님께서는 유대인들에게 자신이 건축자에게 버림받은 모퉁이 돌이라고 선포하시고(마 21:42) 유대인들은 하나님 나라를 빼앗기고 열매 맺는 백성이 하나님 나라를 받을 것이라고 말씀하셨다(마 21:43). 그리고 이 문맥에서 예수님께서는 자신을 거부하는 자들을 이 돌(예수님 자신)이 깨뜨려 가루로 만들어 흩으실 것이라고 선포하셨다(마 21:44).

> **가이사랴의 아레타스**
>
> 여기, 복음서의 저자는 유대인에게 닥친 로마로부터 받은 공격을 통해, 유대인들이 그리스도에게 가했던 고통이 어떻게 갚아졌는지 분명하게 보여준다.
>
> (SYNOPSIS EX COMM. IN APOCALYPSE, NOTES ON REV. 7:1. DEC. 1, 07, HTTP://WWW.PRETERISTARCHIVE.COM/STUDY ARCHIVE/A/ARETHAS_CAESAREA.HTML)

계시록 7장 ; 이스라엘의 인 맞은 십 사만 사천 명

심판이 시작되기 전에 하나님께서는 주 후 70년의 대학살 이후 살아남은 자들이 생존할 수 있도록 많은 이스라엘 사람에게 인 치신다.

> 3 이르되 우리가 우리 하나님의 종들의 이마에 인치기까지 땅이나 바다나 나무들을 해하지 말라 하더라 4 내가 인침을 받은 자의 수를 들으니 이스라엘 자손의 각 지파 중에서 인침을 받은 자들이 십사만 사천이니 (계 7:3~4)

이 표식은 당시를 살던 유대인 독자들에게 하나님의 보호로 받아들여졌을 것이다. 이스라엘 백성이 이집트에 있을 때 치렀던 첫 번째 유월절에서(출 12) 히브리인이 죽음의 천사로부터 보호받기 위해 집의 문설주에 피를 바르는 표식을 남겨서 살아남았다.

그러나 이 표식, 인은 물리적 표식으로 이해해서는 안 되며, 하나님께서 자신의 백성이 누구인지를 아신다는 의미로 이해해야 한다. 정확히 144,000명의 이스라엘 사람이 멸망에서 보호받았을 수도 있지만, 성서 시대의 유대인들은 숫자를 상징적 의미로 사용했다. 예를 들어 1천 곳의 산에 사는 가축(천산의 생축, 시 50:10 개역한글판)을 하나님께서 소유하신다는 성경의 표현은 하나님께서 1천 곳의 산에 있는 생축만 소유하신다는 의미가 아니라 모든 곳의 생축을 다 소유하신다는 의미다. 비슷한 방식으로 히브리인들은 144,000이라는 숫자를 선택된 다수로 이해했다.

요한계시록 7:5~8에서는 열두 지파에서 각각 12,000명씩 인을 맞았다고 기록한다. 이스라엘 열두 지파는 누구인가? 예수님 당시에 예루살렘의 유대인 대부분이 유다 지파와 베냐민 지파로 구성되었으며 일부는 레위지파였다. 나머지 지파들은 주전 720년경에 박해를 받아 앗수르로 이주하면서 주변 지역으로 흩어졌다. 1세기까지 열두 지파는 이스라엘의 열두 아들의 후손이 아니었다. 단지파가 빠졌고, 요셉의 아들(에브라임과 므낫세)이 지파의 우두머리가 되어 이스라엘 열두 지파를 구성했다. 성경에 각 지파에서 뽑은 12,000명이 인을 맞았다고 기록했으므로 문자적으로 각 지파에서 12,000명이 인을 맞았다고 할 수 있지만, 고대 히브리 독자는 이런 문자적인 이해보다 덜 엄격한 의미로, 하나님께서 각 지파를 고르게 사랑하셔서 많은 숫자를 인치셨다고 이해했다.

일부 서양 독자들은 숫자의 비문자적[NONLITERAL] 해석이 성경의 "영적해석^{SPIRITUALIZING}"이라고 비난하며, 이 비난을 향해 성경을 "서구화^{WESTERNIZING}"한다고 대응하기도 한다. 숫자를 엄격한 의미에서 있는 그대로 해석하는 태도는 서구적 사고방식이다. 성경 기자가 기록한 의도를 따라 성경을 이해하려면 사용된 시적^{POETIC}, 기호적^{SYMBOLIC}, 묵시적^{APOCALYPTIC} 언어를 이해해야 한다. 진실로 하나님께서는 이스라엘의 열두 지파 각각에서 상당히 많은 숫자를 인 치셨으며, 이들은 임박한 전쟁에서 멸망하지 않도록 선택되었다.

자연적 결과를 만들어내는 영적인 역동성

요한계시록에 나타나는 전쟁은, 자연계에 역동적인 결과를 만드는 영적 전쟁으로 봐야 한다. 요한계시록을 바로 이해하기 위해서 기록자인 요한의 관점에서 보아야 한다. 요한은 영이신 하나님의 보좌 앞에 서서 하나님께서 자연적인 방법으로 이 세계에 영향을 주는 영적인 역동성^{SPIRITUAL DYNAMICS}을 지켜보는 것이다.

이제 영적 역동성이 자연 현상과 어떤 관련이 있는지 보기 위해 엘리사와 사환이 대적에게 포위된 상태를 살펴보자. 대적이 엘리사와 사환을 둘러쌌을 때, 엘리사가 사환의 눈이 열려 영계^{SPIRITUAL WORLD}를 볼 수 있도록 기도하자, 불말과 불병거가 산에 가득하여 엘리사를 두른 것을 보았다(왕하 6:17). 엘리사는 하나님께서 함께하심을 알았기 때문에 두려워하지 않았다. 엘리사가 대적의 눈이 멀도록 하나님께 기도하자, 즉시 대적의 눈이 잠시 동안 멀었다. 이 이야기는 영적인 세계를 볼 수 있는 사람이 어떻게 사역하는지 알려준다. 하나님께서는 영계에서 발생할 일을 알려주시기 위해 우리와 관련 있는 자연계의 장면을 사용하여 환상으로 소통하신다.

엘리사와 사환의 환상을 고려할 때, 영계에 실제로 불말과 병거가 존재했는지, 또는 이들이 보는 불말과 병거가 하나님의 보호 능력을 예표하는 것이었는지 말하기 어렵다. 현대인에게는 현대식 무기인 탱크 한 대가 구식 무기인 수천의 말과 병거를 물리칠 수 있으므로, 말과 병거가 하나님의 능력을 효과적으로 전달하는 데 한계가 있다. 그러므로 하나님께서 자신의 권능을 현대인에게 나타내실 때는 가장 파괴적인 최신 장비를 모두 갖춘 군대를 보여주실 것이다. 이것은 영계의 실체가 어떻게 자연계의 우리에게 전달되는지 보여준다. 이것은 꿈에서 보는 장면과 비슷하다. 영적인 장면은 소통의 한 형태에 불과하며, 뒤에 감춰진 메시지가 존재한다. 요한계시록을 검토할 때 이런 점을 이해해야 한다.

예를 들면, 요한계시록 1장에서 일곱 촛대는 일곱 교회를 나타내며 일곱별은 일곱 교회의 천사를 의미한다. 예수님께서는 라오디게아 교회의 문밖에 서서 두드리신다고 말씀하시는데, 문자 그대로 물리적인 문이 존재한다기보다, 비유적으로 봐야 한다. 그러므로 주님께서 사망과 음부[HADES]의 권세를 가지셨다(계 1:18)는 말씀을 읽을 때, 실제 열쇠로 열어야 할 사망과 음부의 문이 있다고 생각하기보다 예수님께서 사망과 음부를 향한 권세를 가지셨음을 나타내는 표현이다.

요한은 계시록에 나오는 내용을 "보았지만" 우리는 요한이 성령님 안에 있는 상태$^{IN\ THE\ SPIRIT}$(계 1:10)라는 사실을 알아야 한다. 요한은 영적 역동성을 주는 마음의 이미지 형태로 계시를 받았다. 영적 역동성은 자연계에 상응하는 영향을 미치지만, 이 영향이 영계에서 보는 것과 다른 형태로 나타날 수 있다. 예를 들면 행 12:23에 기록된 헤롯의 죽음을 살펴보자.

헤롯이 영광을 하나님께 돌리지 아니하므로 주의 사자가 곧 치니 벌레에게 먹혀 죽으니라

영적인 세계에서는 천사가 헤롯을 치지만 자연 세계에서는 벌레에 먹혀서 죽었다고 기록되어 있다. 영계에서 표현되는 형태와 자연계에서 나타나는 양식이 다른 것이다. 우리는 이런 영적인 이해로 요한계시록에 나타난 심판을 이해해야 한다. 어쩌면 일부 독자는 이런 영적인 해석을 우리가 앞서 지적한 미래주의자들의 지나친 비유적 접근과 혼동할 수 있다. 그러나 실제로 성경에는 역사적 근거에 따른 문자적 해석을 해야 하는 영역과 동시에 묵시적 언어로 이루어진 부분이 있으므로 부분적 과거주의는 모든 구절을 다 영적으로 해석하는 것이 아니라 각 구절의 문맥과 역사적 배경을 따라 올바른 성경 해석학적 접근으로 문자적인 영역과 영적인 영역을 각각의 의미를 파악하여 균형 있게 해석하려고 한다.

계시록 8장 ; 나팔 소리와 전쟁의 시작

계시록 8장에서 어린양은 책의 마지막 봉인인 일곱 번째 인을 떼시는 장면이 나온다. 그 후 "하늘이 반 시간쯤 고요해진다"(계 8:1). 이 순간은 폭풍 전야의 고요함과 같다. 이제 심판을 위한 무대가 설치되었고, 전쟁 개시가 임박했다.

> 내가 보매 하나님 앞에 일곱 천사가 서 있어 일곱 나팔을 받았더라 (계 8:2)

계속되는 본문의 사건을 이해하기 위해 고대 전쟁을 생각해보자. 전쟁을 위해 거대한 군사가 모여 전선을 형성하며, 왕은 선두에서 자신의 군대를 정렬한다. 진군 나팔 소리가 힘차게 울려 퍼질 때, 비로소 적을 향해 진격한다. 요한계시록 8장에서 첫 번째 천사가 나팔을 불 때 다음과 같은 일이 일어난다.

> 첫째 천사가 나팔을 부니 피 섞인 우박과 불이 나와서 땅에 쏟아지매 땅의 삼분의 일이 타 버리고 수목의 삼분의 일도 타 버리고 각종 푸른 풀도 타 버렸더라 (계 8:7)

두 번째 천사가 나팔을 불 때 다음과 같은 일이 일어난다.

8 둘째 천사가 나팔을 부니 불 붙는 큰 산과 같은 것이 바다에 던져 지매 바다의 삼분의 일이 피가 되고 9 바다 가운데 생명 가진 피조 물들의 삼분의 일이 죽고 배들의 삼분의 일이 깨지더라 (계 8:8~9)

세 번째 천사가 나팔을 불 때 다음과 같은 일이 일어난다.

10 셋째 천사가 나팔을 부니 횃불 같이 타는 큰 별이 하늘에서 떨어 져 강들의 삼분의 일과 여러 물샘에 떨어지니 11 이 별 이름은 쓴 쑥 이라 물의 삼분의 일이 쓴 쑥이 되매 그 물이 쓴 물이 되므로 많은 사람이 죽더라 (계 8:10~11)

네 번째 천사가 나팔을 불 때 다음과 같은 일이 일어난다.

넷째 천사가 나팔을 부니 해 삼분의 일과 달 삼분의 일과 별들의 삼 분의 일이 타격을 받아 그 삼분의 일이 어두워지니 낮 삼분의 일은 비추임이 없고 밤도 그러하더라 (계 8:12)

다섯 번째, 여섯 번째, 일곱 번째 나팔을 불 때 일어난 일을 살 펴보기 전에, 이 심판과 멸망의 대상을 주의 깊게 관찰할 필요가 있다. 심판은 먼저 하나님의 백성인 유대인에게서 시작된다. 일 부 독자가 이 사실을 받아들이기 어려운 이유는 8장에서 11장의 일부 성경 번역이 헬라어 '게[GE]'를 잘못 번역했기 때문이다.

이 단어는 "지구EARTH", "경기장GROUND" 또는 "땅LAND"으로 번역할 수 있는데, 성경 번역자가 자신의 이해에 따라 본문에 사용할 단어를 결정했다. 우리가 신약성경의 나머지 부분을 살펴보면 대부분의 버전에서 '게'라는 단어를 "땅LAND"으로 번역했음을 알 수 있다. 번역자는 일관성을 위해 요한계시록에서 '게'를 "땅"으로 번역한다.

요한계시록 7장에서 11장은 유대인의 땅에서 일어나는 전투를 말한다. 계 8:5에서 천사가 불을 땅에 쏟는다고 표현하는데, 이는 불이 온 세상이 아닌 이스라엘 땅에 쏟아짐을 의미한다.

헬라어 '게GE'라는 용어는 성경의 다른 본문에서도 흔하게 사용된다. 예를 들면, 초대교회가 사용한 헬라어 구약성경에서 '게'는 유대인에게 하나님께서 약속하신 땅에서 추방당하는 이방인을 언급할 때 사용된다(예; 민 32:17; 33:52, 55; 수 7:9; 9:24; 사 1:32; 삼하 5:6; 대상 11:4; 22:18; 느 9:24). 동일한 용어인 땅LAND은 구약 선지자들이 주전 5세기와 6세기에 자신의 땅에서 쫓겨나는 유대인을 말할 때 자주 사용했다(예, 렘 1:14; 10:18; 겔 7:7; 호 4:1; 욜 1:2, 14).

요한이 계시록 8장에서 11장까지 헬라어 '게GE'라는 용어를 사용할 때, 이것은 온 세상이 아니라 이스라엘 땅을 말한다. 요한이 계 8:7에서 땅의 1/3이 불탄다고 묘사하는 것은 온 세상이 아닌 이스라엘 땅의 1/3이 불탄다고 말하는 것이다. 계 8:8~13절의 두 번째에서 네 번째 천사가 나팔을 불며 심판을 시행하는 장면은 이스라엘 땅을 향한 심판이다. 이 심판은 주 후 70년에 몇 달 동안 실제로 일어났다. 이것을 이해하기 위해서 요한이 천국에서 자연계에 영향을 주는 영적 전쟁을 지켜보는 중임을 기억해야 한다. 요한이 흔들리는 별과 해와 달이 어두워지는 것을 볼 때, 이것은 이스라엘을 통치하는 권력자를 향한 하나님의 심판을 의미한다. 결과적으로 영적 세계의 정사와 권세가 심판받는 결과로 자연 세계의 권력자들이 자신의 권력을 잃는다. 수십만 명의 유대인이 고통받고 죽임당했을 때, 영적인 세계에서 영적인 역동성이 실제로 일어났고, 그 결과 자연 세계의 악한 지배자들은 자신의 권좌에서 지위를 잃고 제거되었다.

계시록 9:1~11 ; 다섯 번째 나팔이 울려 퍼지다

다섯 번째 천사가 다섯 번째 나팔을 불 때(계 9:1) 무저갱(어떤 번역에서는 심연ABYSS)이 열리고 전갈 같은 능력을 갖춘 황충이 이마에 하나님의 인을 받지 않은 사람을 해친다(계 9:1~4). 황충의 얼굴은 사람 같고 머리털은 여자와 같으며 이빨은 사자와 같다고 표현한다. 황충의 꼬리는 사람을 쏘는 능력이 있어서 다섯 달 동안 사람들에게 큰 고통을 주었다.

가장 유명한 일부 미래주의자 교사들은 무저갱에서 나온 황충을 하늘에서 떼 지어 내려오면서 고통을 주는 독을 발사하는 미래의 헬리콥터라고 본다. 또 다른 미래주의자는 최근의 이슬람 극단주의자들의 활동을 보고 황충을 언젠가 하나님의 백성을 공격할 모슬렘 테러리스트라고 결론 내린다.

이런 미래주의자들의 해석은 성경을 문자 그대로 받아들인다는 자신의 주장과 완전히 상반되기 때문에 매우 흥미롭다. 우리가 이 구절을 문자 그대로 받아들이면 황금 왕관, 사람의 얼굴, 여인의 머리카락, 사자의 이빨, 전갈의 꼬리를 가진 실제 황충이 땅으로 몰려나온다고 믿어야 한다. 그러므로 미래주의자들이 자신의 주장처럼 성경을 문자 그대로 해석한다면, 헬리콥터나 모슬렘 테러리스트가 무저갱에서 몰려나올 것이라고 말해서는 안 된다. 그래서 미래주의자들이 스스로 요한계시록과 성경을 문자 그대로 받아들인다는 주장은 하나의 신화^{MYTH}일 뿐이다.

부분적 과거주의자들은 황충을 미래주의자들과 다른 방식으로 이해한다. 먼저 황충이 언급되는 다른 성경 구절을 찾는다. 성경에서 황충을 가장 먼저 언급한 구절은 출애굽기 10장으로, 모세가 애굽에 하나님의 심판을 선포했을 때다. 그 이후로 성경에서 황충^{LOCUST}은 심판의 징조로 나타난다. 또 요엘 선지자도 황충을 언급한다.

> 팥중이가 남긴 것을 메뚜기가 먹고 메뚜기가 남긴 것을 느치가 먹고
> 느치가 남긴 것을 황충이 먹었도다 (욜 1:4)

이 구절에서 요엘은 구약 시대에 유대인에게 임한 멸망을 말하는데 실제로 황충이 덮친 것이 아니라 동쪽에서 온 군대가 이스라엘 땅을 파괴하고 수십만 명을 죽였으며 남은 사람을 포로로 잡

아갔다. 사도 요한은 요엘이 사용한 황충이란 단어로 예루살렘에 밀어닥치는 로마군대를 요한계시록 9장에서 묘사한다. 그러므로 우리는 요한계시록에 나오는 황충을 문자적 의미로 보는 것이 아니라, 이 일이 자연계에서 어떻게 나타나는지를 보아야 한다. 황충은 사람들에게 어떤 영향을 미쳤는가? 요점은 황충과 같은 강력한 군대가 와서 상상할 수 없는 방법으로 사람들에게 고통을 주었다는 것이다.

계시록 9:12~21 ; 여섯 번째 나팔이 울려 퍼지다

여섯 번째 나팔이 불리자(계 9:13) 유브라데 강에 결박된 네 천사가 풀려나와 사람의 1/3을 죽인다. 이것은 주 후 70년에 디도 장군이 예루살렘 전쟁에서 네 군단(레기온 LEGION)을 사용한 사실과 일치한다. 인상적인 것은 이 전쟁이 일어나기 전에 네 군단이 유브라데 지역에 본부를 두었다는 것이다.[10] 계속해서 요한은 마병의 수가 2억(이만만)이라고 기록한다. 그러나 이 숫자를 문자 그대로 받아들이는 것은 다음과 같은 몇 가지 이유로 옳지 않다.

첫째, 마병 CAVALRY 으로 번역된 헬라어는 말을 탄 군인을 지칭하며 이 말은 후속 절에도 등장한다. 그러나 현대식 전쟁은 말을 탄 군인이나 많은 숫자의 병력에 승패가 좌우되지 않는다. 현대식 군대는 정보, 공군력, 최신식 기술로 구성된다. 아무리 2억의 마병

---

10. 커트 시몬스(KURT SIMMONS), 시대의 종말(THE CONSUMMATION OF THE AGES), (CARLSBAD, NM: BIMILLENNIAL PRETERIST ASSOCIATION, 2003), pp. 198; 플라비우스 요세푸스, 유대인의 전쟁, V, I, 6; III, IV, 2; 타키투스, ANNUALS, V; 카시우스 디오(CASSIUS DIO), 로마 역사(ROMAN HISTORY), IV, XXXIII.

이 있다 해도, 5만 명의 잘 조직된 현대식 군대와 무기를 이길 수 없다. 이런 관점에서 2억의 마병이란 엄청난 힘을 가진 군대를 상징적으로 나타낸다고 보는 것이 합리적이며 이 재앙이 실제로 주후 70년, 유대인을 덮쳤다.

유대인에게 2억이라는 숫자는 특별한 의미가 있다. 일부 번역에서는 "2곱하기 1만 곱하기 1만"으로 표현하는데, 1만이라는 숫자가 중요한 이유는 유대인들의 위대한 영웅인 다윗왕이 1만 명을 정복했다고 알려졌으며, 심지어 유대인들은 1만 명을 죽이는 능력을 갖춘 다윗을 존경하는 노래까지 만들어 불렀다(삼상 18:7; 21:11). 전쟁의 위협에서 유대인들은 하나님께서 자신과 함께하신다고 격려하면서 골리앗 같은 대적을 물리칠 수 있었다. 사도 요한이 "이만만"의 군대가 유대인을 공격해 온다고 선포했을 때, 유대인들은 저항할 수 없는 엄청난 군대가 몰려오는 환상에 압도되었을 것이다. 그리고 이 예언은 주 후 70년, 유대인에게 성취되었다.

요한은 이 군대가 사람의 1/3을 죽였다고 한다. 그러나 이 1/3의 죽음을 온 세상 사람의 1/3이 죽음이라고 결론 내릴 필요는 없다. 왜냐하면, 우리는 지금 세계 대전이 아니라 이스라엘 땅과 유대인이 겪는 전쟁을 말하고 있기 때문이다. 실제로 디도 장군의 명령에 따라 유브라데 강에서 온 로마 군대가 유대인의 1/3을 살육했다. 그러나 이것은 전쟁의 끝이 아니었다. 요한계시록은 살아남은 나머지 유대인들이 자신의 죄를 회개하지 않았다고 기록하기 때문에(계 9:20~21) 다음 장에 기록된 것처럼 심판이 계속된다.

계시록 10장 ; 요한이 책을 먹다

계시록 10장에서 요한은 심판을 전달하는 또 다른 천사를 기록한다. 천사의 머리 위에는 무지개가 있고, 얼굴은 해와 같고, 발은 불기둥 같았다. 이 천사가 손에 펴 놓인 작은 책을 들고 오른발로 바다를 밟고 왼발은 땅을 밟고 서서 사자의 울음과 같은 큰소리로 외칠 때 일곱 우레가 소리를 발했는데, 요한이 그 내용을 기록하려고 하자 일곱 우레가 발한 것을 기록하지 말고 인봉하라는 말을 듣다. 그리고 요한은 하나님의 명령이 담긴 책을 받아먹으라는 말을 듣는다. 이 내용은 에스겔이 "애가와 애곡과 재앙의 말"이 기록된 두루마리 책을 먹는 성구(겔 2:10)를 떠올리게 한다. 에스겔처럼 요한도 이 책이 꿀처럼 달다는 것을 발견하는데, 이는 우리가 아는 것처럼 하나님의 말씀이 꿀같이 달다는 사실과 같다(겔 3:1~3; 계 10:10). 그러나 이 책에 기록된 말씀은 다가올 심판의 내용이므로 요한의 배에서는 쓰다. 에스겔과 요한 모두 예언의 말씀을 사람들에게 선포하라는 명령을 받는다(겔 3:4; 계 10:11).

계시록 11장 ; 유대인 성전의 파괴

요한계시록 11장은 지금까지 기록된 심판이 영적인 세계에서 이루어졌기 때문에 자연계의 이스라엘과 예루살렘의 파괴로 나타났음을 분명하게 보여준다. 계 11:8에 "그 성은 영적으로 하면 소돔이라고도 하고 애굽이라고도 하니 곧 그들의 주께서 십자가에 못 박히신 곳이라"라는 예루살렘을 향한 직접적인 언급이 나온다. 우리는 예수님께서 예루살렘에서 십자가에 못 박히신 것을 안다. 계시록은 예루살렘의 영적인 실체가 마치 소돔같다고 말한다. 실제로 이스라엘이 소돔과 연관된 몇 개의 성경 구절이 있다(신 32:32; 사 1:9~10; 렘 23:14; 스 16:48~49, 53). 하나님께서는 선지자들을 거부하고 예수님을 십자가에 못 박은 유대인에게 크게 실망하셨으며 예수님께서는 "예루살렘아 예루살렘아 선지자들을 죽이고 네게 파송된 자들을 돌로 치는 자여!"(마 23:37)라고 그 실망을 표현하셨다.

요한은 지팡이 같은 막대기와 함께 예루살렘 성전을 측량하라는 말을 듣는다(계 11:1). 우리는 이 성전이 예루살렘에 있던 실제 성전이며 천국의 영적인 성전이 아님을 안다. 왜냐하면, 요한은 예루살렘 성전이 이방인의 발에 짓밟히기 전에 측량하라는 음성을 들었기 때문이다(계 11:2). 이 해석은 요한이 계시록을 기록할 때 예루살렘 성전이 여전히 존재했다는 우리의 주장을 확인해 준다.

미래주의자들은 이 구절을 다르게 이해한다. 이들은 4장에서 18장의 내용이 미래의 7년 대환란에 성취되기 때문에 요한계시록 사건이 시작되기 전에 먼저 예루살렘 성전이 재건될 것이라고 믿으며, 유대인이 예루살렘 성전을 재건하기를 바라고 돕기 원한다. 대조적으로 부분적 과거주의자들은 요한이 계시록을 기록할 때 성전이 있었다고 보며, 이 성전은 예수님의 예언에 따라 주 후 70년에 파괴되었고, 하나님께서 더 이상 육적인 성전이 다시 세우기를 원치 않으신다고 본다. 예수님의 선포를 확인해보자.

> 보라 너희 집이 황폐하여 버려진 바 되리라! (마 23:38)

다시 말하지만, 신약 시대를 사는 우리는 예수 그리스도의 십자가 공로로 더는 유대인 대제사장과 건물로서의 성전과 동물 희생 제사가 필요하지 않다. 예수님의 궁극적인 희생 제사가 드려졌으므로 다른 희생 제사는 끝났다. 계 11:2는 예루살렘의 멸망을 다음과 같이 말한다.

> 성전 바깥 마당은 측량하지 말고 그냥 두라 이것은 이방인에게 주었은즉 그들이 거룩한 성을 마흔두 달 동안 짓밟으리라

실제로 예루살렘의 유대인을 향해 일어난 전쟁은 정확하게 42개월간 지속되었다. 베스파시안^{VESPASIAN}은 주 후 67년 2월에 네로 황제로부터 예루살렘 함락 명령을 받았고 주 후 70년 8월 함락되었다.[11] 역사적 시간 자료는 요한계시록 11장이 주 후 70년에 예루살렘과 성전이 파괴를 기록한다고 증거한다.

계시록 11:3~12 ; 예루살렘의 두 증인

계시록 11장은 예루살렘의 두 증인을 알려준다.

---

11. 플라비우스 요세푸스, 유대인의 전쟁, VI, II, 1 FN; 데이빗 쿠리에(DAVID CURRIE), 휴거(RAPTURE), (소피스연구소출판, 2003), p. 225.

> 내가 나의 두 증인에게 권세를 주리니 그들이 굵은 베옷을 입고 천
> 이백육십 일을 예언하리라 (계 11:3)

두 증인은 누구인가? 미래주의자들은 미래의 7년 대환란 기간에 예루살렘 거리를 걷는 두 사람을 생각하지만, 부분적 과거주의자들은 이 본문의 문맥을 주 후 70년 예루살렘 멸망에 관한 것으로 본다. 두 증인은 1260일 동안 예언하는데, 이는 3년 반에 해당하며 예루살렘이 전쟁에서 버틴 기간과 같다.[12] 두 증인은 굵은 베옷을 입고 있는데, 베옷은 애도^{MOURNING}를 상징한다. 두 증인은 비극적인 메시지를 전달해야 했다. 모세의 율법에 따르면 사람을 사형에 처하려면 두 명의 증인이 필요하다. 두 증인은 예루살렘에 임박한 멸망을 보고 있었다. 요한은 두 증인을 다음과 같이 설명한다.

> 그들이 권능을 가지고 하늘을 닫아 그 예언을 하는 날 동안 비가 오
> 지 못하게 하고 또 권능을 가지고 물을 피로 변하게 하고 아무 때든
> 지 원하는 대로 여러 가지 재앙으로 땅을 치리로다 (계 11:6)

유대인들이 이 구절을 읽을 때 엘리야와 모세가 자연스럽게 떠올랐을 것이다. 엘리야는 비가 내리지 않도록 하늘 문을 닫았으며, 모세는 다양한 심판의 재앙을 내린 사람이었다. 요한계시

---

12. 이 기간은 앞서 언급한 42개월과는 약간 다른데, 그 이유는 유대인 달력이 1개월을 30일로 계산하는 태음력을 기준으로 하기 때문이다.

록 11장의 두 증인은 모세와 엘리야를 떠올리게 하지만, 우리는 이해를 좀 더 넓힐 필요가 있다. 요한은 다음과 같이 말한다.

> 그들은 이 땅의 주 앞에 서 있는 두 감람나무와 두 촛대니 (계 11:4)

감람나무는 하나님의 기름 부음이 흘러나오는 원천이며 촛대는 빛의 근원을 나타낸다. 과연 역사에서 유대인들에게 두 증인은 누구였는가? 두 증인은 모세와 엘리야뿐만 아니라 더 넓은 의미에서는 율법과 선지자였다. 모세는 유대인에게 율법을 주었고 엘리야는 구약 선지자 중 가장 위대한 사람이다. 그러므로 우리는 두 증인을 통해 율법과 선지자가 인격화된 모세와 엘리야를 보는 것이다. 두 증인을 통해 모세와 엘리야가 세상에 가져온 하나님의 음성을 들어야 한다. 멸망이 임하기 전의 예루살렘 거리에 두 증인을 통해 울려 퍼지는 하나님의 목소리! 또 율법과 선지자는 유대 민족을 책망하는 증거다. 유대인은 하나님과 맺은 언약을 신실하게 지키지 않았으므로 심판을 받을 것이다.

동시에 율법과 선지자는 초대교회의 권위 있는 증거였다. 기독교인이 유대인에게 예수 그리스도를 증거할 당시 기독교인에게는 신약성경이 없었기 때문에 구약의 율법과 선지자들의 그리스도 예언으로 예수님께서 그리스도이심을 유대인에게 증거했다. 그리고 요한은 짐승(로마 황제 뒤에서 권세를 가진 영적 존재)이 두 증인과 싸워 어떻게 죽이는지 설명한다(11:7).[13] 두 증인의 시체는 예루살렘 거리에 방치되고 사람들은 기뻐한다(계 11:8~10). 율법과 선지자(두 증인)는 어떤 식으로 죽음에 이르는가? 예루살렘이 로마 군대에 파괴될 때, 유대인들이 믿은 모든 것이 실패한 것처럼 보였다.

모든 것이 끝났다. 두 증인이 다시 살아날 수 있을까? 불가능해 보였다. 그러나 삼일 반이 되자 "하나님의 생기"가 두 증인에게 돌아왔다(계 11:11). 율법과 선지자의 음성이 부활했다. 부활한 두 증인은 엘리야처럼 하늘로 올라가며(계 11:12) 동시에 "큰 지진이 일어난다"(계 11:13). 전술한 것처럼 묵시적 언어로 지진은 권위의 파멸이나 이양을 의미한다. 두 증인은 하늘로 올라갔지만, 율법과 선지자는 계속해서 교회를 통해 오늘날에도 하나님의 음성을 선포한다.

계시록 11:19 ; 새 성전이 열리다

11장 끝에서 지상 성전이 하늘의 새로운 성전으로 대체된다.

> 이에 하늘에 있는 하나님의 성전이 열리니 성전 안에 하나님의 언약궤가
> 보이며 또 번개와 음성들과 우레와 지진과 큰 우박이 있더라 (계 11:19)

요한계시록 11장 앞에서 이미 예루살렘 성전이 파괴되었다는 사실을 인식할 때, 이 본문에 나타난 사건의 중요성을 깨달을 수

---

13. 어떤 사람들은 베드로와 바울의 역할을 율법과 선지자들의 두 증인과 동일시한다. 둘 다 예루살렘에 선포했고, (대략) 주 후 68년에 네로에게 죽임 당했다.

있다. 옛 성전이 사라지고 새로운 성전이 하늘에서 열린다. 번개와 뇌성과 지진과 우박은 권세의 변화를 나타낸다. 새 성전에는 새로운 대제사장 예수 그리스도께서 계신다.

계시록 11:15~18 ; 하늘의 기쁨

주 후 70년에 예루살렘 멸망이 성취될 때 하늘에서 다음과 같이 선포하는 큰 음성과 함께 기쁨이 있었다.

> 일곱째 천사가 나팔을 불매 하늘에 큰 음성들이 나서 이르되 세상 나라가 우리 주와 그의 그리스도의 나라가 되어 그가 세세토록 왕 노릇 하시리로다 하니 (계 11:15)

이것은 예수님께서 예언하신 대로 유대인이 하나님의 나라를 빼앗겼다는 사실을 의미한다(마 21:43). 그 후에 하늘의 24장로가 하나님께 엎드려 경배하며 고백한다.

> 이르되 감사하옵나니 옛적에도 계셨고 지금도 계신 주 하나님 곧 전능하신 이여 친히 큰 권능을 잡으시고 왕 노릇 하시도다 (계 11:17)

하나님께서 통치하기 시작하셨다[BEGUN TO REIGN]고 찬양하는 내용에 주목하라. 유대인 심판은 끝났지만, 이는 시작에 불과하며 하나님 나라가 계속 확장될 것을 의미한다. 그리고 요한은 "열방이 분노하는 모습"을 기록한다(계 11:18). 우리는 이것이 영적으로, 그리고 자연적으로 어떻게 일어났는지 볼 수 있다. 자연계에서는 로마제국이 유대인들에게 승리를 거두었지만, 열방을 통치하는 악한 영적 능력과 권세는 하나님께서 첫 번째 전투에서 승리하셨음을 목격하고 이제 곧 자신의 통치 영역에 하나님 나라의 침공이 임할 것을 알았다. 그리고 악에 받친 사탄은 실제로 이후 240년 동안 로마제국을 통해 다양한 형태로 기독교인을 박해했다.

전술한 대로, 우리는 하나님께서 유대인을 심판하신 후, 로마제국을 심판하시고 그 후에 온 세상을 심판하시는 것을 안다. 이제 우리는 계시록 12장 이후에서 온 세상에 하나님 나라가 확장되는 결과를 볼 것이다.

유대인 전쟁의 결론

요한계시록의 유대인 심판 부분을 마치면서 현대의 유대인들을 향한 우리의 올바른 관점과 태도를 말하려고 한다. 어떤 사람들은 하나님의 심판을 현대의 반유대주의[ANTI SEMITISM]를 정당화하기 위해 사용하는데, 이는 하나님의 심판을 크게 오해하는 잘못된 태도다. 하나님께서는 구약에서 율법과 선지자를 거부하고 예수님을 십자가에 못 박으며 그 피를 자기와 후손에게 돌리라고 한 유대인들의 심판을 주 후 70년에 끝내셨다. 이후의 유대인 세대는 조상과 아비의 죄가 아닌 자신의 행동에 책임을 지고 더는 조상의 죄에는 책임이 없다(겔 18:20). 하나님께서는 여전히 유대 민족을 버리지 않으셨다. 현대의 유대인들은 하나님과의 영원한 언약(창 17:7, 13; 대상 16:16~17; 시 105:9~10)을 여전히 소유하기 때문에 순종하면 복을 받겠지만, 하나님을 버리면 심판 받을 것이다(신 28장).

마지막으로 유대인들을 향한 하나님의 언약은 언젠가, 유대인들의 눈을 열어 예수님을 메시아로 인정할 것을 보장한다는 사실에 주목하자(롬 11:24~31). 이 내용은 제5장에서 다룰 것이다.

계시록 12장~14장 ; 로마제국의 심판

계시록 12장을 시작하기 전에 하나님의 전체 계획을 새로운 눈으로 살펴보자. 예수님께서 지상에 계시는 동안 하나님 나라가 가까이 왔다고 선포하셨는데, 이것은 구약 전체에서 예언된 메시아 왕국으로, 사탄의 머리를 부수는 나라(창 3:15), 절대 파괴되지 않는 나라(대상 17:11~12)였다. 2천 년 전에 예수님은 부활하신 후, 하늘에 오르사 아버지 우편에 좌정하셔서 권세를 취하셨다.

예수님께서 아버지의 보좌에 좌정하신 이후, 아버지께서는 적극적으로 대적을 정복하셔서 예수님의 통치권을 세우셨다. 유대인들이 하나님 나라를 빼앗긴 후, 하나님께서는 로마제국을 다루셨다. 우리가 다니엘 2장에서 본 것처럼 하나님 나라는 로마제국을 무너뜨린 후, 온 세상에 가득 찰 때까지 계속 확장한다.

요한은 하늘에서 "이 후에 마땅히 일어날 일들을(계 4:1)"을 본다. 계시록 4장 이후로 요한은 하늘에서 이 땅의 모든 나라가 하나님 나라가 되는 지점으로 전진하는 모습을 보고 있다.

요한계시록을 계속해서 연구할 때, 우리는 하나님께서 모든 원수를 굴복시키실 것을 기대해야 하며, 다니엘의 예언대로 로마제국이 멸망하는 것을 본다. 이러한 이해는 요한계시록 12장에서 14장을 이해하기 위한 무대가 되며, 심판의 다음 단계는 주 후 410년 로마의 멸망과 주 후 476년 로마제국의 몰락으로 이어진다.

계시록 12장 ; 여인과 아들

> 1 하늘에 큰 이적이 보이니 해를 옷 입은 한 여자가 있는데 그 발 아래에는 달이 있고 그 머리에는 열두 별의 관을 썼더라 2 이 여자가 아이를 배어 해산하게 되매 아파서 애를 쓰며 부르짖더라 (계 12:1~2)

이 여인은 누구인가? 그리고 그녀가 해산할 아이는 누구인가? 우리는 이 여인이 머리에 열두 별의 면류관을 쓰고 발아래는 달이 있는 모습을 통해 큰 권세가 있음을 알 수 있다. 이 여인이 누구인지 더 이해하기 위해 아이를 알아보자.

> 여자가 아들을 낳으니 이는 장차 철장으로 만국을 다스릴 남자라 그 아이를 하나님 앞과 그 보좌 앞으로 올려가더라 (계 12:5)

요한계시록에서는 예수님을 여러 차례 철장으로 만국을 다스리시는 분으로 묘사하는데, 요한계시록 19장 역시 예수님을 통치자로 묘사한다.

> 그 이름은 충신과 진실이라… 그 이름은 하나님의 말씀이라 칭하더라… 그의 입에서 예리한 검이 나오니 그것으로 만국을 치겠고 친히 그들을 철장으로 다스리며 (계 19:11~15)

우리는 이 구절을 통해 여인이 해산할 남자아이가 만국을 철장으로 다스릴 예수 그리스도라는 것을 알 수 있다. 추가로 우리는 예수님께서 폭정으로 다스리지 않으시는 것을 안다. 다른 번역본에서는 철장을 왕권으로 지칭한다.

요한계시록 12장은 계속해서 "여자가 아들을 낳으니 이는 장차 철장으로 만국을 다스릴 남자라 그 아이를 하나님 앞과 그 보좌 앞으로 올려가더라(계 12:5)"라고 하면서 여인이 낳은 남자아이가 짧은 시간 동안 세상에 있었다고 기록한다. 실제로 예수님은 비교적 짧은 시간 동안 이 땅에서 사역하신 후, 천국으로 올라가셔서 아버지 보좌 오른편에 좌정하셨다. 그렇다면 이 아이를 낳은 여인은 누구인가? 로마 가톨릭 교회는 이 여인을 문자적으로 예수님의 어머니인 마리아라고 생각했고 가르쳤다. 또 어떤 사람은 이 여인을 유대인 국가(이스라엘)라고 주장한다. 또 다른 사람은 이 여인이 교회라고 가르쳤다. 만일 당신이 이런 해석에 국한한다면 너무 편협하게 생각하는 것이다. 우리는 요한이 천국의 보좌에서 영적인 역동성을 통해 이 사건을 보는 것을 기억해야 한다. 그러므로 영적인 의미로 이해해야 한다.

영적인 어머니와 아버지의 개념을 알기 위해 예수님께서 유대 종교 지도자들에게 "너희는 너희 아비 마귀에게서 났으니 너희 아비의 욕심을 너희도 행하고자 하느니라"(요 8:44)라고 하신 말씀을 고려해보자. 예수님께서 마귀가 그들의 아비라고 말씀하시는 것은 문자 그대로의 육신적인 관계성의 의미가 아니라, 그들의 생각과 동기와 욕심이 마귀에서 비롯되었다고 말씀하시는 것이다. 다른 구절에서 예수님께서는 다음과 같이 설명하신다.

> 육으로 난 것은 육이요 성령으로 난 것은 영이니 (요 3:6)

출생에서 아버지나 어머니의 표현이 가진 영적인 원동력을 이해해야 한다. 그러므로 우리가 요한계시록에서 아들을 낳는 여인의 구절을 읽을 때는 여러 시대를 통틀어 이 여인을 봐야 한다. 하나님께서는 에덴동산에서 하와의 후손이 사탄의 머리를 부술 것이라고 약속하셨다(창 3:15). 또 아브라함에게는 후손(즉, 예수님)이 온 세상의 복이 될 것이라고 약속하셨으며(갈 3:16), 다윗의 후손 중 하나가 영원한 나라를 세울 것을 약속하셨다(대상 17:11~12). 하나님께서는 유대인 민족에서 메시아가 나올 것이라고 반복해서 약속하셨으며, 마침내 동정녀 마리아가 실제로 아들을 낳았다.

그렇다면 영적인 관점에서 예수님을 낳은 어머니는 누구인가? 바로 언약을 받은 하와, 아브라함, 다윗, 유대인들 그리고 마리아다. 아들 예수님은 하나님의 백성이 받은 하나님의 약속이자 백성을 향한 하나님의 마음이다. 그리고 하나님의 영이 하나님의 언약, 세상에 오실 독생자를 잉태하신 자궁이다. 하나님의 약속을 받은 이들은 이렇게 고백하자. "말씀대로 내게 이루어지이다"(눅 1:38) 이렇게 여인은 수많은 시대를 통해 하나님의 언약을 받았기 때문에 머리에는 열두 별의 관을 쓰고 발아래에는 달로 대표되는, 모든 것을 정복할 수 있는 권세를 받은 것으로 묘사된다.

우리는 요한계시록 12장의 끝에서 이 여인이 철장으로 만국을 다스릴 예수님의 어머니일 뿐만 아니라 또 다른 많은 자손의 어머니인 것을 볼 수 있다.

> 용이 여자에게 분노하여 돌아가서 <u>그 여자의 남은 자손 곧 하나님의 계명을 지키며 예수의 증거를 가진 자들</u>과 더불어 싸우려고 바다 모래 위에 서 있더라 (계 12:17)

예수님께서는 하나님 아버지의 맏아들이셨으며, 오순절 날에 하나님의 영이 임하심으로 말미암아 **교회**는 수많은 하나님의 자녀를 낳은 여인이 되었다. 이제 우리는 이 여인에게 많은 자손이 있다는 사실을 이해할 수 있다. 바울은 이 여인이 우리 모두의 어머니라고 설명한다(갈 4:26).

계시록 12장 ; 큰 붉은 용은 무엇인가?

요한계시록 12장에 탄생하는 아이를 삼키려는 큰 붉은 용이 나온다. 12:9은 큰 용이 "마귀라고도 하고 사탄이라고도 하며 온 천하를 꾀는 자"라고 한다. 계시록이 기록될 당시에, 사탄은 세상에서 어떻게 역사했을까? 당시는 로마제국이 세상의 중심이었으며, 사탄은 세상의 중심인 로마제국에서 신으로 자처한 황제의 배후에서 교묘하게 역사했다. 그래서 붉은 용 사탄은 로마제국의 권세 아래 있는 많은 지역과 인류에게 영향을 끼쳤다.

과연 사탄은 국가의 정부를 통해서 역사할 수 있었을까? 우리는 계 12:4에서 용이 여인이 낳는 아들을 죽이려는 모습을 본다. 우리가 잘 아는 것처럼 사탄은 실제로 예수님께서 베들레헴에서 탄생하실 때, 로마제국의 위임을 받은 분봉 왕 헤롯을 통해 비슷한 시기에 태어난 남자아이들을 모두 죽였다. 사탄은 아기 예수님을 죽이는 것은 실패했지만 결국 로마제국의 위임을 받은 본디오 빌라도를 통해 예수님을 십자가에 못 박는다.

계 12:17은 로마 정부를 통해 역사하는 큰 붉은 용 사탄을 더 명확하게 드러낸다. 큰 붉은 용 사탄은 여인과 "하나님의 계명을 지키며 예수의 증거를 가진" 여인의 자손에게 분노한다. 여인으로 비유되는 교회와 초대 교회 성도들을 향해 분노하여 싸우려는 사탄은 실제로 로마제국을 통해 1세기와 2세기의 대박해 기간에 수십만 명의 기독교인들을 죽인다. 그러나 이러한 관점은 로마제국의 모든 것이 다 사탄 적이었다는 말이 아니라, 사탄이 세상의 정부를 통해 어떻게 역사할 수 있는지 보여주는 단순하지만 명확한 예다. 이제 영적인 의미에서 로마제국을 바라보자. 사도 요한은 하늘에서 자연 세계에 영향을 주는 영적인 역동성을 보고 있다. 요한계시록의 큰 붉은 용은 로마 정권 그 자체가 아니라 로마 정권이 내놓는 악한 아이디어와 정책의 배후에서 역사한 영적인 힘의 근원이다.

또 큰 붉은 용을 로마제국의 배후에서 역사한 짐승^{BEAST}으로 보는 관점은 특정한 왕국과 왕 또는 왕국의 배후에 역사한 영적인 세력을 짐승으로 언급한 다른 성경 구절과 일치한다. 예를 들면, 다니엘은 환상에 나타난 짐승이 다양한 나라를 나타낸다고 설명한다(예, 단 7:23 "넷째 짐승은 곧 땅의 넷째 나라인데"). 또 짐승이 특정한 나라의 왕을 의미할 수 있다고 한다(예, 단 7:17 "그 네 큰 짐승은 세상에 일어날 네 왕이라"). 다니엘은 또 다른 구절에서 두 뿔을 가진 양이 메대와 바사의 두 왕을 나타낸다고 설명하며(단 8:20) 숫염소는 헬라-그리스 왕국을 의미한다고 한다(단 8:21). 다니엘이 사용한 묵시적 용어$^{APOCALYPTIC\ LANGUAGE}$와 요한계시록의 용어는 매우 흡사하다

요한계시록 12장에서 로마제국의 의미를 이해하면 큰 붉은 용이 "머리가 일곱이요 뿔이 열이라"는 구절의 의미가 무엇인지 이해할 수 있다(계 12:3). 우리는 다니엘의 환상에서 머리와 뿔이 국가 정부의 권한을 의미하는 것을 볼 수 있다.

예를 들면, 단 7:24은 "그 열 뿔은 그 나라에서 일어날 열 왕이요"라고 하는데, 요한계시록에서도 "네가 보던 열 뿔은 열 왕이니"

(계 17:12)라고 구체적으로 말한다. 용의 일곱 머리와 열 뿔은 로마제국을 지배하는 일곱 혹은 열 개의 권세를 나타낸다. 놀랍게도 로마제국의 실제 역사에 의하면 로마제국의 지도자들과 계시록에 언급된 일곱 머리와 열 뿔이 일치한다. 로마제국에는 일곱 명의 시저^{CAESARS}가 있었다. 주 후 68년까지 통치한 아우구스투스 가계의 일곱 황제는 용의 일곱 머리에 해당한다.

로마제국의 일곱 황제

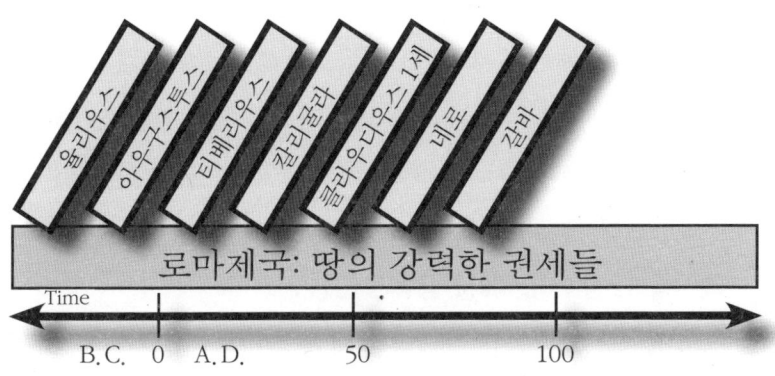

그리고 로마제국은 10개의 지역으로 나뉘어 10명의 지도자가 통치했다. 이것은 용의 열 뿔에 해당한다.

로마제국의 10 개 지역 [14]

아카이아, 가울, 아프리카, 독일, 아시아,
이탈리아, 영국, 스페인, 이집트, 시리아,

요한계시록 12장은 큰 붉은 용은 너무나 명백하게 로마제국 배후의 영적인 힘이었기 때문에 대부분의 미래주의자 조차 큰 붉은 용을 로마제국으로 인식한다. 하지만 미래주의자들은 요한계시록 4장에서 18장의 내용을 미래의 7년 대환란 기간에 성취될 것이라고 보기 때문에 현재를 기준으로 예수님께서 재림하시기 전에 과거의 로마제국에 필적할 만한 정부가 부활해야 한다고 믿을 수밖에 없다(예; 현재의 유럽 연합).

계시록 12장 ; 하늘에서 일어난 전쟁

요한계시록의 용을 로마제국을 통해 역사하는 영적인 세력(사탄)으로 정의하면 사도 요한이 하늘에서 본 영적 전쟁을 이해할 수 있다.

7 하늘에 전쟁이 있으니 미가엘과 그의 사자들이 용과 더불어 싸울 새 용과 그의 사자들도 싸우나 8 이기지 못하여 다시 하늘에서 그들

---

14. 이 지역이 특정 기간에는 다르게 분할되었기 때문에 일부 역사가들은 12개의 지역으로 보기도 한다.

이 있을 곳을 얻지 못한지라 9 큰 용이 내쫓기니 옛 뱀 곧 마귀라고 도 하고 사탄이라고도 하며 온 천하를 꾀는 자라 그가 땅으로 내쫓 기니 그의 사자들도 그와 함께 내쫓기니라 (계 12:7-9)

이것은 이 땅과 상관이 없는 영적인 일이 아니라 이 땅의 실제적인 영역에 변화를 가져오는 하늘의 영적인 전쟁이다. 당신은 이 본문의 영적 전쟁이 언제 일어난 일이라고 생각하는가? 많은 기독교인이 이 본문을 세상이 창조되기 전의 일이라고 잘못 생각하고 있다. 그들은 이 구절을 사용하여 사탄이 한때는 좋은 천사였다가 하늘에서 추방되었다고 가르친다. 하지만 이 설명은 옳지 않다. 사도 요한은 "우리 형제들을 참소하던 자 곧 우리 하나님 앞에서 밤낮 참소하던 자가 쫓겨났고"(계 12:10)고 기록한다.

많은 사람이 사탄이 1세기에 하늘에서 추방되었다는 사실을 받아들이기 어려워하는 이유는 세상이 창조되기 전에 사탄이 하늘에서 추방되었다는 개념에 깊이 고정되어 있기 때문이다. 하지만 우리는 계시록 12장에 사탄이 하나님 앞에서 밤낮 형제들을 참소했다는 사실에 주목해야 한다. 상식적으로 세상이 창조되기 전에는 요한이 "형제들"로 표현할 사람이 없었기 때문에 세상이 창조되기 전에 사탄이 추방되었다는 말이 아닌 것이 확실하다. 이 구절은 1세기에 성취된 것이 맞다.

예수님께서는 요한의 미래에 마땅히 일어날 일을 보여주실 것이라고 말씀하셨기 때문에(계 4:1) 본문은 요한의 생애에 근접한 미래에 일어날 일을 의미한다. 하늘 보좌에 올라간 요한은 보좌에 앉으신 하나님과 우편에 앉으신 예수님을 본다. 예수님께서 하늘 보좌에 앉으시기 전까지 사탄은 세상의 신이었다. 그래서 사탄은 광야에서 예수님을 시험하며 세상을 주겠다고 말할 수 있었다.(마 4:8~9) 그러나 예수님은 사탄의 제안을 받아들이지 않으시고 오히려 사탄을 정복하시고 하늘 아버지께로부터 온 세상의 권세를 받으셨다. 예수님께서는 제자들에게 십자가형을 받으시기 전에 사탄이 패배할 것이라고 말씀하셨다.

> 이제 이 세상에 대한 심판이 이르렀으니 이 세상의 임금이 쫓겨나리라 (요 12:31)

십자가를 지시고 죽으신 예수님께서 죽음에서 부활하심으로 죽음을 정복하셨다. 그리고 예수님께서 하늘로 승천하실 때, 미가엘과 천사들이 용과 전쟁을 벌이고 있었다. 예수님께서 하나님 아버지의 보좌에 앉으셨을 때, 사탄은 완전히 패배했고 하늘에서 쫓겨났으며 하늘에서 큰 음성이 들렸다.

> 내가 또 들으니 하늘에 큰 음성이 있어 이르되 이제 우리 하나님의 구원과 능력과 나라와 또 그의 그리스도의 권세가 나타났으니 우리 형제들을 참소하던 자 곧 우리 하나님 앞에서 밤낮 참소하던 자가 쫓겨났고 (계 12:10)

예수님께서 보좌에 앉으셨을 때 하나님 나라가 세워졌고, 예수님께서 통치를 시작하셨다. 하늘에서 쫓겨난 사탄은 지옥으로 보내지지 않았고 지상으로 내려왔다고 한다.

> 그러므로 하늘과 그 가운데에 거하는 자들은 즐거워하라 그러나 땅과 바다는 화 있을진저 이는 마귀가 자기의 때가 얼마 남지 않은 줄을 알므로 크게 분내어 너희에게 내려갔음이라 하더라 (계 12:12)

사탄이 크게 분노하여 이 땅에 내려 옴

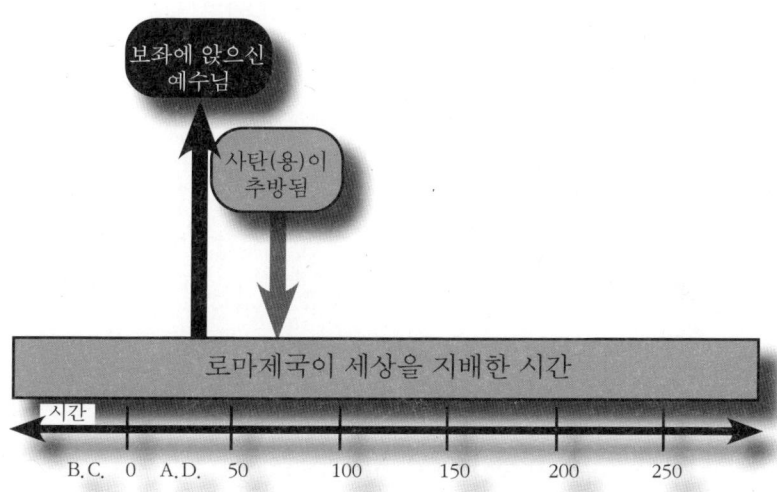

전술한 것처럼 영적인 세계에서 일어난 일이 자연 세계에 영향을 주는 영적인 역동성이 있다면, 계 12장에 기록된 하늘에서 일어난 영적 전쟁이 이 땅에 영향을 준 역사적 사실을 찾을 수 있을까?

4장 계시록의 이해 177

계 12:17절은 "용이 여자에게 분노하여 돌아가서 그 여자의 남은 자손 곧 하나님의 계명을 지키며 예수의 증거를 가진 자들과 더불어 싸우려고 바다 모래 위에 서 있더라"라고 한다. 실제로 로마제국은 네로 황제의 통치 기간인 주 후 54년에서 68년까지 기독교인들을 향해 극심한 박해를 가했다. 주 후 64년 네로 황제는 로마 화재를 빌미로 수천 명의 기독교인을 십자가에 못 박고 들짐승의 가죽을 입혀서 들개에게 먹히도록 하고, 미친 황소에 묶어서 죽을 때까지 끌고 다니도록 하거나, 산 채로 타르를 붓고 불을 붙였다.[15] 이렇게 끔찍한 박해는 정상적인 사람이 할 수 있는 일이 아닌 악마적인 사건이었다. 계 12:12은 로마제국 뒤에 큰 분노를 가진 영적인 존재가 있었음을 알려 준다.

사탄이 로마 황제들의 배후에 역사하여 제국 전체에 자신을 숭배하도록 요구했다. 초기 황제들은 숭배받기를 거부했지만, 점차 황제를 신성시하는 신전이 제국 전역에 건축되었다. 황제마다 아우구스투스나 세바스토스라는 칭호를 받았는데, 이는 "숭배받을 사람"이라는 의미였다. 데시우스 황제(주 후 249-251) 시대까지 황제 숭배가 제국 내의 모든 인종(유대인은 제외)과 국가에게 요구되었으며, 모든 로마 시민은 매년 특정한 날에 시저 신전에 가서 향을 태우고 "시저는 주님이다" 라고 선포해야 했다.

---

15. 코르넬리우스 타키투스, 로마제국 연대기(THE ANNALS OF IMPERIAL ROME) (펭귄서적, 1989), XV, P. 44.

역사에서 일어난 특정한 사건의 배후에 영적인 사건이 있다고 확실하게 말하는 것은 조심스럽지만, 사탄이 하나님의 계명을 지키며 예수의 증거를 가진 자들과 싸우기 위해 지상에 내려온 것과 황제들의 사용한 악마적인 행동을 연관 짓는 것은 합리적이다. 현대 기독교인이 로마 황제의 생애를 연구한다면, 적어도 네로, 칼리굴라, 데시우스가 악마에 사로잡혔을 가능성 DEMONIC POSSESSION 이 있다고 의심해 볼 수 있다. 그러나 좋은 소식은 사탄의 시간이 짧다는 것이다. 다니엘이 기록한 데로 예수님은 로마제국을 완전히 무너트릴 뜨인돌이셨다.

계시록 13장 ; 계시록의 짐승

요한계시록 13장은 바닷가의 모래 위에 선 용(로마제국 배후의 악한 세력)으로 시작한다. 실제로, 로마제국은 이탈리아 반도의 지중해에서 시작되었다. 우리는 예언적 용어로서 바다가 많은 인류(계 17:15)를 의미하는 것에 주목해야 한다. 요한은 짐승을 다음과 같이 묘사한다.

> 내가 보니 바다에서 한 짐승이 나오는데 뿔이 열이요 머리가 일곱이라 그 뿔에는 열 왕관이 있고 그 머리들에는 신성 모독 하는 이름들이 있더라 (계 13:1)

이 짐승은 누구인가? 우리는 이 짐승이 용과 같은 장소에서 나오는 모습을 보았고, 요한은 용이 이 짐승에게 "자기의 능력과 보좌와 큰 권세를 그에게 주었더라"고 설명한다(계 13:2). 다니엘에서 짐승은 종종 통치자를 의미하므로, 계시록의 짐승은 로마제국 통치자 중 한 사람으로 볼 수 있다.

역사의 사건을 연구해 보면, 네로 황제가 요한계시록의 짐승 묘사와 얼마나 정확하게 들어맞는지 놀라곤 한다. 요한은 이 통치자가 하나님을 매우 악독하게 모독하는 모습을 설명한다(계 13:5-7). 실제로 당시에 네로보다 더 악한 통치자를 찾기 어렵다. 네로는 사람들이 자신에게 바치는 경배를 즐기면서 로마에 약 36m 높이의 자기 신상을 세웠다. 에베소에서는 네로를 "전능하신 하나님"과 "구세주"라고 지칭하는 비문을 찾아볼 수 있다. 네로는 임신한 아내를 발로 차서 죽인 것을 포함하여 가족을 많이 죽였다.

또 네로는 자신의 동성애 성향을 뻔뻔하게 공개적으로 드러냈는데, 거의 모든 대중적인 공개 행사에서 한 소년과 결혼식을 올린 후 거세하여 자신의 아내처럼 취급했으며, 자신의 어머니와 근친상간 관계를 유지했고, 때때로 네로는 짐승처럼 차려입고 남녀 죄수를 공격하여 강간하고 살해했다. 네로는 자신의 이빨로 죄수의 성기를 물어뜯는 것을 즐겼다. 네로는 사람들이 고문당하며 극악무도한 방법으로 죽어가는 모습을 매우 즐겁게 바라보다 31세의 나이로 자살했다.

> ### 제롬
>
> 도미티우스 네로의 두드러진 야만성과 사악함 때문에 그가 적그리스도라고 생각하는 사람이 많았다.
>
> (다니엘 주석(COMMENTARY ON DANIEL, 단 11:27-30의 주석, 2007년 12월 1일자, HTTP://WWW.PRETERISTARCHIVE.COM/STUDYARCHIVE/J/JEROME_SAINT.HTML)

> ### F. W. 파라(FARRAR)
>
> 이레니우스에서 4세기의 페타우의 빅토리우스와 코모디언, 5세기의 안드레아스, 8세기의 성 베아투스에 이르는 초대 기독교 저자 모두가 네로 또는 어떤 로마 황제를 계시록에 나타난 짐승과 연관시킨다.
>
> (초기 기독교(THE EARLY DAYS OF CHRISTIANITY), 1884, P. 541, 2007년 12월 1일자, HTTP://WWW.PRETERISTARCHIVE.COM/STUDYARCHIVE/F/FARRAR-FW_WESTMINSTER.HTML)

현대의 미래주의자들과 다르게 역사적으로 초대교회는 보편적으로 네로가 계시록의 짐승이라고 생각했다. 심지어는 기독교가 아닌 일반 사회에서도 네로를 짐승이라고 불렀다. 예를 들어 티라나의 아폴로니우스$^{APOLLONIUS\ OF\ TYRANA}$는 다음과 같이 기록한다.

> 나는 그 누구보다 넓은 지역을 여행하면서 아라비아와 인도에서 많은 짐승을 목격했다. 그렇지만 폭군이라고 불리는 이 짐승은 머리가 얼마나 많은지, 발톱이 구부러졌는지, 끔찍한 이빨로 무장했는지

4장 계시록의 이해 181

모르지만... 내가 알기로는 자기 어미를 먹는다고 알려진 짐승은 없었는데, 네로는 그렇게 했다.[16]

계시록 13:3 ; 살해된 후 치료됨

그의 머리 하나가 상하여 죽게 된 것 같더니 그 죽게 되었던 상처가 나으매 온 땅이 놀랍게 여겨 짐승을 따르고 (계 13:3)

이런 임사$^{NEAR-DEATH}$체험은 로마제국이 거의 멸망에 이른 기간과 관련한다. 주 후 64년에 로마의 1/3이 불에 탔으며 네로의 통치를 둘러싼 여러 해에 네 명의 황제가 살해되었고, 세 번의 내전이 있었으며 제국의 주변에 수많은 국외 전쟁이 발생했다. 요세푸스는 로마가 거의 "폐허"[17] 상태였으며 "통치권에 속한 거주할 만한 모든 땅이 안정되지 않은 혼란 상태였다"라고 기록했다. 타키투스는 로마가 거의 종말에 이른 상태였다고 묘사하며[18], 베스파시아누스가 즉위한 후에야 비로소 평화와 질서를 회복했다.

계시록 13:5~8 ; 성도를 향한 박해

여러번 언급했듯이, 네로 황제는 로마 화재의 책임을 초대 교회에 전가하여 대박해를 명령했다. 요한은 네로라는 짐승이 42개

---

16. 필로스트라투스(PHILOSTRATUS), 아폴로니우스의 생애, 존 T. 로빈슨의 REDATING THE NEW TESTAMENT(펜실베니아주 필라델피아: 웨스트민스터, 1976) P. 235).
17. 플라비우스 요세푸스, 유대인의 전쟁(THE WARS OF THE JEWS), IV:XI:5.
18. 코르넬리우스 타키투스, 역사(HISTORIES), 1.11.

월 즉, 3년 반 동안 권세를 받아 성도를 모욕하고 "싸워 이긴" 사실을 설명한다(계 13:7). 놀랍게도 기독교인을 향한 네로의 박해는 주 후 64년 11월 중순에서 그가 자살한 68년 6월 초까지 정확히 42개월간 지속했다.[19] 이는 용(사탄)이 짐승(로마 황제)에게 권세를 주어 42개월 동안 성도를 박해하고 모든 사람이 짐승을 경배하도록 한다는 요한의 묘사와 정확하게 일치한다(계 13:8).

일부 성경 번역본은 세상의 모든 사람이 그(네로)를 경배한다고 (따른다고) 언급하지만, "세상^{EARTH}"이라는 단어가 헬라어 '게^{GE}'로 번역되며 "땅^{LAND}"으로도 번역될 수 있음을 다시 한번 지적할 필요가 있다. 그러므로 우리는 요한이 온 세상이 아니라 자신이 살던 땅에서 일어난 일을 묘사한 것이며, 이 문맥에서는 황제를 숭배해야 했던 로마제국에 속한 사람들을 의미한다고 이해할 수 있다.

계시록 13:16~18 ; 짐승의 표

요한은 짐승이 누구인지 알아볼 수 있는 숫자 666을 언급한다. 이 숫자는 현대 교회에 엄청난 논쟁을 불러일으켰다. 많은 미래주의 설교자와 저술가 및 영화 제작자가 수천만 명의 마음에 종말의 공포를 심어주기 위해 666을 사용했다. 우리에게 중요한 것은 666이라는 숫자를 초대교회 성도가 이해한 것처럼 이해하려고 노력해야 한다는 것이다.

---

19. 데이빗 칠톤(DAVID CHILTON), 복락원(PARADISE RESTORED), (텍사스주 타일러: 도미니언 출판, 1994), p. 179.

종말론 연구자들에게 666이라는 숫자가 네로의 이름과 같다는 것은 잘 알려진 사실이다. 히브리어 알파벳이 숫자 값이 있는 것처럼 로마 알파벳의 특정한 문자도 숫자로 사용된다. "I"는 1, "V"는 5, "X"는 10, "L"은 50, "C"는 100, "D"는 500을 의미한다. DCLXVI라는 로마 글자는 숫자로 666과 같다. 로마 숫자를 이해하는 사람이라면 이런 계산과 해석은 그렇게 어려운 것이 아니기 때문에 당시에 어느 정도 교육을 받은 유대인이라면 666에서 네로의 이름을 읽어내는 것은 어렵지 않았다. 네로 시저[NERO CAESAR]의 히브리어 스펠링은 Nrwn Qsr이며 히브리어 값은 정확하게 666이다.[20] 그러므로 당시의 초대교회 교인은 계시록의 666이란 숫자를 읽을 때 자연스럽게 네로를 떠올렸을 것이다.

그렇다면 왜 사도 요한은 네로의 이름 대신 666이라는 숫자를 사용했을까? 요한계시록은 엄청난 박해를 받는 기독교인에게 쓴 편지다. 로마제국의 통치 아래에서 수많은 기독교인이 고문과 죽임을 당했다. 당시에는 기독교인이 네로에 관한 부정적인 내용을 기록한 문서를 소지하다 잡히면 즉시 체포되어 감옥에 갇히고 원형 경기장으로 보내져 죽임당했다. 이런 위중한 상황에서 네로의 이름을 드러내는 것은 아주 위험한 일이다. 초기 기독교인들은 대부분 유대인 개종자였으므로 네로의 이름을 드러내지 않아도 666이라는 숫자를 보면 네로를 의미하는 것임을 이해했다.

---

20. 커트 시몬스(KURT SIMMONS), 시대의 종말(THE CONSUMMATION OF THE AGES), (CARLSBAD, NM: BIMILLENNIAL PRETERIST ASSOCIATION, 2003), P. 268; R. C. SPROUL, 예수의 마지막 날들(THE LAST DAYS ACCORDING TO JESUS) (GRAND RAPIDS, MI: BAKER BOOKS, 1998), PP. 186-188.

초대교회 교인들은 요한이 언급한 사람이 네로라는 사실을 당시의 시대적인 상황에서 분명하게 알았다.

이제 미래주의자들의 주장인 666이 미래의 어떤 사람(적그리스도나)이라는 끊임 없는 주장을 살펴보자. 가장 많은 관심을 끄는 이야기는 문자 그대로 미래에 적그리스도가 나타나 세계의 경제 체제를 장악한 후, 모든 경제를 통제할 것이라는 가르침이다. 이들은 적그리스도가 모든 사람의 이마나 오른손에 전산화된 칩을 받도록 요구할 것이므로 이런 경제적 통제가 실제로 가능할 것이라고 주장한다. 그러나 중요한 것은 요한계시록에 "적그리스도"라는 단어가 단 한 번도 언급된 적이 없으며, "적그리스도"라는 단어가 사용된 유일한 장소는 요한일서와 요한 이서에만 있다. 미래주의자들에게는 안타깝게도 요한 일서와 이서에 기록된 적그리스도를 계시록의 짐승과 동일시할 성경적 근거가 없다(적그리스도는 제6장에서 자세히 살펴보기로 한다).

다음으로 미래주의자들이 주장하는 짐승의 표 관점을 살펴보자. 오늘날 우리는 기독교 서점에 가면 어렵지 않게 미래의 적그리스도와 짐승의 표에 관한 책을 볼 수 있다. 하지만 하나님의 표에 관한 책은 거의 없다. 당신은 요한계시록에 하나님의 표, 하나님의 봉인, 하나님의 백성의 이마에 기록된 하나님의 이름이 짐승의 표와 정확하게 같은 회수로 둘 다 일곱 번 계시록에 언급된다는 사실을 아는가? 이것이 우리에게 시사하는 바가 매우 크다.

미래주의자들이 늘 짐승의 표를 말하면서 하나님의 표는 전혀 언급하지 않는다는 사실은 그들의 가르침이 영적인 균형을 이루지 못하고 한쪽으로 치우쳐 있음을 보여준다. 우리는 기독교인으로서 짐승의 표에만 관심을 두는 것보다, 지금도 살아 계셔서 우리 삶 가운데 역사하시는 하나님의 표에 더 관심을 가져야 하지 않을까?

또 우리는 하나님의 표와 비슷한 사고의 틀로 짐승의 표를 이해해야 한다. 만일 짐승의 표를 문자 그대로 이해한다면 하나님의 표도 문자 그대로 이해해야 한다. 우리가 짐승의 표를 영적으로 받아들인다면 하나님의 표도 영적으로 받아들여야 한다. 이것이 우리가 성경을 해석하는 정직한 방법이다. 짐승의 표와 하나님의 표 모두 요한계시록에서 언급되며 심지어 같은 장(14장)에서 함께 언급된다. 그런데 왜 미래주의자들은 오직 짐승의 표만 언급하고 전산화된 칩을 사람들의 이마나 오른손에 받는 것을 말하면서 두려움을 주는가? 그렇다면 미래주의자들은 하나님의 표도 짐승의 표처럼 전산화된 칩이라고 믿는가? 당연히 그렇지 않다. 이것은 "칩 공포^{CHIP SCARE}"의 어리석음을 나타낸다. 올바른 접근은 하나가 문자적이면 다른 하나도 문자적이며, 하나가 영적이면 다른 하나도 영적으로 보는 것이다. 우리는 성경을 사용하는 방식에 일관성을 가져야 한다.

부분적 과거주의자들은 두 가지 표 모두 영적인 의미에서 이해해야 한다고 믿는다. 사탄의 손아귀에 자신을 맡긴 사람들은 생각과 하는 일에 악의 표를 받을 것이다. 그러나 하나님께 자신을 드린 사람들은 그 생각과 하는 일에 하나님의 표를 받을 것이다. 당신의 백성을 향한 하나님의 인은 성령님이시다. 마찬가지로 자신의 삶과 마음을 사탄에게 주는 사람들은 악한 영을 표로 받을 것이다.

자, 이제 요한계시록이 쓰인 맥락에서 전체적인 토론을 다시 시작하자. 사도 요한은 계시록을 실제적인 박해를 견디는 기독교인을 대상으로 기록했다. 이 박해는 그 이름값을 계산하면 666과 같은 사람을 통해 자행되었다. 1세기 기독교인들은 이 숫자가 누구를 의미하는지 분명히 이해했다.

계시록 14:1~5 ; 144,000명의 기독교인

계시록 14장은 하나님의 보좌 앞에서 새 노래를 부르는 144,000명의 묘사로 시작한다. 이들은 예수님의 이름을 가지고 이마에는 하나님의 이름이 기록된 초기 기독교인이다(계 14:1). 이들은 대박해 기간에 고문과 죽음에 직면했을 때 믿음을 져버리지 않은 신실한 기독교인들이다.

> 3 …땅에서 속량함을 받은 십사만 사천 밖에는 능히 이 노래를 배울 자가 없더라 4 이 사람들은 여자와 더불어 더럽히지 아니하고 순결한 자라 어린 양이 어디로 인도하든지 따라가는 자며 사람 가운데에서 속량함을 받아 처음 익은 열매로 하나님과 어린 양에게 속한 자들이니 (계 14:3~4)

역사적으로 1세기에 두 번의 큰 박해가 있었는데 첫 번째는 네로 통치 기간(주 후 64~68년)이며, 두 번째는 도미티안 통치 기간(주 후 81~96년)이었다. 계시록 14장에는 순교자 수가 144,000명이라고 나오는데 앞에서 본 바와 같이 144,000이라는 숫자는 문자적으로 다수를 예표하는 것으로 받아들일 수 있다. 이 144,000명의 기독교인이 대박해 기간에 순교자로 자신의 목숨을 바쳤다.

세 가지 심판의 개요

요한계시록 14장을 본격적으로 연구하기 전에, 하나님의 세 가지 심판의 관점을 다시 한번 정리할 필요가 있다. 앞서 우리는 일부 부분적 과거주의자가 요한계시록 4장부터 18장까지의 모든 심판을 예루살렘과 유대인에게만 국한 시킨다고 설명했다. 그러나 이 책에서는 첫 번째 심판은 유대인, 두 번째 심판은 로마제국, 세 번째 심판은 온 세상의 악에 대한 것이라고 본다.

우리는 요한계시록 7장부터 11장까지를 연구하면서 하나님께서 첫 번째 심판을 통해 예루살렘과 유대인을 심판하시는 모습을 보았다. 요한계시록은 예루살렘이 예수님을 죽인 도시(계 11:8)라고 설명한다. 그리고 요한은 로마 군대를 통해 성전이 훼손되기 전에 측정했다(계 11:1). 우리가 알아본 많은 증거와 함께 하나님의 첫 번째 심판은 예루살렘과 초기 유대인에 관한 것이라고 결론 내리는 것이 합리적이다.

요한계시록 7장 3절에서 8절은 첫 번째 심판이 시작되기 전에 144,000명의 "이스라엘 자손(유대인)"이 죽지 않도록 봉인되었다고 한다. 반면에 요한계시록 14장 1절에서 5절은 역시 144,000명의 "기독교인"을 소개한다. 우리는 두 번째 144,000명이 이마에 예수 그리스도의 이름으로 인침 받은 것을 통해 이 그룹이 기독교인이라는 것을 알 수 있다. 요한계시록 14장의 144,000명과 7장의 144,000명은 다른 그룹이다. 이 구별은 다른 두 심판과 일치하기 때문에 중요하다. 첫 번째 심판은 예루살렘과 초기 유대인을 향했고, 두 번째 심판은 첫 3세기 동안 수많은 기독교인을 살해한 로마제국을 향한 것이었다.

세 가지 심판이 모두 예루살렘과 유대인을 향한 것이라고 보는 부분적 과거주의자들은 첫 번째 심판의 "큰 성"(계 11:8)과 두 번째 심판의 "큰 성"(계 17:18)의 유사점 때문에 같은 것으로 생각한다. 그러나 이 관점의 문제점은 "큰 성"이라는 이름을 제외하고 각 본문에서 묘사하는 모습이 매우 다르다는 데 있다. 요한계시록이 처음 쓰인 당시의 헬라어는 명사에 남성형과 여성형이 있다. 요한계시록 11장의 "큰 성"은 예루살렘을 가리키며 모두 여성형으로 기록되었다. 그러나 14장에서 "큰 성"이 언급될 때는 모두 남성형으로 기록되었다. 이것은 굉장히 중요한 문제다. 11장에 여성형으로 기록된 "큰 성"은 예루살렘이다. 그러나 14장에 남성형으로 기록된 "큰 성"은 로마를 의미한다. 우리는 요한계시록 12장부터 14장까지의 묘사가 로마와 얼마나 일치하는지 이미 살펴보았다.

요한이 두 번째 "큰 성"을 언급할 때, 음녀가 일곱 산에 앉아 있다고 한다(계 17:9). 앞서 본 것처럼 일곱 산은 로마의 일곱 황제를 의미한다(계 12:3). 실제 로마에는 일곱 황제가 있었고, 지형적으로 일곱 산으로 둘러싸여 있었다. 로마는 "일곱 언덕의 도시(고대에는 Septimontium으로 불렸다)"로 널리 알려졌다. 그러나 예루살렘과 일곱 산을 연관 지을 역사적 기록은 없다. 사실, 유대인들은 예루살렘 자체를 성전산, 혹은 시온 산이라고 하는 하나의 산으로 불렀을 뿐이다. 이런 구분은 요한계시록의 수신자이며 로마가 일곱 언덕에 있는 도시 SEVEN HILLS라는 것을 알았던 초기 기독교인들에게 매우 명확한 분별력과 이해력을 제공했을 것이다.

예루살렘과 로마라는 두 "큰 성"은 많은 구별 점이 있다. "큰 성(여성형)" 예루살렘은 소돔과 애굽으로 불렸다(계 11:8). 현대의 악한 도시를 소돔과 고모라로 부르는 것을 보면 과연 거룩한 성 예루살렘을 소돔이라고 부르는 것이 옳은지 의문이 들 수 있다. 왜냐하면, 소돔은 성도착적 죄악이 만연한 곳이었기 때문이다. 그러나 유대인 독자들은 소돔이라는 언급이 하나님을 버리고 간음한 것을 의미한다고 이해했을 것이다. 예루살렘과 소돔의 연합은 성경의 다른 많은 곳에서 하나님의 언약을 저버린 것을 암시한다(신 32:32, 사 1:9~10, 렘 23:24, 겔 16:48~49, 53). 또 예루살렘이 애굽으로 불렸다는 것을 보고 유대인 독자들은 애굽의 노예 상태를 떠올렸을 것이다. 그러므로 예루살렘을 소돔과 애굽으로 비유하는 것은 당시의 유대인들이 어떻게 세상의 노예로 남았는지를 암시하는 요한의 방법이었다.

반면, 또 다른 "큰 성(남성형)" 로마는 소돔과 애굽과 관련한 아무런 언급도 없는 대신 음녀와 바벨론이 언급된다. 우리는 이제 이 음녀와 바벨론이 무엇을 의미하는지 알아볼 것이다. 또 계시록 17장 18절에는 두 번째 "큰 성"이 땅의 왕들을 다스렸다고 한다. 사실 로마제국의 황제는 여러 다른 작은 왕을 통치했다. 두 "큰 성"은 같은 도시가 아니다. 하나는 예루살렘이고 다른 하나는 로마다. 왜 요한은 다른 두 도시를 같은 이름으로 표현했을까?

이유는 단순하다. 계시록의 수신자인 독자들이 극심한 박해를 받고 있었기 때문이다. 로마를 부정적으로 언급하는 사람은 로마 정부에 의해 살해당했고, 로마 군대에 의한 예루살렘의 멸망을 부정적으로 언급하는 자료를 가지고 있는 사람은 예루살렘의 지지자로 주목받았을 것이다. 게다가 유대인들은 요한의 비유적인 언급을 잘 알았기 때문에 예루살렘과 소돔의 비유, 로마와 바벨론의 연결 고리를 이해했다.

계시록 14:6~7 ; 영원한 복음

요한은 순교한 성도들을 천상에서 본 후 "땅에 거하는 자들에게 전할 영원한 복음을 가지고 공중을 날아가는 다른 천사"를 본다(계 14:6). 우리는 이 구절을 통해 역사 가운데 영혼의 추수와 함께 나타나는 사건을 살펴볼 필요가 있다.

계시록 14:8 ; 바벨론은 무엇인가?

추수의 천사가 지나간 후 다른 천사가 다음과 같이 선포한다.

무너졌도다 무너졌도다 큰 성 바벨론이여 모든 나라를 그 음행으로 인하여 진노의 포도주로 먹이던 자로다 하더라 (계 14:8)

로마는 계시록 14장에서 18장까지 바벨론이라고 불렸다. 이 이유를 알아보려면 지중해 주변의 역사를 이해할 필요가 있다. 고대에 바빌로니아, 메데 바사 제국, 그리스, 로마라는 강력한 네 민족 그룹이 있었다. 유대인에게 네 민족 그룹은 이교도, 압제자, 개와 같은 존재였다. 네 민족 그룹이 다스렸던 지역은 시간이 지남에 따라 다른 그룹으로 지배권이 넘어갔지만, 초기 유대인들에게는 그저 압제자이며 하나님의 원수였을 뿐이다.

더구나 바벨론은 로마보다 먼저 예루살렘과 성전을 파괴한 민족으로 유대인들에게 알려졌다. 주전 425년에 느부갓네살 왕은 예루살렘을 침공해서 30개월간의 압박 끝에 질병과 굶주림에 빠진 예루살렘을 함락시켰다. 거의 백만 명의 유대인이 살해되었고, 예루살렘 도시 전역이 불탔으며, 성전이 파괴되었다. 그리고 이 대학살에서 살아남은 유대인들은 약속의 땅에서 노예로 끌려 나왔다. 유대인을 향한 바벨론의 침략 전쟁의 중요성을 아무리 강조해도 지나치지 않다.

현대의 기독교인들이 주 후 70년의 로마 군대에 의한 예루살렘 침략을 처음들을 때, 아무도 자신에게 이 중요한 사건을 이야기해주지 않았다는 사실에 충격을 받는다. 마찬가지로 주전 425년의 바벨론 전쟁이 유대인의 역사와 성경에서 얼마나 중요한지 잘 인식하지 못한다. 유대인의 삶은 성전에서 이루어지는 종교예식을 중심으로 이루어졌다. 그러나 솔로몬의 성전이 파괴되었고, 하나님의 임재와 축복을 상징하는 법궤를 잃어버렸기 때문에 하나님의 버림을 받았다고 유대인들은 느꼈다. 구약의 크고 작은 선지자들이 언급하거나 기록한 자료들은 예루살렘과 바벨론 전쟁에 초점을 맞추고 있다. 이것은 예레미야를 통해 가장 분명하게 묘사된다. 현대에도 유대인들은 매년 예루살렘과 첫째 성전 파괴 사건을 기억할 때, 예레미야 애가를 읽는다.

1세기 유대-기독교인들이 바벨론에 대해서 들으면, 자연스럽게 주 전 5세기의 멸망을 기억했다. 그만큼 "바벨론"이라는 명칭은 남다른 의미가 있다. 현대의 어떤 도시를 "소돔과 고모라"라고 부르는 것은 매우 부정적인 의미가 있는 것처럼 초기 유대인들도 "바벨론"을 언급함으로써 특정 도시가 이교도들과 하나님을 대적하는 것으로 가득했다는 점을 암시했다. 이 도시는 그 존재 자체가 하나님의 원수였다. 이것은 로마가 요한계시록에서 "음녀"라고 불리운 것과 비슷하다.

"바벨론"이라는 명칭은 죄가 가득 담긴 의미에서 특별히 교만을 의미한다. 바벨론이 교만이라는 의미는 바벨탑이 세워진 때로 거슬러 올라간다. 바벨탑은 자신을 높이려는 사람들의 노력을 나타낸다. 그리고 후에 선지자 시대에 바벨론 왕은 자신의 교만으로 이렇게 선포했다. "내가 하늘에 올라 하나님의 뭇 별 위에 내 자리를 높이리라"(사 14:13). 우리는 계시록에서도 이와 비슷한 언급을 본다. "자기를 영화롭게 하였으며 사치하였든지"(계 18:7). 요한은 "나는 여왕으로 앉은 자요 과부가 아니라 결단코 애통함을 당하지 아니하리라"(계 18:7)는 말로 바벨론의 교만을 지적한다.

 마지막으로 요한계시록에서 로마를 바벨론이라고 언급할 때에, 요한은 비유 이상의 의미를 사용하는 것이다. 계시록에서 요한은 하나님의 보좌에서 로마제국을 향한 하나님의 심판을 보고 있다. 요한은 자연적인 결과를 낳는 영적인 역동성$^{\text{SPIRITUAL DYNAMICS}}$을 보았다. 사탄이 로마제국의 배후에 역사하는 붉은 용으로 작용한 것처럼(계 12:8~9) 바벨론에 역사했던 교만이라는 악한 영$^{\text{EVIL SPIRIT OF PRIDE}}$이 로마에도 작용했다. 사람들의 경배를 받기 원했던 로마 황제들에게 교만이라는 사악한 영이 역사했다. 수천 년 동안 거의 모든 도시의 이방인이 신을 숭배했다는 사실을 이해하면 도시 배후의 영적인 세력을 더 쉽게 이해할 수 있다. 물론, 이런 것은 실제 신이 아니라 죽은 동상, 상상의 존재 또는 악령을 의미한다. 역사 속에서 사탄과 그 무리는 사람의 숭배를 받았으며 특정한 도시와 관련이 있다. 요한이 로마/바벨론의 심판을 이야기 할때, 이것은 사람들의 마음과 로마 황제의 마음에 역사했던 악한 영의 심판을 언급하는 것이다.

계시록 14:8 ; 바벨론의 몰락

요한은 바벨론 성의 몰락을 보았다.

또 다른 천사 곧 둘째가 그 뒤를 따라 말하되 무너졌도다 무너졌도다 큰 성 바벨론이여 모든 나라에게 그의 음행으로 말미암아 진노의 포도주를 먹이던 자로다 하더라 (계 14:8)

기독교에서 예수 그리스도의 죽음과 부활을 제외하고 가장 중요한 사건은 주 후 312년과 313년에 일어났다. 이 시기에 앞서 기독교인들은 박해를 받았으며 어떤 기간은 더 참혹했다. 수십만 명의 기독교인이 고문과 죽임을 당한 때에 콘스탄틴 황제가 등장한다. 그는 큰 전투에 나가기 전에 그리스도의 표시 아래 싸우면 승리를 얻을 것이라는 환상을 본다.

콘스탄틴은 병사들에게 그리스도라는 이름의 처음 두 글자(CHI와 RHO)를 방패에 새기고 전투에 나가 큰 승리를 거두었고, 이로 말미암아 기독교의 강력한 지지자가 된다. 오늘날 우리는 콘스탄틴이 예수님께 얼마나 개인적으로 진실되게 헌신했는지는 알 수 없지만, 그가 예수님께 무릎 꿇고 엎드린 것은 안다. 만일 교만의 영이 권위를 잃어버린 역사적 사건을 찾는다면, 그것은 바로 콘스탄틴 황제가 예수님께 엎드린 사건이라고 할 수 있다.

계시록 14:6-7 ; 복음의 전진

콘스탄틴이 예수님께 무릎 꿇은 그다음 해인 주 후 313년, 기독교를 합법화하고 엄청난 재산을 기부하는 것을 포함하여 기독교에 많은 선물을 제공했다. 콘스탄틴은 로마에 최초로 거대한 기독교 성당을 세웠으며 제국 전체 도시에 많은 교회를 세웠다. 이것은 계시록에서 매우 중요한 부분이다. 바벨론의 멸망을 이야기하는 같은 장에서 복음의 전진을 선포하기 때문이다. 요한은 "또 보니 다른 천사가 공중에 날아가는데 땅에 거주하는 자들 곧 모든 민족과 종족과 방언과 백성에게 전할 영원한 복음을 가졌더라"(계 14:6)라고 기록한다.

콘스탄틴이 예수님께 굴복한 날, 세상이 변했다. 콘스탄틴은 겸손을 취했고 바벨론(교만)을 지배하는 영이 권위를 잃었으며, 예수님께서 제국의 추수를 시작하셨다. 천사가 복음을 가지고 파송되었으며(계 14:6~7) 요한은 예수님을 보았고, 천사들이 큰 추수를 위한 낫을 휘둘렀다(계 14:14~16). 이 기간에 기독교는 폭발적으로 성장했으며 수백만 명의 사람이 기독교 신앙에 새롭게 충성을 맹세했다. 이때 교회에 가입한 사람들이 실제로 그리스도께 진지하게 헌신했는지는 알 수 없지만, 5세기 말까지 로마제국의 많은 사람이 기독교인이 되었음을 알 수 있다.[21] 주 후 3세기동안 기독교인이 되는 것은 불법이었다.

---

21. 케네스 스콧 라토렛(KENNETH SCOTT LATOURETTE, 기독교 역사(A HISTORY OF CHRISTIANITY), VOL. 1, (NEW YORK: HARPER AND ROW, 1975), P. 97.

로마인들은 많은 신을 숭배했다. 그러나 313년부터 로마제국 전역에서 예수 그리스도를 증거할 수 있었다. 그리고 380년에 기독교는 로마제국의 승인된 유일한 종교가 되었으며, 5세기 말에는 로마제국 백성의 다수가 기독교인이라고 자처했다. 바벨론이 몰락했을 때 로마제국의 대추수가 시작되었다. 이 연관성은 제자들의 복음 전파를 기록한 누가복음과 비슷하다. 제자들이 돌아왔을 때 예수님께서는 "사탄이 하늘로서 번개같이 떨어지는 것을 내가 보았노라"(눅 10:18)고 말씀하셨다. 복음 전파와 사탄의 몰락은 직접적인 관계가 있다.

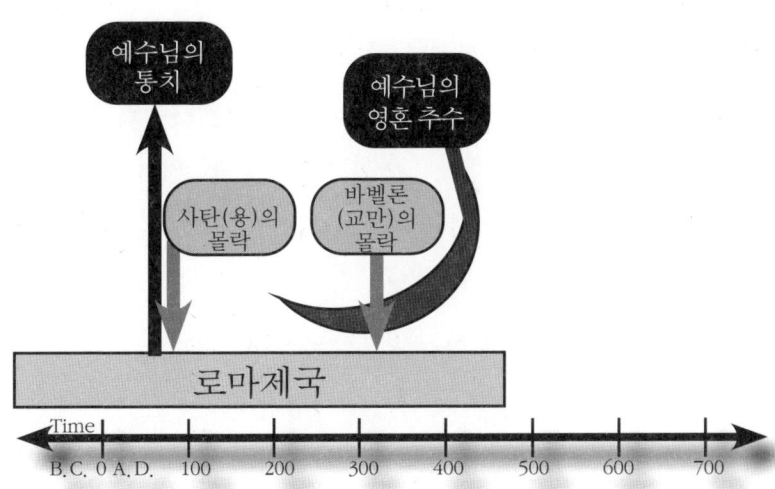

바벨론의 몰락과 예수님의 추수

이 사건이 바벨론 몰락의 유일한 합리적 설명을 의미하는 것은 아니다. 역사의 특정한 시기에 영적인 영역에서 발생한 일을 분명하게 설명할 수 있는 사람은 아무도 없다. 그러나 우리는 단순하게 공통으로 받아들여지는 역사의 사실을 수용하면서 요한이 영계에서 묘사한 내용과 어떻게 연관되는지 살펴볼 뿐이다. 우리는 다니엘의 예언을 통해 하나님 나라의 확장이 로마제국을 무너뜨리기로 예정된 것을 안다. 역사적으로 콘스탄틴의 회심 결과로 발생한 4세기와 5세기의 대추수 사건을 제외하고 역사의 어떤 사건도 다니엘의 예언을 확증할 다른 사건은 없다.

대추수의 기간 동안 바벨론의 영은 지배력을 상실했다. 황제는 바벨론의 영 대신 예수님께 경배했다. 교만의 영은 더 이상 제국을 통제할 권세가 없었다. 악한 영은 여전히 오늘날에도 역사하지만, 이전과 같은 지배력을 잃었다. 교만의 영은 이후로 현대에도 개개인의 마음속에서 활동할 수 있지만, 세상의 큰 영역을 전부 다 속일 수준까지 성장하지 못할 것이다. 왜냐하면, 예수 그리스도께서 유일하시고 진정한 통치자이시기 때문이다!

계시록 17장 ; 음녀는 누구인가?

요한이 바벨론과 함께 언급한 음녀는 누구인가?

첫째, 문자적으로 음녀는 남자의 마음을 유혹하는 여인이다. 실제로 요한은 음녀가 "땅의 임금들도 그와 더불어 음행하였고" (계 17:2) 이 정의를 확인해 주면서, 음녀가 성도들의 피에 취한 모습도 묘사한다(계 17:6). 음녀가 바벨론과 함께 했을 때, "만국이 미혹되고 선지자들과 성도들과 및 땅 위에서 죽임을 당한 모든 자의 피가 이 성중에서 보였느니라"(계 18:23~24)고 한다.

요한계시록을 가르치는 대부분의 사람이 음녀와 종교를 연관시킨다. 이것에 관한 결론을 내리기는 쉽지 않지만, 실제로 몇 세기 동안 통치자들은 종교를 이용하여 선지자들과 성도들의 살해를 정당화했다. 심지어 예수님의 죽음조차 당시 종교 지도자들이 관여했다. 이런 문맥에서 우리가 지금 사용하는 "종교"라는 단어는 기독교를 의미하는 좋은 의미가 아니다. 오히려 신적 존재를 기쁘게 하기 위한 인본주의적 종교적 행동과 헛된 시도라는 부정적인 의미로 종교라는 단어를 사용한다.

역사를 살펴볼 때 많은 왕과 통치자가 공포, 수치심, 조작 및 지배를 통해 사람들을 통제하기 위해 종교(음녀)와 협력(간음)한 것을 볼 수 있다. 우리가 "종교의 영 SPIRIT OF RELIGION"을 말하는 것은 이런 의미의 악한 영적인 통제를 말한다. 더 정확히 종교의 영은 종교를 통해 사람들을 통제하는 악령들이라고 말할 수 있다.

로마제국이 초기 기독교인을 박해한 혐의를 살펴보면 흥미로운 부분을 발견한다. 기독교인의 가장 흔한 혐의는 무신론이었다. 우리는 기독교인이 하나님을 예배한다는 것을 알기 때문에 무신론이라는 혐의가 이상하게 느껴진다. 주 후 312년 이전의 로마제국은 다신 숭배를 권장했는데, 기독교인들이 유일신앙으로 다신 숭배를 거절하자 신앙 자체를 거부하는 것으로 보여 무신론자로 여겨져 고문과 순교를 당했다. 이것을 통해 우리는 어떻게 종교의 영(음녀)이 성도들의 피에 취했는지 알 수 있다.

마지막으로 요한은 "네가 본 그 여자는 땅의 왕들을 다스리는 큰 성이라"(계 17:18)고 한다. 콘스탄틴 이전의 로마 황제들은 많은 지역의 왕을 통치했으며, 종교를 통해 대중을 통제했다.

계시록 17장 ; 음녀와 짐승 로마

어떤 사람들은 이 음녀가 로마가 아니며 예루살렘도 일곱 산으로 둘러싸여 있었다고 주장하면서 예루살렘이라고 하기도 한다. 영계에서는 악령들이 세상의 많은 종교를 통해 역사하기 때문에 두 견해 모두 고려할 수 있다. 우리는 음녀가 짐승과 밀접한 것을 보았다. 이 짐승을 네로 황제라고 본다면, 17장에 묘사된 다음의 내용과 연관시킬 수 있다.

> 9 지혜 있는 뜻이 여기 있으니 그 일곱 머리는 여자가 앉은 일곱 산이요 10 또 일곱 왕이라 다섯은 망하였고 하나는 있고 다른 하나는 아직 이르지 아니하였으나 이르면 반드시 잠시 동안 머무르리라 (계 17:9~10)

우리는 앞에서 이미 일곱 왕이 로마제국의 일곱 황제에 해당한다고 설명했다. : 율리우스, 아우구스투스, 티베리우스, 칼리굴라, 클라우디우스, 네로, 갈바. "다섯은 망하였고"라는 구절을 통해 처음 다섯이 죽었음을 알 수 있다. 그러므로 요한이 "하나는 있고"라고 했을 때, 요한의 시대에 권력을 잡은 여섯 번째 황제인 네로를 말하는 것을 알 수 있다. 마지막으로 요한은 "아직 이르지 아니하였으나 이르면 반드시 잠시 동안 머무를" 사람을 말하는데, 7개월 동안 지배한 마지막 황제 갈바를 의미한다.

계시록 17 ; 로마제국의 멸망

우리는 요한계시록 14장에서 18장까지 바벨론과 음녀, 짐승의 몰락과 파괴를 보았다. 하나님의 심판이 그들에게 임했다. 이제 더 구체적으로 요한계시록 14장에서 로마의 몰락을 본다. 하늘 성전에서 또 다른 천사가 나와 낫을 휘둘러 땅의 포도를 거두는 장면으로 끝난다. 이 천사는 구원받을 영혼을 추수하는 것이 아니라 악을 제거한다.

> 19 천사가 낫을 땅에 휘둘러 땅의 포도를 거두어 하나님의 진노의 큰 포도주 틀에 던지매 20 성 밖에서 그 틀이 밟히니 틀에서 피가 나서 말 굴레에까지 닿았고 천육백 스다디온에 퍼졌더라 (계 14:19~20)

말 굴레까지 닿은 피는 끔찍한 파괴를 의미하는 비유적인 언어다. 미래주의자들은 이 구절이 미래 세계 60억 이상의 희생을 의미한다고 단정지었다. 그러나 이 본문은 현대 기준에서 다가올 미래의 것이 아니라 본문의 문맥상, 기록할 당시의 시대 기준에서 로마를 향한 하나님의 강력한 심판이라고 이해하는 것이 옳다. 실제로 북방에서 온 침입자들이 로마를 둘러싼 다양한 지역을 반복적으로 노략질했는데, 주 후 378년 고트족이 로마제국에 결정적인 승리를 거두고, 주 후 410년 서고트족이 로마로 올라와 도시를 휩쓸었다. 이 상황은 주 후 476년 로마제국의 서쪽 영역이 붕괴할 때까지 계속되었다. 1453년 투르크 족이 콘스탄티노플을 점령할 때까지 로마제국의 동쪽 영역은 비잔틴 제국으로 살아남았다. 다니엘이 말한 것처럼 로마제국은 부서졌고, 하나님의 영원한 나라는 계속 성장했다(단 2:40~44).

로마제국의 멸망

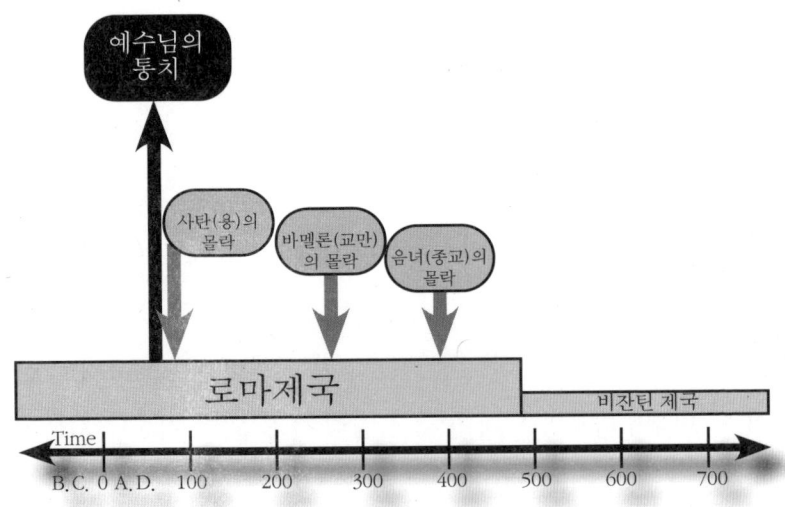

계시록 15장~18장 ; 하나님의 온 세상 심판

요한계시록 15장에서 18장까지 하나님은 계속해서 심판을 쏟아부으신다. 많은 부분적 과거주의자가 바벨론과 음녀가 완전히 패배할 때까지 지속해서 심판받는 내용을 통해 해당 본문이 로마제국의 멸망이라고 보는 합리적 관점을 가지고 있다. 그러나 이제 우리는 요한계시록을 통해 로마뿐만 아니라 온 세상을 포괄하는 심판으로 하나님 나라 어떻게 확장되는지 볼 것이다.

이것을 위해 먼저 사탄, 바벨론, 음녀와 같은 악한 영이 영적인 영역에서 권위를 상실하는 것을 이해하라. 하나님의 심판이 임했고, 이들은 실패했다. 교만의 영처럼 음녀도 이 땅에서 지배력을 잃었다. 이제 이런 악한 영은 더는 국가 전체를 속일 수 없다. 하지만 그렇다고 해서 이 악한 영이 바로 지옥에 던져진 것을 의미하지는 않는다. 악한 영들은 지금도 여전히 가능한 대로 큰 피해를 주기 위해 적극적으로 이 땅을 탐색하면서, 오늘날에도 적극적으로 일하고 있다. 우리는 사탄이 로마제국 전체에 영향을 끼친 큰 붉은 용을 보았다. 그러나 요한계시록 12:12절을 통해 사탄이 땅으로 내려왔다.

> 그러므로 하늘과 그 가운데에 거하는 자들은 즐거워하라 그러나 땅과 바다는 화 있을진저 이는 마귀가 자기의 때가 얼마 남지 않은 줄을 알므로 크게 분내어 너희에게 내려갔음이라 하더라 (계 12:12)

요한계시록 19장과 20장은 예수님께서 재림하실 때까지 사탄이 제거되지 않을 것을 보여준다(19장). 요한계시록 20장 1절에서 3절은 예수님의 천년왕국이 시작될 때 사탄이 묶여 무저갱에 던져지는 것을 보여준다. 예수님께서 승천하사 하나님 오른편에 좌정하셨을 때, 사탄은 이 땅으로 떨어졌다. 무저갱에 빠지기 전까지 사탄은 땅을 방황하면서 두루 삼킬 자를 찾는다(벧전 5:8). 하나님의 심판 책이 열릴 때, 사탄을 향한 하나님의 심판 명령이 공개된다. 그러므로 사탄의 궁극적인 패배는 피할 수 없다. 이 기간에 사탄은 국가 전체를 속일 힘은 없지만 할 수 있는 한 계속해서 혼란을 퍼트리려고 할 것이다. 이것이 신약 시대와 우리의 삶에서 실제로 일어나는 일이다.

우리는 또 하나님께서 바벨론을 다루시는 것을 본다. 고대 왕국의 통치자에게 교만의 영이 역사했다. 그 왕들은 자신이 신과 같아질 수 있다고 믿었으며, 실제로 신처럼 숭배받기를 원했다. 교만의 영은 고대 바벨론 왕국에 역사했던 것처럼 로마제국에도 영향력을 끼쳤지만, 콘스탄틴이 예수님께 무릎을 꿇은 날 국가를 속이는 권한을 상실했다. 교만의 영은 땅에 던져졌음에도 여전히 사람들을 속이려고 계속 노력한다. 그러나 요한계시록 18장 21절은 예수님께서 재림하시기 전에 바벨론이 미래의 어느 날, 지구에서 완전히 제거되었음을 보여준다.

우리는 음녀에게서도 같은 유형을 볼 수 있다. 우리는 음녀를 종교 의식의 속박을 통해 사람들을 속일 수 있는 권한을 가진 악한 영이라고 설명했다. 음녀의 패배와 심판은 불가피한 것이었다. 그리고 로마제국이 무너지면서 음녀의 몰락이 문자 그대로 일어났다. 음녀는 그때 한 민족 전체를 속이는 강력한 권위를 잃어버렸다. 요한계시록 19장 1~2절에서 예수님의 재림 때 완전히 심판받는 음녀를 볼 수 있다.

우리는 하나님의 심판이 세상에 계속해서 영향을 미치고 있음을 본다. 요한계시록 4장에서 18장에 나오는 예루살렘과 로마의 심판을 거쳐 온 세상의 악한 영을 심판하시는 하나님의 권능을 본다. 요한계시록 19장에 묘사된 대로 예수님께서 재림하시면 모든 원수가 패배할 것이다.

계시록 15장~16장 ; 진노의 일곱 대접

계시록 15장은 하나님의 분노가 가득 담긴 황금 대접을 받는 일곱 천사를 보여 준다(1절, 5절-7절). 16장은 일곱 천사가 그 진노의 그릇을 쏟아붓는 것으로 시작한다.

또 내가 들으니 성전에서 큰 음성이 나서 일곱 천사에게 말하되 너희는 가서 하나님의 진노의 일곱 대접을 땅에 쏟으라 하더라 (계 16:1)

하나님께서 진노의 일곱 대접을 쏟도록 일곱 천사에게 지시하시는 장면을 문자 그대로 일곱 대접으로 이해하면 안 된다.

유대인들은 7이라는 숫자를 완전수로 생각했다. 이것은 곧 하나님께서 당신의 아들을 위해 심판을 시행하시며 하나님께서 모든 대적을 완전히 굴복시키실 때까지(과업이 완수될 때까지) 계속해서 원수를 심판하시는 것으로 이해해야 한다.

첫 번째 여섯 대접이 쏟아질 때 파괴가 발생한다. 이 사건에서 고통당하는 사람들에게 우리의 주의가 집중되는 것이 사실이지만, 그보다 먼저 영계에서 발생하는 일을 이해해야 한다. 천사들은 영적인 존재이며 대접은 영적인 실체다. 대접을 쏟는 것은 하나님 나라의 통치를 확장하시는 행위다. 분명히 사람들은 하나님의 심판으로 고통받겠지만, 하나님께서는 먼저 자연 세계에 영향을 주는 영적 영역에 존재하는 어둠의 세력$^{WORKS\ OF\ DARKNESS}$을 심판하신다.

쏟아지는 하나님의 심판

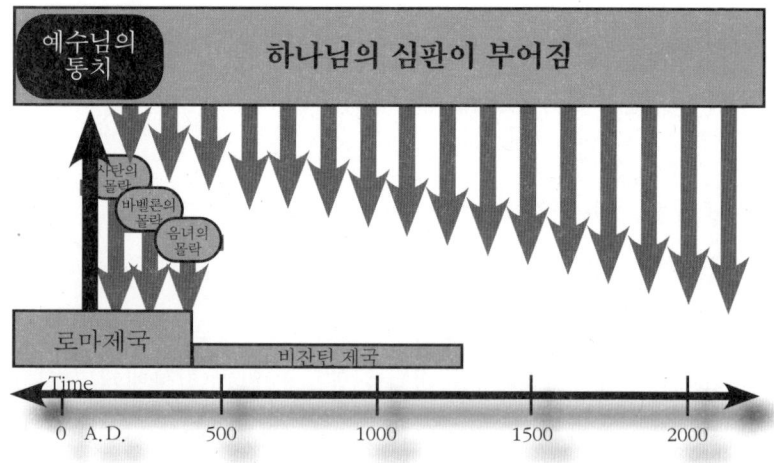

분노의 대접이 다 쏟아지고 나면 하나님께서 심판을 마치신다 (계 15:1). 그러므로 우리는 이런 일곱 개의 심판의 대접이 로마제국 시대에서 현재, 미래까지 확장되는 심판으로 본다. 사실 일곱 대접을 쏟는 장면은 예수님께서 왕으로 나타나시는 요한계시록 19장을 연상하게 한다.

계시록 16장~18장 ; 바벨론, 교만의 영

고대에는 많은 지도자가 교만의 영에 속아 스스로 신이라고 믿거나 신의 후손이라고 믿었다. 예를 들면 애굽의 바로는 자신이 태양신인 '레^{RE}'의 후계자라고 선언했다. 세상의 또 다른 지역에서는 왕과 통치자들이 스스로 판단에 따라 독재자 역할을 했다. 많은 지도자가 백성에게 자신을 숭배하도록 요구했다.

주 후 312년, 콘스탄틴 황제가 예수님께 굴복한 후 바벨론의 영의 권위가 약해졌으며, 세상을 또다시 큰 규모로 지배하지 못하게 되었다. 하지만 바벨론의 영 - 교만의 영은 지금도 자신이 속일 수 있는 지도자들을 계속 찾고 있다. 만일 어떤 지도자가 자신을 높여 신이라고 선포하면 바벨론 영의 역사를 의심할 수 있다.

이런 이유로 우리는 로마제국과 같은 곳에서 시작하여 기독교 영역에서 자신의 권위를 주장한 중세 시대의 로마 가톨릭 교회를 의심할 수 있다. 어떤 교황은 전 세계에서 자신만이 "그리스도의 대리자"라고 선포하면서 사회를 결집시켰으며, 심지어는 성도들이 교황을 그리스도처럼 여겼다. 그렇다고 해서 모든 로마 가톨릭 교회의 지도자가 다 악마적이었다고 말하는 것은 아니지만, 로마 교회의 일부 지도자와 함께 등장한 많은 황제와 지도자가 로마 제국을 속인 교만의 영에게 당했다고 볼 수 있는 역사적 결과가 있는 것이 사실이다. 이 의심은 십자가와 교회적인 가치를 내걸고 엄청난 사람을 학살한 11세기에서 13세기까지의 십자군과 수십만 명의 기독교인을 학살한 16세기 종교 재판을 통해 더 강해진다.

우리는 현대 로마 가톨릭을 정죄하기 위해 말하는 것이 아니다. 중세 교회는 현대 가톨릭 교회와 개신교의 모체다. 중세 시대에 기독교인들이 가톨릭과 같은 권력을 가졌다면 이들은 역사상 같은 시대에 활동한 교만의 영에 지배되었을 가능성이 존재한다. 사실 지난 500년 동안 많은 개신교 지도자들이 오직 자신만이 하나님께 유일한 계시를 받았다고 주장하며 하나님의 선택된 그릇이라고 믿도록 사람들을 속였다.

교만의 영은 교회뿐만 아니라 세속에서도 활동했다. 종교개혁 시기인 16세기에 르네상스 시대가 도래했다. 세속 지도자들은 그리스와 로마제국에 강력하게 역사했던 인본주의의 영 SPIRIT OF HUMAN 으로 회귀하려고 했다. 르네상스를 전적으로 악이라고 규정하는 것은 잘못된 일이지만 결국 인본주의를 낳고 궁극적으로 18세기 합리주의로 교만의 영이 이어지는 확실한 기초를 제공했다고 볼 수 있다. 인본주의와 합리주의에서 등장한 교만의 영은 사람의 이성을 성경의 권위보다 높일 뿐만 아니라 심지어 신학의 영역까지 지배했다.

교만의 영은 15세기에서 17세기까지 여러 유럽 국가가 세계의 더 많은 지역을 지배하도록 이끌어 자신만의 제국을 건설하게 했다. 영국, 프랑스, 네덜란드, 포르투갈 및 스페인과 같은 국가들은 다른 제국의 지배를 받지 않는 지역에 식민지를 설립했고, 식민지의 사람들은 건강과 자원을 빼앗기며 제국의 종이 되곤 했다.

1800년 이래로 대부분의 식민지가 독립을 얻었다. 또 민주주의를 채택한 국가가 계속 증가하면서 현재 모든 국가 중 60%가 넘는 국가가 민주주의 형태를 채택했으며 동시에 대중 언론의 자유와 문맹 퇴치가 이루어지고 있다. 물론 고통당하는 국가가 여전히 남아 있지만, 독재자의 영향력이 현저하게 줄어들고 있다.

우리는 최근의 역사에서 교만의 영에 사로잡힌 지도자들을 확인할 수 있다. 히틀러는 게르만 민족이 다른 모든 민족보다 우월하다는 속임에 빠졌다. 히틀러에게 역사한 악마는 지구위에서 다시 한번 권세를 잡으려고 시도했지만, 이미 로마제국의 멸망과 함께 세계를 다스리는 권한을 상실했기 때문에 실패했으며, 악한 시도를 할 수는 있겠지만, 앞으로도 결단코 승리하지 못할 것이다.

교만의 영이 세계 어디에선가 작은 국가의 지도자를 미혹하여 독재자가 되어 백성을 억압할 수 있다. 또 편견을 부추기는 교만의 영이 활동할 수도 있다. 하지만 해가 지남에 따라 하나님의 나라가 성장하면서 악한 영들이 국가를 속이는 권위가 점점 더 줄어들 것이다.

계시록 16~18 ; 음녀, 종교의 영

종교의 영은 교만의 영과 함께 역사한다. 전술했듯이, "종교의 영"이란 종교를 통해 인류를 통제하려는 악한 영을 말한다. 이 통제는 특히 고대에 두드러졌는데, 당시에는 거의 모든 사람이 자기가 경배하는 신이 있었다. 그래서 정부는 종종 제사장, 선지자, 마술사와 영매를 고용해서 자신의 권위를 높였다. 정부와 종교의 음녀가 결합하면 사람들이 급속도로 지도자의 통제를 받았다.

콘스탄틴이 예수님께 엎드렸을 때, 종교의 영은 통제권을 상실하기 시작했다. 그리고 우리는 역사를 연구해 보면, 점차 종교의 영의 통제권이 줄어드는 것을 발견한다. 주 후 410년에 로마가 몰락했을 때 로마 정부를 다스리던 종교의 영은 로마 가톨릭 교회에 스며들었을 가능성이 있다. 전술한 것처럼, 로마 멸망 직후에 로마 교회가 기독교보다 더 높은 권위가 있다고 주장하기 시작했다. 중세시대 전반에 걸쳐 로마 교회가 종종 공포, 수치심, 조작, 지배를 사용하여 엄청난 통제력을 행사했다고 역사가들은 말한다.

중세 시대의 사람들은 영적인 능력 SPIRITUAL POWERS(이 능력이 실제이든 아니면 상상이든)의 압도적인 영향력 아래 희망없이 살았다. 질병은 하나님이나 악령 때문이라고 생각했으며 미신이 만연했다. 정의로운 소망은 사후 세상에서의 즐거움 정도로 여겨졌다. 삶의 기쁨보다 지옥으로 던져질 가능성이 더 현실적이었으며, 단테의 '지옥편 INFERNO'(신곡의 제1부)과 같은 저작물이 사람들의 뇌리에 지옥의 두려움을 각인시켰다. 하나님의 영적 권위라고 여겨지던 교회가 사람들을 지배했고 사람들은 그 교리에 복종했다.

종교의 영이 중세 로마 가톨릭에서 활발하게 역사했지만 종교 개혁을 통해 강력한 타격을 받았다. 사람들이 하나님의 축복은 율법의 행위가 아니라 은혜로 말미암은 믿음으로 주어진다고 믿었을 때, 종교의 영은 수 백만 명의 삶에 역사할 자리를 잃었다. 또 기독교인이 하나님 앞에서 모두 제사장이 될 수 있다는 가르침을 통해 가톨릭은 훨씬 더 많은 통제력을 상실했다. 마지막으로, 교황의 말이 아닌 성경이 궁극적인 권위를 회복했을 때, 중세 가톨릭 교회는 이전처럼 세상에서 많은 나라를 지배할 수 없을 정도로 무력화되었다.

사실 영계와 자연계의 유사성을 완벽하게 설명하는 것은 매우 어려운 일이다. 하지만 우리는 역사를 통해 주님의 뜻이 하늘에서 이루어진 것처럼 땅에서도 이루어지는 것을 본다. 실제로 사람들이 복음을 들을 때, 악한 영은 그 권위를 잃고 하늘에서 번개처럼 떨어졌다. 특히 종교 개혁이 일어났던 유럽 지역에서 복음이 퍼질 때마다 악한 영들은 인류를 통제하는 권위를 급속도로 상실했다.

종교 개혁을 통해 종교의 영이 어느 정도 영향력을 상실하면서 유럽 국가들이 국교회(영국의 국교회, 독일의 루터교, 네덜란드의 기독교 개혁, 벨기에의 로마 가톨릭 등)를 세우기 시작했고, 정부와 종교가 결합하자 사람들은 또다시 종교의 지배 아래 살았다. 유럽의 여러 국가에서는 국민이 국가의 정부가 설립한 교회가 아닌 다른 기독교

분파를 지지하는 것이 불법이었다. 따라서 다양한 국가의 사람들이 강력한 통제를 받았지만 이런 통제는 중세 시대와 같이 유럽 전체라기보다는 국가 수준에서 행해졌다.

지난 200년 동안 국교회의 영향력이 감소했다. 성경을 일반 대중의 언어로 읽게 되면서 사람들이 하나님 앞에서 훨씬 더 자주적인 태도를 가졌고, 많은 기독교 교파가 발생했으며, 국가의 시민이 자동으로 특정 종교 그룹의 일원이 되는 이전 시대와 달리 자유 의지를 가지고 개인이 원하는 교단의 구성원으로 참여했다. 기독교 교단들은 세계에서 많은 선한 일을 수행해 왔으며 복음을 전파하는 귀한 도구가 되었다. 그러나 하나의 교단이 성장하여 발전하면 하나님과 관계를 맺도록 돕기보다 또다시 사람들을 통제했다. 교단이 지나치게 교리적인 태도를 보이고 그 핵심에서 몇몇 지도자의 의견이 강화되면 사람들이 하나님을 추구하고 알아가는 것을 방해하기도 했다.

현대에는 교단이 기독교인을 아우르지만, 과거보다 개인 통제 수준은 많이 줄었다. 20세기 중반 이전에 대부분의 기독교인은 부모의 교단에서 평생 머무는 것이 의무라고 생각했다. 하지만 이제는 그렇지 않다. 기독교인들은 자유롭게 다른 교단을 방문하고 교단을 바꾸기도 한다. 또 기독교 서적, TV, 라디오, 인터넷 같은 다양한 매체가 초교파적인 정보를 전달한다. 이제는 한 교단이 구성원에게 일방적이고 강력한 통제력을 행사하기 어렵다.

해를 거듭할수록 종교의 통제 수준이 감소한다는 것은 교단이

나 국교회 또는 로마 가톨릭 교회가 모두 악하다고 말하는 것은 아니다. 하나님께서는 모든 것을 사용하셔서 세상에 당신의 뜻을 이루신다. 우리는 종교의 영이 많은 사람을 통제하려고 시도하는 접근 수단으로 이런 종교 조직 중 어떤 부분을 사용한다는 사실에 주목하는 것이다. 그렇기 때문에 종교 조직 내부에서 발생하는 분열 중 많은 부분이 어떤 의미에서는 비극적인 결과를 가져오지만, 다른 의미에서는 하나님께서 종교의 악한 영을 깨뜨리시는 방법이라고 할 수도 있다. 이런 교단의 분열을 두고 영계에서 벌어지는 일을 이해하지 못하는 기독교인들은 기존 교회가 세상에 영향력을 잃는다고 오해할 수 있다.

사실 교회가 세상을 향한 통제력을 잃고 있지만, 그 영향력은 오히려 증가 중이다. 이 사실은 통계로 증명된다. 다시 말하지만, 세계적으로 매일 20만 명이 넘는 사람들이 회심하여 기독교인이 된다. 사람들을 통제하고 하나님과의 관계를 방해하는 모든 것이 무릎 꿇을 것이다. 예수님께서 2천 년 전에 당신의 보좌에 앉으신 이후에서 세계적 변화가 시작되었다. 2천 년 전에 사탄은 모든 나라를 속일 권세가 있었으며 유대인을 제외한 모든 사람이 악한 영의 영향력 아래 사로잡혔다. 하지만 현재는 수십억 명의 사람들이 참되신 하나님을 자유롭게 예배한다.

종교의 영은 가급적이면 다수의 사람에게 영향을 끼치기 위해 거대한 조직을 가진 종교 단체와 지도자에게 역사하려 한다. 하지만 때로는 작은 독립적인 교회에서 더 강력하게 역사하는 경우도 있다. 폐쇄적인 문화와 분위기는 종교의 영이 역사하는 강력한 기반이 된다. 그래서 우리는 작은 교회든, 거대한 교단이든, 전 세계를 아우르는 연합이든 간에 그곳에 역사하는 종교적인 통제가 축소되도록 기도해야 한다고 믿는다. 이런 이해는 인류를 하나님과의 친밀하고 인격적인 관계로 회복하는 가르침의 전파와 하나님 나라의 중요성을 강조하는 가르침의 전파를 통해 사람들을 통제하고 건강한 인간관계와 순수한 순종을 저하하는 종교의 영을 파쇄하는 하나님의 전략이다.

요점은 2천 년 전 예수님께서 보좌에 앉으신 이후로 전 세계적인 점진적 변화가 일어났다는 것이다. 2천 년 전에 사탄은 온 세계를 미혹하는 권한이 있었고 유대인을 제외한 모든 인류는 악한 영에 억눌렸다. 그러나 지금은, 수십억의 사람이 한 분 진정한 하나님을 경배하는 자유를 얻었다.

계시록 16:13-16 ; 아마겟돈 전쟁

하나님의 천사가 진노의 대접을 땅에 쏟을 때마다 하나님 나라의 통치 영역이 확장된다. 흔들릴 모든 것이 흔들리고 대적들은 굴복하며 사람을 통제하는 권세는 그 힘을 잃는다. 마지막 대접이 쏟아지기 전에 요한은 마지막 전투의 환상을 본다.

> 13 또 내가 보매 개구리 같은 세 더러운 영이 용의 입과 짐승의 입과

거짓 선지자의 입에서 나오니 14 그들은 귀신의 영이라 이적을 행하여 온 천하 왕들에게 가서 하나님 곧 전능하신 이의 큰 날에 있을 전쟁을 위하여 그들을 모으더라 15 보라 내가 도둑 같이 오리니 누구든지 깨어 자기 옷을 지켜 벌거벗고 다니지 아니하며 자기의 부끄러움을 보이지 아니하는 자는 복이 있도다 (계 16:13~15)

이 전쟁은 아마겟돈 전쟁이라고 알려졌는데, 원수가 아마겟돈(아-므깃도$^{HAR-MEGIDDO}$)이라는 곳으로 모였기 때문이다. 위 구절에서 아마겟돈 전쟁의 다음과 같은 몇 가지 사실을 알 수 있다.

1) 악한 영들이 풀려나와 사람들이 하나님을 대적하도록 기만한다 (계 16:14).
2) 세상의 모든 왕이 하나님을 대적한다(계 16:14).
3) 하나님께서 모든 대적을 굴복시키기 위해 마지막 천사가 심판의 마지막 대접을 쏟을 마지막 때가 가까이 왔다.

이 구절에 언급된 왕은 나라를 다스리는 지도자가 아니라 크거나 작은 공동체의 영적 지도자를 가리킨다. 이 전투에서 지도자들은 멸망하는 것이 아니라 하나님과 사람들 사이에 간섭할 수 없도록 굴복한다. 세상에는 계속 자연계의 정부 지도자가 존재하겠지만, 사람과 하나님 사이의 개인적인 관계에 간섭하도록 허용되지 않을 것이다. 결과적으로 세상의 모든 사람이 직접 하나님

4장 계시록의 이해

앞에 책임질 것이다. 사람들은 더는 "나를 지배하는 세력 때문에 복음을 듣지 못하거나, 교회에 가지 못하거나, 올바르게 행동하지 못했습니다" 같은 변명을 할 수 없을 것이다. 그렇다면 아마겟돈 전투는 무엇인가? 이는 모든 사람이 하나님을 대면해야 할 때를 의미한다. 더 명확하게 이해하기 위해서 요한계시록을 처음 접한 초대교회 기독교인들이 "아마겟돈"이라는 용어를 어떻게 이해했는지 알아야 한다.

사실 아마겟돈이란 용어는 성경의 다른 곳에서는 사용되지 않으며 두 개의 히브리 단어에서 유래한다. '아^{HAR}'는 산^{MOUNTAIN}을 의미하며, '므깃도^{MEGGIDO}'는 예루살렘 북쪽 약 70마일(약 112.6km) 거리에 있는 도시를 가리킨다. 구약성경에서 총 11회 언급되는 므깃도는 유대 역사에서 커다란 전투가 많이 벌어진 장소다. 그러므로 유대인들에게 아마겟돈이라는 용어는 커다란 전쟁을 의미한다.[22] 당신은 현대 서구의 "워털루 전투에 직면하다", "오늘이 디데이", "알라모 전투를 기억하라" 같은 관용구를 들어봤는가? 이런 관용구들은 실제 역사적인 큰 전투에 기반을 두지만, 현대에서는 개인적인 차원으로 적용한다. 이것은 곧 성경적으로 우리 모두 아마겟돈에 직면했으며, 모든 사람이 자신의 개인적인 삶에서 싸워야하는 싸움으로 빛과 어두움, 의로움과 불의함, 옳은 것과 옳지 않은 것, 하나님 나라와 대적의 싸움을 의미한다.

---

22. 켈리 버너(KELLY VARNER), WHOSE RIGHT IT IS (SHIPPENSBURG: DESTINY IMAGE 출판사, 1995년), PP. 178-179.

미래주의자들의 가르침에 익숙한 독자들은 이 책의 아마겟돈 이해가 미래주의자들의 이해와 매우 다른 것을 눈치챘을 것이다. 미래주의자들은 7년 대환란이 끝날 때쯤 이스라엘에 대적하는 수많은 러시아와 중국 군인의 모습을 떠올린다. 이들은 다양한 전투들(특히, 에스겔서 38장과 39장에 언급된)을 아마겟돈 전투와 연결해서 자신의 가르침을 발전시키면서, 종말 직전에 세상에 임할 엄청난 파괴와 멸망의 이미지를 만든다. 에스겔서 38장과 39장은 이 책의 논의 범위를 벗어나지만, 미래주의자들이 아마겟돈에 항상 포함하는 내용이기 때문에 간략하게 언급한다.

에스겔서 38장과 39장은 마지막 때에 실제로 있을 현대 전쟁을 묘사한 것이 아니다. 그 이유는, "말과 기병 곧 네 온 군대를 끌어내되 완전한 갑옷을 입고 큰 방패와 작은 방패를 가지며 칼을 잡은 큰 무리"(겔 38:4)라는 표현으로 전쟁을 묘사하기 때문이다. 또 전쟁이 끝났을 때 남겨진 것이 "큰 방패와 작은 방패와 활과 살과 몽둥이와 창"이라고 묘사하는데(겔 39:9), 이런 묘사를 우리의 일상이나 미래에 일어날 전쟁에 적용하는 것은 비현실적이다.

사실 에스겔서 38장과 39장의 전쟁은 주 전 175년에서 164년에 일어난 셀레우코스 왕조와 안티오커스 4세 에피파네스 시절에 일어난 전쟁을 예언한 것이다.[23] 물론 미래주의자들 중에 그나마 합리적인 사람들은 에스겔서 38장과 39장이 기원전 2세기의 전쟁

---

23. 아담 클락(ADAM CLARK)의 '성경주석(COMMENTARY)'(HTTP://WWW.GODRULES.NET/LIBRARY/CLARKE/CLARKEEZE38.HTM).

이라는 것을 인정하면서도 동시에 우리의 미래에 일어날 아마겟돈 전쟁으로 해석할 수 있다고 주장한다. 그러나 에스겔서 38장과 39장에 나타난 전투와 아마겟돈 전투가 같다는 성경적 근거는 없다. 전쟁 상대도 같지 않다. 에스겔서 38장과 39장은 곡과 마곡(전형적으로 미래주의자들이 러시아와 중국이라고 주장함)이 북방의 다른 군대와 함께 이스라엘을 대적하지만, 요한계시록에서는 "온 천하 임금들"이 하나님을 대적하러 모인다고 기록한다(계 16:14). 곡과 마곡은 온 세상이 아니며, 더군다나 요한계시록 14장에서 18장까지 곡과 마곡은 일절 언급하지 않는다. 요한계시록에서 곡과 마곡이 언급된 유일한 구절은 천년왕국 이후에 해당하는 20장 8절이다.

이렇게 계시록 16장의 아마겟돈 전투와 에스겔서 38장과 39장의 전쟁을 분리하면 계시록 16장의 본문이 실제로 우리에게 말씀하는 내용에 더 명확하게 접근할 수 있다. 결국, 아마겟돈은 우리 모두의 개인적인 삶에서 빛과 어둠, 의로움과 불의함, 옳은 것과 옳지 않은 것, 하나님 나라와 대적들의 싸움을 의미한다. 도움이 되는 비교는 모슬렘의 "지하드(JIHAD, 성전 聖戰)"이해다. 많은 근본주의 모슬렘이 지하드를 마호메트의 가르침을 따르지 않는 이교도를 죽이는 것이라고 믿지만, 또 다른 모슬렘들은 지하드를 자신의 개인적인 일상에서 유혹과 악에 맞서 싸우도록 부름 받은 소명이라고 이해한다. 지하드가 각기 다른 이해가 있는 것처럼 기독교의 아마겟돈 전쟁 이해 역시 마찬가지다. 미래주의자들은 곡과 마곡이 이스라엘에 대적하는 전투로 보지만(실제로 곡이나 마곡과 이스라엘은 계 16:14절에 전혀 언급되지 않는다), 부분적 과거주의자들은 아마겟돈 전쟁을 모든 신자가 자기 삶의 현장에서 싸워야 할 영적인 전쟁으로 본다.

> 우리의 씨름은 혈과 육을 상대하는 것이 아니요 통치자들과 권세들과 이 어둠의 세상 주관자들과 하늘에 있는 악의 영들을 상대함이라 (엡 6:12)

영적인 전쟁은 이미 우리의 생각과 마음, 재정, 이웃, 학교, 정부와 같은 영역에서 일어나고 있다. 아마겟돈 전쟁은 이 땅의 모든 인류가 참여할 수 있는 유일한 전쟁이다. 이 이해는 요한계시록 16장의 문맥과 일치한다. 우리는 앞서 하나님의 심판이 땅에서 일어나기 전에 먼저 영계에서 시작되므로 모든 대적이 굴복한다는 내용을 배웠다. 나라와 백성을 속이고 통제할 지위를 잃었다는 의미에서 대적들은 굴복되었다고 볼 수 있다. 이는 아마겟돈 전쟁이 일어나는 마지막 대접이 쏟아지기 전에 해당한다. 권세를 가진 모든 악한 영이 굴복할 때, 모든 사람은 더 이상 변명의 여지 없이 하나님 편에 설 것인지, 하나님을 대적할 것인지 스스로 선택해야 한다. 온 세상 사람들은 개별적으로 예수 그리스도를 주님으로 고백할 기회가 주어질 것이다. 아마겟돈 전쟁으로 말미암아 모든 사람이 하나님을 대면하는 것이다. 요엘 선지자가 예언한 것처럼 여호와의 날이 가까울 때 "판결 골짜기에 사람이 많음"이 실현된다(욜 3:14).

계시록 17장~18장 ; 미래 하나님 나라의 확장

요한계시록 17장과 18장은 하나님의 원수들이 최종적으로 굴복하는 모습을 보여준다. 미래에 나타날 하나님의 승리는 당연하지만 구체적인 것은 우리에게 분명히 알려지지 않았다. 다음 몇 단락에서 우리는 하나님과 사람 사이에서 자신을 높이려는 모든 악한 영이 굴복한다고 보는 승리의 관점에서 현재와 예수님의 재림 사이에 펼쳐질 미래를 더 자세히 살펴보려고 한다.

지나간 역사를 통해 우리는 공산주의의 배후에 있는 악한 영이 번개처럼 떨어지는 것을 목격했다. 겨우 20년 전인 1980년대 말까지만 해도 온 세상의 절반이 공산주의의 통제를 받았다. 그러나 악한 영이 몰락한 후, 장벽이 무너졌고 이제는 과거에 닫혔던 상당수 지역에 복음을 전할 수 있게 되었다.

마찬가지로 지금도 하나님께서 온 세상에 하나님 나라를 확장하시는 것이 맞다면, 세상의 1/5을 지배하는 이슬람 배후의 악한 영도 머지않아 몰락할 것이라고 기대할 수 있다. 이는 모든 모슬렘이 강제적으로 기독교인이 되는 것을 의미하는 것이 아니라 이들이 복음을 듣고 이해하며 선택할 자유를 가질 것을 의미한다. 또 이슬람 배후에 역사하는 악한 영 중 일부는 영향력 있는 다른 기관이나 조직(다국적 기업, 미디어, 테러 조직 또는 연예산업 등)을 통해 사람들을 통제하려고 시도할 수 있지만, 결국 만왕의 왕이시오, 만주의 주되신 예수 그리스도 앞에 모두 무릎 꿇고 결국 악한 영들의 계획은 실패할 것이다.

여기에는 종교계의 모든 악한 영이 포함된다. 예를 들어 모르몬교와 관련한 악한 영이 있다면, 그 악마는 속임의 능력을 잃게 되므로 모르몬 교도들은 바른 진리를 깨달을 것이다. 마리아를 숭배하도록 가르치는 로마 가톨릭 교회 배후에 역사하는 악한 영이 있다면, 그 악한 영이 굴복되면 가톨릭교도들이 바른 하나님의 뜻에 가까워질 것이다. 모든 기독교에 간섭하는 악한 영들은 영향력을 잃고 속임과 분열, 다툼이 줄어들 것이며 결과적으로 우리는 교회가 하나 된 모습으로 성숙하게 일어서는 것을 볼 것이다.

하나님의 심판이 끝나고 교만과 종교의 영이 모두 패배하면 무슨 일이 일어날까? 요한은 자신이 하늘에서 들은 음성으로 이 질문에 답한다.

> 하늘과 성도들과 사도들과 선지자들아, 그로 말미암아 즐거워하라 하나님이 너희를 위하여 그에게 심판을 행하셨음이라 하더라 (계 18:20)

하나님께서 원수(바벨론과 음녀)를 향한 심판을 마치실 때 사도들과 선지자들이 세상 권세에서 자유로워질 것이며, 하나님의 온전한 권위 안에서 행하고, 하나님 나라를 실제로 세우며, 하나님의 백성을 미혹하던 교만과 종교의 영이 패배함으로써 억압받던 성도들이 영광중에 일어날 것이다.

계시록 19장 ; 하나님의 나라가 승리한다!

예수님은 언제 재림하실 것인가? 누구도 그 날과 그 시를 모른다. 그러나 하나님 아버지께서는 모든 원수를 그 발아래 두실 때까지 예수님께서는 보좌에 앉으신다고 말씀하신다. 행 3:21은 다음과 같이 기록한다.

> 하나님이 영원 전부터 거룩한 선지자들의 입을 통하여 말씀하신 바 만물을 회복하실 때까지는 하늘이 마땅히 그를 받아 두리라

예수님께서는 모든 만물이 회복되고 모든 무릎이 굴복할 때 재림하실 것이다. 그렇다고 해서 예수님께서 재림하시기 전에 모든 악이 제거된다는 의미는 아니다. 마 13:31~32에서 예수님께서는 모든 씨앗 중에 가장 작지만, 동산에서 가장 큰 식물로 자라나는 겨자씨 비유로 하나님 나라를 말씀하셨다. 예수님께서 재림하실 때, 세상에서 가장 강력한 실제는 하나님 나라일 것이다. 하지만 원수도 세상에 자신의 씨앗을 뿌렸기 때문에 세상에는 여전히 악이 존재한다(마 13:36~43). 그러나 예수님께서 다시 오셔서 나머지 모든 원수를 굴복시키시고 알곡과 가라지, 양과 염소, 좋은 씨앗과 나쁜 씨앗을 분류하실 것이다.

예수님께서 재림하실 때, 모든 사람이 기독교인이 되어 있지는 않겠지만, 엄청난 부흥이 전 세계적인 차원에서 일어날 것이

며, 모든 사람이 복음을 듣고 응답할 기회를 가질 것이다. 또 세계적인 부흥으로 말미암아 국가 전체가 예수 그리스도를 주님으로 인정하는 일들이 일어나는데, 국가가 예수님께 구속될 것이라는 개념은 하나님께서 하나님 나라를 전진시키신다는 진리의 핵심 내용이다. 이 진리를 접한 적이 없는 기독교인들에게 국가 전체가 구속되는 개념은 거의 실현 불가능한 것으로 보일 것이다. 그러나 국가가 예수님께 구속될 것이라는 개념은 단순히 낙관적인 OPTIMISTIC 관점이 아니다.

물론, 우리가 이런 낙관적인 승리의 견해를 항상 가진 것은 아니다. 전술한 것처럼 아직도 많은 사람이 적그리스도가 세상을 장악하고 하나의 경제 체계를 수립하며, 하나의 세계 종교를 만들어 짐승의 표 받기를 거절하는 기독교인들의 목을 자를 것이라는 믿음을 가진 미래주의적 견해를 통해 오랜 세월 동안 세상은 점점 더 나빠지며, 예수님께서 다시 오셔서 이렇게 끔찍한 상황에서 휴거를 통해 우리를 구원하실 날이 올 것이라는 견해를 믿는다.

교회가 이런 부정적인 생각을 바꾸는 데 많은 시간이 걸렸다. 우리는 예수님의 재림 이전에 영광으로 가득 찬 교회가 일어날 것이라는 새로운 목소리를 듣기 시작했다. 이 믿음을 가진 사람들은 종종 사 60:1~2의 말씀을 인용한다.

> 1 일어나라 빛을 발하라 이는 네 빛이 이르렀고 여호와의 영광이 네 위에 임하였음이니라 2 보라 어둠이 땅을 덮을 것이며 캄캄함이 만

민을 가리려니와 오직 여호와께서 네 위에 임하실 것이며 그의 영광
이 네 위에 나타나리니

하나님의 영광이 그 백성에게 임할 것이라는 영광스러운 약속을 통해 우리의 소망이 새롭게 솟아나며, 어두운 세상 속에서 미래의 영광스러운 교회를 꿈꾸기 시작한다. 대다수 기독교인이 이 책을 통해 전에는 생각하지 못한 방식으로 성경에 기록된 종말을 연구할 때, 미래의 소망이 더욱더 커지고 높아질 것이다. 다음 구절이 방금 인용한 이사야 서의 내용을 새롭게 조명할 것이다.

나라들은 네 빛으로, 왕들은 비치는 네 광명으로 나아오리라
(사 60:3)

이 구절을 보면, 교회가 어두운 세상에서 빛을 비추며 일어날 뿐만 아니라 어두운 세상이 영광스러운 교회$^{GLORIOUS\ CHURCH}$에 응답할 것이라고 한다. 열방이 하나님의 영광을 발하는 교회를 볼 것이다. 종말이 올 때까지 세상은 어두워지지기만 하지는 않을 것이며, 종말이 다가올수록 하나님의 영광 빛이 더 강해진다는 의미이기도 하다. 종말을 향한 명백한 영광스러운 약속이 성경 전반에 기록되어 있지만, 영광스러운 승리의 견해를 가지지 않으면 찾아보기 어렵다.

이는 물이 바다를 덮음 같이 여호와의 영광을 인정하는 것이 세상에 가득함이니라 (합 2:14)

하나님께서 모세에게 다음과 같이 선포하셨다.

그러나 진실로 내가 살아 있는 것과 여호와의 영광이 온 세계에 충만할 것을 두고 맹세하노니 (민 14:21)

야곱은 다음과 같이 선포했다.

규가 유다를 떠나지 아니하며 통치자의 지팡이가 그 발 사이에서 떠나지 아니하기를 실로가 오시기까지 이르리니 그에게 모든 백성이 복종하리로다 (창 49:10)

하나님께서 예수님께 다음과 같이 약속하셨다.

내게 구하라 내가 이방 나라를 네 유업으로 주리니 네 소유가 땅 끝까지 이르리로다 (시 2:8)

하나님께서 예수님께 주신 약속을 친히 성취하실 것이다!

계시록 19장 ; 왕으로 계시되시는 예수님

우리는 요한계시록 19장에 예수님께서 영광중에 나타나시는 모습을 본다. 주님을 찬양하라! 요한은 다음과 같이 기록한다.

또 내가 들으니 허다한 무리의 음성과도 같고 많은 물 소리와도 같고 큰 우렛소리와도 같은 소리로 이르되 할렐루야 주 우리 하나님 곧 전능하신 이가 통치하시도다 (계 19:6)

혼인 잔치가 선포되며,

우리가 즐거워하고 크게 기뻐하며 그에게 영광을 돌리세 어린 양의 혼인 기약이 이르렀고 그의 아내가 자신을 준비하였으므로 (계 19:7)

신랑이 등장한다.

11 또 내가 하늘이 열린 것을 보니 보라 백마와 그것을 탄 자가 있으니 그 이름은 충신과 진실이라 그가 공의로 심판하며 싸우더라 12 그 눈은 불꽃 같고 그 머리에는 많은 관들이 있고 또 이름 쓴 것 하나가 있으니 자기밖에 아는 자가 없고 13 또 그가 피 뿌린 옷을 입었는데 그 이름은 하나님의 말씀이라 칭하더라 [14] 하늘에 있는 군대들이 희고 깨끗한 세마포 옷을 입고 백마를 타고 그를 따르더라 (계 19:11~14)

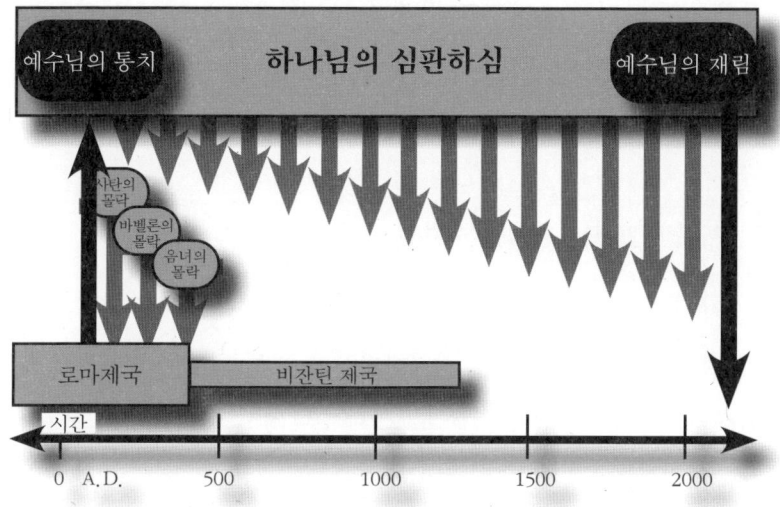

계시록 20장 ; 예수님의 천년 통치

요한계시록 20장에 기독교인들이 죽은 자 중에서 일어나는 "첫 번째 부활"과, 이렇게 부활한 이들이 예수님과 함께 천 년 동안 다스리는 "예수님의 천년 통치"가 나온다. 이 천년 통치를 어떻게 이해해야 할까? 언제 시작될까? 이 질문에 저자인 해럴드 에벌리와 마틴 트랜치는 부분적 과거주의자이지만, 천년 통치를 각자 다르게 이해한다. 지금까지 이 책은 같은 종말 견해를 제시했기 때문에 일부 독자들은 두 저자가 가진 천년 통치의 다른 견해에 혼란을 느낄 수 있다. 우리는 이것이 이 책의 약점이라기보다 오히려 강점이라고 본다. 천년 통지의 다양한 견해가 오히려 독

---

24. 7장에서 휴거를 더 깊게 다룰 것이다.

자들의 성경적 종말론 관점의 폭을 넓히는 데 도움이 될 것이다. 독자들은 여전히 부분적 과거주의자로서 다양한 천년 통치 견해를 가질 수 있으며, 서로 다른 천년 통치 견해를 가지면서도 얼마든지 좋은 친구가 될 수 있음을 알아주었으면 한다.

계시록 20장 ; 후천년설 견해

저자 마틴 트랜치를 포함한 대부분의 부분적 과거주의자들은 후천년 설^{POSTMILLENNIALISM}을 지지한다. 이 견해는 요한계시록 20장이 19장을 요약하는 것으로 보고, 예수님께서 승천하셔서 보좌에 앉으신 2천 년 전에 이미 천년 통치가 시작되었으며, 우리는 지금 천년 왕국의 통치 속에 산다고 본다. 후천년주의자들의 예수님께서 천년 통치가 끝날 때 지상에 재림하실 것이라고 이해한다.

후 천년설 견해

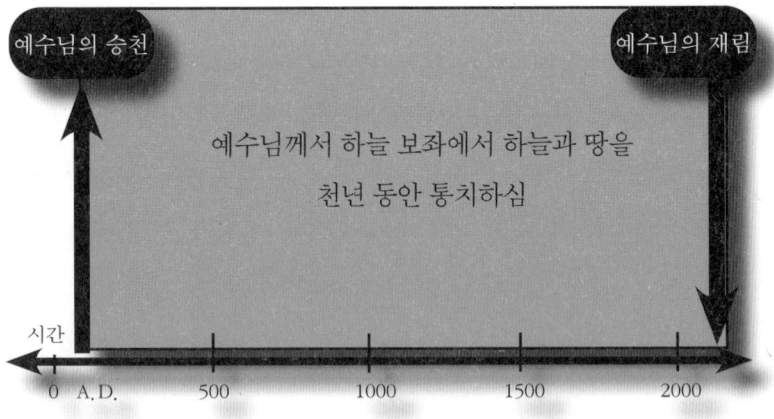

요한계시록 20장에 예수님께서 천년 동안 통치하신다고 기록되어 있지만 후천년주의자들은 1,000이라는 숫자가 문자 그대로 1,000을 의미하지 않는다고 이해한다. 히브리인들에게 1,000이라는 숫자는 무한한 숫자, 영원을 의미하기 때문에 천년 왕국은 "예수님께서 영원히 통치하신다"는 의미라고 본다. 실제로 히브리인들은 서구인처럼 1,000이라는 숫자를 수치적으로만 사용하지 않았다. 시편 50편 10절에 "이는 삼림의 짐승들과 천산의 생축이 다 내 것이며(개역 한글판)"라고 나오는데, 이것은 하나님께서 천 개의 산에서만 생축을 소유하신다는 의미가 아니라 모든 것을 통치하고 다스리심을 의미한다. 마찬가지로 시편 기자가 하나님의 집에서의 하루가 다른 곳에서의 천 날보다 낫다고 말할 때(시 84:10) 천 날이라는 숫자는 문자적인 의미가 아니다(출 20:6, 신 1:11, 시 68:27; 90:4 참조). 후천년주의자들은 1,000이라는 숫자가 수사적인 숫자이며 요한계시록 20장의 맥락에서 예수님의 초림과 재림 사이의 기간을 의미한다고 한다.

1000년을 무한한 시간으로 이해하는 견해는 어거스틴, 유세비우스, 존 칼빈, 존 녹스 및 요한 웨슬리 같은 교회사의 위대한 지도자들이 주장했다.[25] 후천년설은 1800년대의 복음주의 기독교인들에게 가장 인기 있는 종말론 견해였다.

---

25. 이들은 천 년이 무한한 시간을 나타낸다고 이해했지만, 이들 중 대부분은 무천년주의자이다.

> ### 존 칼빈
>
> 그러나 잠시 후, 예수님의 통치를 천 년으로 제한하는 천년 왕국 주의자들이 뒤따랐다. 이들의 견해는 평가할 가치가 없는 유치한 허구에 불과하다.
>
> (INSTITUTES OF THE CHRISTIAN RELIGION, VOL. 2:995. 2007년 12월 1일, HTTP://WWW.PRETERISTARCHIVE.COM/STUDYARCHIVE/C/CALVIL-JOHN_CALVINISM.HTML)

> ### 에피파네스
>
> 실제로 성 요한이 언급한 천년기가 있다. 경건한 사람들은 성 요한의 말을 참된 것으로 보지만, 동시에 영적인 의미로 받아들여야 한다.
>
> (이단들. 37. DEC. 1, 07. HTTP://WWW.PRETERISTARCHIVE.COM/STUDYARCHIVE/E/EPIPHANES_REVELATION.HTML)

계시록 20장 ; 전천년설 견해

대부분의 부분적 과거주의자들은 후천년주의를 지지하지만, 이 책의 저자 해럴드 에벌리를 포함한 어떤 사람들은 전천년주의를 견지한다. 전천년설은 요한계시록 20장이 1장에서 19장까지의 요약이 아니라 19장에 연결되는 개별적 내용이라고 이해하며, 예수님께서 천년 통치 이전에 지상에 재림하실 것이라고 본다. 전천년설에는 세대주의적 전천년설[DISPENSATIONAL PREMILLENNIALISM]과 역사적 전천년설[HISTORIC PREMILLENNIALISM]이라는 두 가지 다른 전천년 견해가 존재한다.

먼저, 현대 미래주의자들이 지지하는 세대주의적 전천년설은 요한계시록 4장에서 18장까지의 사건이 7년 대환란 때에 발생할 것으로 본다. 미래주의자들은 마지막 때 시나리오인 지진, 기근, 전쟁, 적그리스도가 예수님의 천 년 통치 앞서 발생할 것이라고 상상한다.

미래주의자들의 세대주의적 전천년설 견해

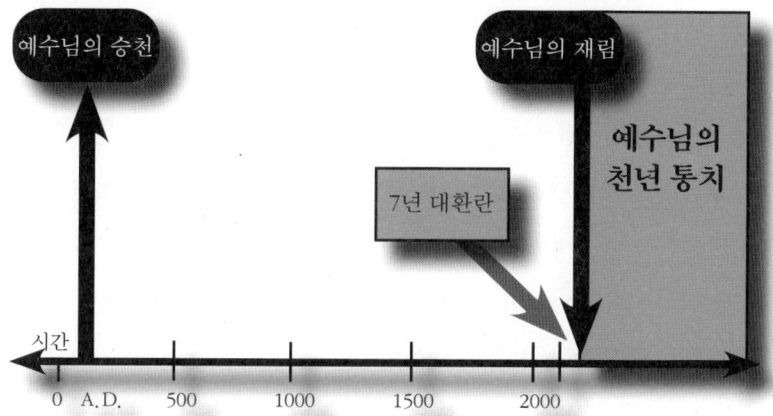

미래주의자들의 천년 왕국 견해는 역사를 각각 다른 시대로 나누는 세대주의 신학과 밀접하게 연관되어 발전했다. 세대주의 해석학 관점은 스코필드 주석 성경을 통해 널리 알려졌다. 또 다른 형태의 전천년설인 역사적 전천년설은 예수님께서 천년 통치 이전에 재림하실 것으로 보며 교회사에서 다양한 지도자들이 주장했기 때문에 "역사적"이라고 한다. 이 견해는 이레니우스, 순교자 저스틴, 파피아스 및 터툴리안을 포함한 많은 초대교회 교부가 주장했다.[26] 역사적 전천년설의 일부 반대자들은 세대주의 전

---

26. 켈리 버너(KELLY VARNER), WHOSE RIGHT IT IS (펜실베니아주 SHIPPENSBURG: DESTINY IMAGE 출판사, 1995년), P. 137; R. C. 스프라울(SPROUL), THE LAST DAYS ACCORDING TO JESUS (마이애미주 GRAND RAPIDS: 베이커 서적, 1998년), P. 198.

천년설과 혼동하며, 다양한 재난 시나리오가 역사적 전천년주의에 내포되어 있다고 주장한다. 하지만 이것은 오해다. 역사적으로 다양한 지도자들이 예수님의 미래 천년 통치를 언급할 때, 그 의미는 천년 통치 이상의 다른 의미가 아니었으며 단순히 미래의 천년 통치 그 이상도 그 이하도 아니다. 이 천년 통치는 문자적으로 1000년을 의미하거나, 비유적인 의미에서 예수님께서 선택하시는 기간 동안 통치하실 수 있음을 의미한다.

부분적 과거주의자들이 역사적 전천년설을 수용할 때 흥미로운 견해가 발생한다. 부분적 과거주의는 하나님 나라가 예수님께서 초림하셨을 때 이미 세워졌다고 믿는다. 하나님 나라는 흙 속의 씨앗처럼 또는 반죽 속의 누룩처럼 성장해서 다니엘의 뜨인 돌처럼 온 세상을 채울 때까지 자랄 것이다(다니엘 2장). 하나님 나라는 이미 이 땅 위에 있고 세상에서 점진적으로 확장된다.

미래주의자의 세대주의적 전천년설과 부분적 과거주의자의 역사적 전천년설 사이의 구별은 중요하다. 미래주의자들은 예수님의 재림 이전에는 하나님 나라가 지상에 도래하지 않거나 심지어 불가능한 것으로 믿지만, 부분적 과거주의자들은 하나님 나라가 과거 2천 년 동안 지상에 존재해 왔고, 계속해서 발전할 것이라고 믿는다. 역사적 전천년설을 주장하는 부분적 과거주의자들도 현재의 하나님 나라와 미래 천년 통치 기간의 하나님 나라를 구분한다. 현재는 하나님 아버지께서 나라를 다스리신다. 미래 천년 동안 예수님께서 이 나라를 다스리실 것이다.

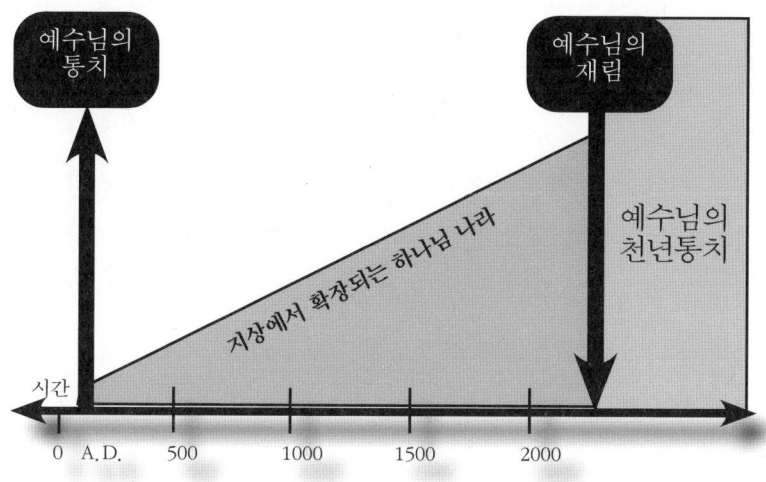

계시록 20장 ; 두 가지 승리적 견해

이제 미래주의자의 세대주의적 전천년설 견해는 제쳐두고, 부분적 과거주의자들이 주장하는 천년왕국의 두 가지 견해에 집중하자. 두 가지 부분적 과거주의 견해 모두(해럴드의 견해와 마틴의 견해) 승리적 견해에 해당한다. 후천년설과 역사적 전천년설 둘 다 하나님 나라가 2천 년 전에 이 땅에 도래했다고 믿으며, 둘 다 기독교인들이 지금 이 세상에서 하나님 나라를 경험한다고 믿는다. 그러나 두 천년 왕국 견해의 중요한 차이점은 사탄이 결박되어 무저갱에 던져지는 때와 관련이 있다.

2 용을 잡으니 곧 옛 뱀이요 마귀요 사탄이라 잡아서 천 년 동안 결박하여 3 무저갱에 던져 넣어 잠그고 그 위에 인봉하여 천 년이 차도록 다시는 만국을 미혹하지 못하게 하였는데..(계 20:2~3)

그러므로, 역사적 전천년설이 맞다면 예수님께서 재림하신 후 사탄이 무저갱에 던져지고 이 땅에 하나님의 나라를 충만하게 나타내실 것이다. 역사적 전천년설은 예수님께서 천국에 승천하사 아버지 하나님 오른편에 좌정하셨을 때 사탄이 폐위되었고, 예수님의 재림과 천년 통치 전까지 땅을 두루 헤맬 것이라고 본다.

반면, 후천년설이 맞다면 사탄은 예수님의 승천과 함께 이미 폐위되었을 뿐만 아니라 동시에 무저갱에 던져진 것이다. 이런 견해에 대해서는 훨씬 더 많이 언급할 내용이 있으며, 책 뒤의 참고 도서 목록에 열거된 여러 책이 후천년설을 지지한다. 후천년설의 가장 좋은 지지자는 데이빗 칠톤으로 그의 책 "낙원의 구속사-성경적 통치학"PARADISE RESTORED 도서출판 그리심"이다.

후천년설 부분적 과거주의자(마틴 트랜치)는 우리가 현재 예수 그리스도의 천년 통치 시대에 살기 때문에 예수님께서 2천 년 동안 계속해서 하나님 나라를 다스리신다고 본다. 반면 **역사적 전천년설 부분적 과거주의자**(해럴드 에벌리)는 하나님 아버지께서 하나님 나라를 통치하시며 하나님께서 모든 대적을 예수님께 굴복하게 하신 다음 예수님께서 천년 통치를 주관하실 것이라고 본다. 이 책의 목적은 서로 다른 종말론 견해를 변호하기 위한 것이 아니기 때문에 천년 통치 논의는 여기에서 마치도록 한다.

계시록 20:7~10 ; 사탄이 풀려남

천년 통치 후에 "사탄이 그 옥에서 놓일 것"(계 20:7)이며, 많은 사람을 모아 예수님을 대적하도록 마지막 쿠데타를 시도하지만, 이런 시도는 오히려 예수님을 대적하는 사람을 드러내는 결과를 초래하고, 대적자들은 하늘에서 내려오는 불에 소멸될 것이다.

계시록 20:11~15 ; 백보좌 심판

천년 왕국 통치 후에, 예수님께서 크고 흰 보좌 위에 앉으셔서 모든 죽은 자들과 크고 작은 사람들이 생명책에 기록된 대로 자기 행위를 따라 심판받을 것이다.

> 누구든지 생명책에 기록되지 못한 자는 불못에 던져지더라 (계 20:15)

최후 심판에 다룰 많은 내용이 있지만, 그 역할은 다른 책에 맡기고자 한다. 중요한 것은, 생명책에 이름이 기록되면 새 하늘과 새 땅으로 들어간다는 것이다. 새 하늘과 새 땅 외에 거할 유일한 장소는 불 못으로 불리는 지옥일 뿐이다. 이 내용은 우리의 정신이 번쩍 나도록 도전한다.

계시록 21장과 22장 ; 새 하늘과 새 땅

요한계시록 21장과 22장은 계시록 전체(어쩌면 성경 전체)에서 가장 영광스럽고 흥분되는 내용이다. 그 내용이 직설적이고 진흙 속에서 빛나는 진주처럼 명확하므로 설명을 위해 많은 부분을 할애할 필요가 없다.

> 또 내가 새 하늘과 새 땅을 보니 처음 하늘과 처음 땅이 없어졌고 바다도 다시 있지 않더라 (계 21:1)

이 본문에서는 현재의 세계가 실제로 없어진 후에 새로운 세계가 창조되는지, 또는 현재의 하늘과 땅이 번데기가 탈피하여 나비가 되는 것처럼 변화하는지 그 설명이 명확하지 않다. 성경에 몇 개의 구절에서 세상은 영원하며 절대 파괴되지 않을 것이라고 말씀하기 때문에(전 1:4; 시 78:69; 104:5) 후자의 경우가 더 타당하다고 볼 수 있다. 베드로는 현실 세계가 불로 멸망할 것(벧후 3:7, 10)이라고 하지만 그 문맥에서 세상이 물로 멸망한 내용(벧후 3:6)의 비유이기 때문에 이 세상은 불과 같은 정화를 통과하여 멸망함으로써 정결하고 거룩해진 후 하나님의 아들들이 나타나기를 바라며 간절히 탄식 해온 피조물들의 기도가 응답될 것이다(롬 8:19). 이 땅은 더 이상 "애통해 하는 것이나 곡하는 것이나 아픈 것"이 없는 영원한 거주지가 될 것이다(계 21:4).

계시록 21장 ; 새 예루살렘

하나님의 영광이 있어 그 성의 빛이 지극히 귀한 보석 같고 벽옥과 수정 같이 맑더라 (계 21:11)

    새 예루살렘이 하늘에서 새 땅의 중심 무대에 등장한다. 우리는 새 예루살렘을 문자 그대로, 또 상징적으로도 이해한다. 우리가 새 예루살렘을 문자적으로 받아들여야 하는 이유는 "그 성곽을 측량하매 백사십사 규빗이니 사람의 측량 곧 천사의 측량이라"(계 21:17)고 했기 때문이며, 이것은 곧 영적인 것과 자연적인 것의 일치를 나타낸다.

    동시에 우리는 새 예루살렘을 상징적으로도 여겨야 한다. 왜냐하면, 본문에 새 예루살렘이 "신부"라고 말하기 때문이다. 또 신약 성경에 교회는 사도들과 선지자들의 기초 위에 세워진 건물처럼 묘사된다(엡 2:19~22). 그리고 바울은 우리가 금, 은, 보석을 사용하여 세우는 데 주의해야 한다고 기록한다(고전 3:11~12). 요한은 이기는 사람들은 하나님의 성전의 기둥이 되며 하나님의 새 이름이 그 위에 기록될 것이라고 기록한다. 요한은 새 예루살렘이 신랑을 위해 예비된 신부처럼 하늘에서 내려올 것이라고 묘사한다.

이기는 자는 내 하나님 성전에 기둥이 되게 하리니 그가 결코 다시 나가지 아니하리라 내가 하나님의 이름과 하나님의 성 곧 하늘에서

내 하나님께로부터 내려오는 새 예루살렘의 이름과 나의 새 이름을
그이 위에 기록하리라 (계 3:12)

계시록 21~22장 ; 하나님의 거하심

그 후에 하나님께서 자기 백성 중에 영원히 거하시며 사람들은 주님의 얼굴을 보게 될 것이다(계 22:4). 셀라.

계시록 21장~22장 ; 우리의 영원한 집

22장에서 요한은 하나님과 어린양의 보좌를 통해 흐르는 강을 묘사한다. 이 강은 하나님의 생명을 만국으로 전달한다. 강 주위에는 열두 가지 열매 맺는 생명 나무가 있고, 그 잎사귀는 만국을 치료한다. 즉, 이것은 하나님께서 우리에게 필요한 양보다 더 많은 풍성함을 제공하신다는 의미이다.

이 새 하늘과 새 땅이 우리가 영원히 거할 장소가 된다는 사실에 주목할 가치가 있다. 많은 기독교인이 가르친 것처럼 우리는 영원히 구름에 둘러싸여 떠돌아다니지 않을 것이다. 우리는 실제 땅에 거하면서 영화로워진 육체를 가질 것이다. 요한계시록 22:3은 우리에게 하나님의 종들이 하나님을 섬긴다고 기록하는데, 이것은 곧 우리가 새 예루살렘에서 할 일이 있음을 의미한다. 우리는 영원히 찬양만 계속하는 것이 아니라, 맡은 바 사명을 책임질 것이며, 어떤 사람은 다른 사람보다 더 큰 권세를 가질 것이다(계

2:26~27). 우리는 영원히 행복하고, 분명한 목적이 있으며, 영원히 부지런하게 살 것이다.

요약

부분적 과거주의의 요한계시록 견해를 믿으면, 많은 새 개념을 수용할 수 있다. 첫째, 하나님 나라가 점진적으로 이 땅을 통치한다는 것이다. 이 세상 나라가 하나님과 예수 그리스도의 나라가 되어 간다. 둘째, 사탄이 이미 패배한 것을 알게 된다. 바울은 주님의 죽으심과 부활하심, 승천을 통해 사탄과 악한 영에게 일어난 일을 설명한다.

> 통치자들과 권세들을 무력화하여 드러내어 구경거리로 삼으시고 십자가로 그들을 이기셨느니라 (골 2:15)

2천 년 전에 예수님께서 보좌에 좌정하셨을 때, 하나님 아버지로부터 하늘과 땅을 다스리는 모든 권세를 받으셨다. 그리고 이때 사탄은 하늘에서 쫓겨났다(계 12장). 정확하게 말하면, 아담의 범죄로 말미암아 세상의 가짜 왕 행세를 하던 사탄이 폐위^{DETHRONED}된 것이다. 아직도 많은 그리스도인이 사탄이 여전히 세상을 장악하고 있다고 생각하지만, 실제로는 사탄의 나라는 완전히 정복되었다. 이 내용을 더 명확하게 알려면 "사탄의 나라$^{KINGDOM\ OF\ SATAN}$"라는 용어가 성경에서 단 하나의 문맥에서만 사용되는 사실을 알아야 한다. 예수님께서 어떤 사람에게서 귀신을 쫓아내실 때, 바리새인들은 예수님이 귀신들의 왕인 바알세불의 권세로 귀신을 쫓아내신다고 의심했다(마 12:24). 바리새인의 악의적인 의심에 예수님께서는 다음과 같이 응답하신다.

> 25 예수께서 그들의 생각을 아시고 이르시되 스스로 분쟁하는 나라마다 황폐하여질 것이요 스스로 분쟁하는 동네나 집마다 서지 못하리라 26 만일 사탄이 사탄을 쫓아내면 스스로 분쟁하는 것이니 그리하고야 어떻게 **그의 나라**가 서겠느냐 (마 12:25~26)

이것이 "그의 나라" 즉 사탄의 나라를 언급하는 유일한 본문이다(이 대화는 막 3:23~27과 눅 11:17~18에도 기록되어 있다). 중요한 것은 이 본문의 문맥이 사탄의 나라가 몰락할 것이라는 강력한 선포라는 사실이다! 계속해서 주님은 다음과 같이 말씀하신다.

> 28 그러나 내가 하나님의 성령을 힘입어 귀신을 쫓아내는 것이면 하나님의 나라가 이미 너희에게 임하였느니라 29 사람이 먼저 강한 자를 결박하지 않고서야 어떻게 그 강한 자의 집에 들어가 그 세간을 강탈하겠느냐 결박한 후에야 그 집을 강탈하리라 (마 12:28~29)

2천 년 전에 하나님 나라가 이 세상에 도래해서 사탄보다 더 강하신 분, 예수 그리스도께서 사탄의 권좌를 빼앗으셨다. 그날 이후, 사탄의 나라는 계속해서 무너지고 있다. 아직도 이땅 위의 어떤 영역에는 사탄의 영향력이 남아있지만, 결국 하나님의 나라에 완전히 정복할 것이다. 또 다른 본문에서 사도 바울은 예수님께 자신의 삶을 의탁한 사람은 흑암의 영역이나 권세(엑수시아 EXOUSIA)에서 예수님의 나라로 옮겨졌다고 설명한다(골 1:13). 그러므로 우리가 사탄의 영향력을 사탄의 나라, 혹은 사탄의 왕국이라고 부르는 것 자체가 사탄에게 너무 큰 특권을 주는 것이다. 여전히 이 땅에서 사탄이 역사하고 부리는 귀신도 이 세상에서 바쁘게 움직이지만 이제 더 이상 사탄에게 나라는 없다! 이런 이유로 우리는 하나님께 "나라와 권세와 영광이 아버지께 영원히 있사옵나이다"라고 기도하도록 배운 것이다(마 6:13).

이제 이 땅의 영적인 유일한 왕국은 하나님 나라뿐이다. 아직 이 땅에 남은 사탄의 부분적인 영향력은 이제 하나님의 백성이 일어나서 빼앗아야 한다. 물론 우리 혼자 이 일을 수행하는 것은 아니다. 하나님께서 세대를 거듭하여 원수를 심판하시면서 온 세상을 하나님 나라로 확장하신다. 그리고 우리는 하나님 나라의 통치를 수행하는 하나님의 동역자다.

사탄의 파멸 이외에도 요한계시록의 부분적 과거주의 견해를 받아들이면 중요한 또다른 새 이해를 가진다. 미래의 7년 대환란이 없다는 것이다. 7년 대환란은 미래주의자들이 요한계시록 4장에서 18장까지의 내용을 하나님께서 세상에 진노를 쏟으실 미래의 7년으로 보는 관점이다. 그러나 우리는 부분적 과거주의 견해를 통해 계시록 4장에서 18장까지의 내용이 미래의 7년 대환란이 아니라 이미 지나간 역사를 통해 성취되었음을 살펴보았다.

미래주의자들은 마태복음 24장과 다니엘 9:24~27을 자신의 7년 대환란 교리의 근거로 삼는다. 하지만 우리는 제1장에서 감람산 강화에 기술된 환란이 1세기에 성취되었다고 설명했다. 제3장에서 다니엘의 70이레도 이미 1세기에 성취되었다고 설명했다. 위의 구절 외에는 미래주의자들이 미래의 7년 대환란 교리를 구축하는 데 사용할 수 있는 구절이 없다. 우리가 역사적인 맥락으로 이 구절들을 이해하면 미래주의자들의 대환란 주장의 성경적 근거가 없음을 깨닫는다.

물론, 과거에도 그런 것처럼 미래에도 환란과 어려움이 있을 것이다. 예수님께서는 제자들을 향해 세상에서 환란을 겪을 것이라고 말씀하셨다(요 15:18~20).

> 18 세상이 너희를 미워하면 너희보다 먼저 나를 미워한 줄을 알라 19 너희가 세상에 속하였으면 세상이 자기의 것을 사랑할 것이나 너희는 세상에 속한 자가 아니요 도리어 내가 너희를 세상에서 택하였기 때문에 세상이 너희를 미워하느니라 20 내가 너희에게 종이 주인보다 더 크지 못하다 한 말을 기억하라 사람들이 나를 박해하였은즉 너희도 박해할 것이요 내 말을 지켰은즉 너희 말도 지킬 것이라 (요 15:18~20)

실제로 전 세계의 많은 그리스도인이 끔찍한 박해를 경험하고 있다. 예수님께서 재림하실 때까지 의인과 불의한 자 사이에 싸움이 존재할 것이다. 하지만 이 환란은 미래주의자들이 주장하는 7년 대환란과 아무런 상관이 없다. 미래주의자들은 전환란, 중도환란 또는 후환란 교리를 주장하는데, 이는 교회의 휴거가 환란 전, 환란 중 또는 환란 후에 있을 것을 의미한다. 그러나 부분적 과거주의자들은 전환란, 중도환란, 후환란을 주장하지 않으며 무환란을 지지하는데, 이는 미래에 어떠한 7년 환란도 없음을 의미한다. 그러나 7년 대환란은 없지만, 예수님께서 재림하실 때까지 어려운 시기가 있기 때문에 환란은 항상 존재한다고 볼 수 있다. 결론적으로 성경에는 7년 대환란의 근거가 없다.

5장

THE JEWS, ISRAEL, AND THE TEMPLE

유대인, 이스라엘, 성전

유대인의 미래라는 문제는 앞으로 미래가 어떻게 전개할 것인지에서 매우 중요한 부분이다. 유대인과 이스라엘, 성전 주제를 미래주의자와 부분적 과거주의자가 매우 다르게 이해한다.

메시아를 거절한 유대인

예수님께서는 유대 종교 지도자들이 하나님께서 보내신 선지자들을 거절한 것을 놓고 엄하게 책망하셨다. 예수님께서는 비유를 통해 포도원을 세우고 농부들을 배치한 후 여행을 떠난 포도원 주인을 말씀하셨다. 추수할 때가 다가오자 포도원 주인은 소산을 거두기 위해 종들을 보내지만, 농부들은 거절할 뿐만 아니라 심지어 주인의 종을 때려서 한 명은 죽인다. 포도원 주인은 더 많은 종을 보내지만 농부는 이들도 때리고 아무것도 주지 않는다. 그러자 포도원 주인은 농부들이 자기 아들은 존중할 것으로 생각하고 아들까지 보내지만 결국 농부들은 아들을 학대하고 죽인다(마 21:33~46). 마 21:45은 종교 지도자들이 이 비유를 들을 때 예수님께서 자신을 향해 말씀하심을 알았다고 기록한다.

> 그러므로 내가 너희에게 이르노니 하나님의 나라를 너희는 빼앗기고 그 나라의 열매 맺는 백성이 받으리라 (마 21:43)

유대 지도자들이 하나님 나라를 빼앗겼다는 진리는 유대인에게 호의적인 현대 기독교인이 받아들이기에 매우 어렵다. 특히 미래주의 견해를 가진 기독교인들은 하나님께서 이스라엘을 회복하시고 유대인들을 사용하시어 이 세상에 하나님의 나라를 세우실 것을 기대하기 때문에 더욱더 받아들이기 힘들어한다.

또 다른 비유를 통해 예수님께서는 유대인들이 예수님을 메시아로 받아들이지 않은 결과를 말씀하신다. 예수님께서는 자기 아들의 혼인 잔치에 많은 손님을 초대한 임금의 비유로, 초대받은 모든 사람이 핑계를 대고 참석하지 않자 임금은 진노하여 군대를 보내어 그들을 진멸하고 그 동네를 불사른다(마 22:7). 그리고 임금은 거리에서 만나는 사람들을 혼인 잔치에 초청한다. 예복을 입은 사람들은 임금이 환영하며 잔치에 참석하게 한다(마 22:1~14). 비유 후에 예수님은 유대 지도자들을 꾸짖으시고 바로 다음 장에서 한 세대 안에 예루살렘과 성전에 멸망이 임할 것을 선포하시면서 꾸짖음을 마치신다(마 23:36~38). 전술한 것처럼 주 후 70년에 이 꾸짖음이 성취되었다. 아벨에서 스가랴에 이르기까지 땅에 흘린 모든 의인의 피 값이 그 세대에 임했다(마 23:35~36).

유대인을 존중하는 기독교인

유대인들은 예수님을 메시아로 인정하지 않았지만, 기독교인들은 자기들의 영적 조상인 아브라함과 이삭과 야곱을 친 조상으로 둔 유대인들을 계속 존중했다. 심지어 바울은 유대인이 기독교인을 박해할 때도 하나님께서 아브라함과 그 자손을 선택하셨기 때문에 유대인을 존중해야 한다고 설명한다.

> 복음으로 하면 그들이 너희로 말미암아 원수 된 자요 택하심으로 하면 조상들로 말미암아 하나님의 선택받아 사랑을 입은 자라 (롬 11:28, 밑 줄친 부분 저자 추가)

바울은 유대인을 기독교인의 "적^{ENEMIES}"으로 인식했다. 하지만 동시에 유대인이 여전히 하나님의 선택받은 자들임을 분명히 한다. 바울은 "하나님의 은사와 부르심에는 후회하심이 없느니라" (롬 11:29)라고 말하는데, 이것은 하나님께서 이스라엘을 부르셨고 이스라엘과 맺은 언약을 지키실 것을 의미한다. 바울은 감람나무의 비유를 사용하여 이 진리를 더 설명한다.

> 17 또한 가지 얼마가 꺾이었는데 돌감람나무인 네가 그들 중에 접붙임이 되어 참감람나무 뿌리의 진액을 함께 받는 자가 되었은즉 18 그 가지들을 향하여 자랑하지 말라 자랑할지라도 네가 뿌리를 보전하는 것이 아니요 뿌리가 너를 보전하는 것이니라 (롬 11:17~18)

바울은 유대인들을 가지가 잘려나간 감람나무라고 하면서 감람나무의 가지가 얼마간 잘려나갔다고 해서 이방인이 교만해지면 안된다고 한다. 자칫 이방인 기독교인들이 유대인들을 향해 부정적인 태도를 보이는 실수를 범할 수 있다. 그러나 이방인 기독교인들은 유대인에게 율법과 하나님의 약속이 맡겨졌다는 사실을 기억해야 한다. 유대인들은 하나님께서 기독교 신앙의 기초를 세우도록 선택한 사람들이기 때문에 이방인 기독교인들은 유대인들을 존중해야 한다.

다가올 유대인의 각성

하나님께서는 아브라함의 자손을 거부하지 않으셨다(롬 11:1~2, 28~29). 유대인들은 예수님을 거부하고 하나님 나라를 빼앗겼지만, 미래에 특별한 기회가 보장된 하나님의 계획안에 있다. 바울은 롬 11:25에서 다음과 같이 설명한다.

형제들아 너희가 스스로 지혜 있다 하면서 이 신비를 너희가 모르기를 내가 원하지 아니하노니 이 신비는 이방인의 충만한 수가 들어오기까지 이스라엘의 더러는 우둔하게^{HARDENING} 된 것이라

"우둔하게 된 것^{HARDENING}"이라는 구절에서 일부 유대인이 예수님을 믿을 것이라고 기대할 수 있지만 이방인의 "충만한 수"가 구원받을 때까지 대다수 유대인은 믿지 않은 상태로 남아 있을 것이다. 하나님께서 이방인의 충만한 추수에 만족하실 때, 유대인의 눈을 열어서 많은 유대인을 구원하실 것이다(롬 11:23~29). 실제로 예수 그리스도께서 오시기 전에 유대인에게 대각성이 일어날 것이다.

그러나 유대인의 대각성은 추수의 끝을 알려 주는 것이 아니다. 복음을 영접한 유대인들이 이방인 사이에서 훨씬 더 큰 각성을 가져올 것이다. 바울은 이방인이 들어올 수 있도록 일정 기간 유대인이 완악해졌고 기록하면서 "그들을 버리는 것이 세상의 화목이 되거든 그 받아들이는 것이 죽은 자 가운데서 살아나는 것

이 아니면 무엇이리요?"(롬 11:15)라고 말한다. 유대인들이 구원을 받으면 전에는 알려지지 않았던 새롭고 놀라운 방법으로 모든 사람의 신앙이 살아나고 이런 미래의 각성은 이방인 기독교인들과 유대인 기독교인들 사이에 연합을 가져올 것이다. 이는 "한 새 사람"을 만드셔서 유대인과 이방인이 함께 하나님을 경배하고 섬긴다는 하나님의 약속이 성취되는 것이다(엡 2:13~22).

이스라엘의 땅은 어떻게 되는가?

예루살렘이 주 후 70년에 파괴된 이후 1948년 이전에 유대인들은 이스라엘 땅의 주권이 거의 없었다. 예수님께서 예언대로 예루살렘은 파괴되었으며, 유대인들은 흩어졌다.

> 그들이 칼날에 죽임을 당하며 모든 이방에 사로잡혀 가겠고 예루살렘은 이방인의 때가 차기까지 이방인들에게 밟히리라 (눅 21:24)

예루살렘은 지난 2천 년 동안 이방인들에게 짓밟혔다. 이스라엘의 온 땅이 많은 전쟁을 겪었으며 여러 민족의 지배를 받았다. 이스라엘은 1948년이 되어서야 유대인 지도자들의 통치에 따라 독립국이 되었다. 어떤 기독교인들은 1948년이 예루살렘이 더 는 짓밟히지 않고 "이방인의 때"를 향한 하나님의 시간표가 역사적으로 성취된 때라고 믿는다. 사실 이방인 된 우리에게는 그럴 수 있지만, 현재까지도 예루살렘이 어느 정도 유대인이 아닌 이방인에게 짓밟히고 있다. 유대인이 정치적으로 이스라엘을 통치하지만 다른 사람들(특히 아랍인들)이 이스라엘 특정 지역의 지배를 위해 싸우고 있는 것이 사실이다.

2천 년 전에 성전이 있던 자리에 바위 사원THE DOME OF THE ROCK이라는 이슬람 사원이 있는데, 바위 사원은 이슬람교도들에게 세 번째로 거룩한 장소지만 유대인들의 눈에는 가증스러운 장소다. 또 하나님께서 현재에도 이방인 사이에서 강력하게 역사하시기 때문에 미래주의자들이 말하는 것처럼 이방인의 때가 성취된 것인지 확신할 수 없다. 사실, 역사적으로 어느 때보다 지금 많은 이방인이 거듭난 기독교인이 되고 있다(매일 약 20만 명). 이렇게 명백한 사실 때문에 이방인의 때가 완성되었고 하나님께서 관심을 이방인에서 유대인에게 옮기셨다고 생각할 수 없다. 현실은 여전히 대부분의 유대인이 예수님의 복음에 마음이 닫혀있으며, 극히 소수만이 예수님께서 메시아이심을 믿는다.

이방인들의 때가 진실로 성취될 때, 이스라엘 땅에 무슨 일이 일어날 것인가? 미래주의자들은 하나님께서 아브라함의 자손들에게 땅을 돌려주시는 약속을 성취하실 것이라고 믿는다. 이들은 오래전에 하나님께서 아브라함에게 주신 약속을 인용한다.

> 그 날에 여호와께서 아브람과 더불어 언약을 세워 이르시되 내가 이 땅을 애굽 강에서부터 그 큰 강 유브라데까지 네 자손에게 주노니 (창 15:18)

미래주의자들은 하나님께서 전 세계에 흩어진 유대인들을 이스라엘로 돌아오게 하셔서(이 귀환을 알리야^{ALIYAH}라고 한다.) 이스라엘이 세상의 빛이 되는 나라로 세우시고, 하나님의 축복을 경험하고, 세상에서 가장 큰 권세를 가진 국가로 높임 받을 것이라고 믿는다.

부분적 과거주의자들의 견해는 매우 다르다. 앞서 설명한 것처럼(제3장) 490년에 걸친 하나님의 호의의 시간은 지나갔다. 유대인들은 미래에 대부흥을 경험하겠지만, 이스라엘 땅은 유대인들만 독점적으로 통치하는 상태로 회복되지 않을 것이라고 본다.

그러나 미래주의자들은 현재 유대인들이 전 세계에서 이스라엘로 이주하고 있으므로 하나님께서 아브라함을 향한 약속을 성취하시는 중이라고 주장한다. 실제로 최근 몇 년 동안 약 80만 명의 유대인이 러시아에서 이스라엘로 이주한 것이 사실이지만, 그들 중 상당수의 목적지는 이스라엘이 아닌 미국으로 가기 위한 중간 기착지로 이스라엘을 이용했다. 러시아뿐만 아니라 다른 나라에서도 이스라엘로 이주했지만, 이스라엘 신문 Yediot Ahronot은 2007년 4월 4일 자 기사에서 알리야로 일컬어지는 유대인 이동의 실제 수치를 보도했다.[1]

진실은 현재 이스라엘보다 미국에 더 많은 유대인이 거주 중이며 가장 많은 유대인이 모여 사는 장소는 예루살렘이 아닌 뉴욕이라고 한다. 유대인들의 대규모 이스라엘 귀환은 미래주의자들의 간절한 소망과 과장된 신화에 불과하다.

---

1. 흥미있고 확실한 참조 내용은 HTTP://ARCHIVE.NEWSMAX.COM/ARCHIVES/ARTICLES/2002/10/18/1802.SHTML에서 찾을 수 있다.

하나님께서 중동 지역에 의도하시는 것을 이해하려면 아브라함에게 주신 하나님의 언약이 오늘날 이스라엘로 알려진 땅에 국한된 것이 아님을 알아야 한다. 하나님께서 아브라함에게 "애굽 강에서에서 그 큰 강 유브라데까지"(창 15:18) 모든 땅을 약속하셨다. 유프라테스 강은 현재 시리아, 이라크, 쿠웨이트를 통과해 흐른다. 하나님께서 아브라함에게 약속하신 땅은 요르단과 레바논도 포함되며 이집트와 사우디아라비아 일부가 포함된다. 미래주의자들의 주장처럼 1948년의 이스라엘 회복이 하나님께서 아브라함에게 약속하신 땅을 현대 유대인들에게 돌려주시는 것이라면 유대인들은 두 개의 커다란 강 사이의 모든 땅을 소유해야 한다. 그러나 성경은 그 지역에서 일어날 미래의 가장 중요한 변화를 분명하게 말씀하신다. 이사야 서에 이렇게 기록되어 있다.

> 21 여호와께서 자기를 애굽에 알게 하시리니 그 날에 애굽이 여호와를 알고 제물과 예물을 그에게 드리고 경배할 것이요 여호와께 서원하고 그대로 행하리라 22 여호와께서 애굽을 치실지라도 치시고는 고치실 것이므로 그들이 여호와께로 돌아올 것이라 여호와께서 그들의 간구함을 들으시고 그들을 고쳐 주시리라 23 그 날에 애굽에서 앗수르로 통하는 대로가 있어 앗수르 사람은 애굽으로 가겠고 애굽 사람은 앗수르로 갈 것이며 애굽 사람이 앗수르 사람과 함께 경배하리라 24 그 날에 이스라엘이 애굽 및 앗수르와 더불어 셋이 세계 중에 복이 되리니 25 이는 만군의 여호와께서 복 주시며 이르시되 내 백성

애굽이여, 내 손으로 지은 앗수르여, 나의 기업 이스라엘이여, 복이 있을지어다 하실 것임이라 (사 19:21~25)

이 구절은 애굽, 앗수르, 이스라엘 사람이 같이 하나님께 예배드릴 날이 어떻게 올 것인지 알려준다. 이사야가 이 구절을 기록할 때 애굽과 앗수르는 거대한 제국이었으며 앗수르는 아브라함에게 약속된 땅 대부분을 포함했다. 이사야는 이 세 땅의 사람이 함께 예배드리기 위해 한 곳에서 다른 곳으로 여행할 날이 올 것이라고 예언했다. 하지만 현대에 이사야의 예언은 실현되기에 거의 불가능한 것처럼 보인다. 이사야가 언급한 사람들은 여러 세대를 지내오며 서로 싸웠고 애굽과 앗수르는 아랍 세계의 기초가 되었으며 아랍인 중 많은 사람은 모슬렘이다. 심지어 이사야는 아랍인들과 유대인들이 함께 하나님께 경배할 것이라고 예언한다.

이사야의 예언은 애굽과 앗수르를 향한 하나님의 마음도 드러낸다. 하나님께서는 애굽을 "나의 백성"으로 앗수르는 "나의 손으로 지은 것"이라고 부르신다. 유대인을 유일한 선민으로 생각하는 기독교인과 유대인은 하나님께서 이런 식으로 말씀하시는 것이 불편할 것이다. 물론 하나님께서는 유대인을 선택하셨지만, 유대인에게만 하나님의 은총을 주시려는 의도는 아니다. 오히려 유대인은 열방을 향한 빛으로 선택되었다. 하나님께서는 유대인을 향한 사랑과 같은 사랑으로 모든 사람을 대하신다.

유대인들은 유일한 선민이 아니라 모든 사람을 향한 하나님의 마음을 드러내기 위한 첫 열매다. 예수님께서는 유대인만이 아닌 다양한 사람을 당신에게로 모으실 날을 말씀하셨다.

> 또 이 우리에 들지 아니한 다른 양들이 내게 있어 내가 인도하여야 할 터이니 그들도 내 음성을 듣고 한 무리가 되어 한 목자에게 있으리라 (요 10:16)

이 약속은 서로 다른 사람이 함께 모여 한 목자를 따른다는 말씀이다. 과연 이 일이 어디에서 일어날까? 이 일은 세상 모든 곳에서 일어나겠지만, 특히 약속의 땅 이스라엘에서 두드러지게 나타날 것이다. 하나님께서는 세상에서 가장 떠들썩한 지역을 선택하셔서 다양한 사람이 모여 예수 그리스도를 한 목자로 섬기는 예표로 삼으실 것이다. 하나님께서는 아브라함에게 약속하신 땅을 유대인에게만 주지 않으실 것이다. 하나님께서는 약속의 땅을 모든 자녀에게 주실 것이다. 바울은 다음과 같이 분명하게 기록한다.

> 이 약속들은 아브라함과 그 자손에게 말씀하신 것인데 여럿을 가리켜 그 자손들이라 하지 아니하시고 오직 한 사람을 가리켜 네 자손이라 하셨으니 곧 그리스도라 (갈 3:16)

바울은 이 약속들이 아브라함과 그 자손들(복수)을 위한 것이 아니며 이 약속들이 하나님께서 아브라함과 그의 자손(단수) 예수 그리스도에게 주어졌다고 설명한다. 바울은 예수님을 믿는 모든 사람이 아브라함에게 약속된 축복을 상속할 것이라고 선포한다.

> 7 그런즉 믿음으로 말미암은 자들은 아브라함의 자손인 줄 알지어다... 28 너희는 유대인이나 헬라인이나 종이나 자유인이나 남자나 여자나 다 그리스도 예수 안에서 하나이니라 29 너희가 그리스도의 것이면 곧 아브라함의 자손이요 약속대로 유업을 이을 자니라 (갈 3:7~29)

바울은 아브라함에게 주신 하나님의 약속을 이해할 수 있는 올바른 방식을 제시한다. 약속의 땅은 누구에게 속한 것인가? 애굽의 강과 유브라데 강 사이에 있는 땅의 상속자는 누구인가? 바로 예수 그리스도를 믿는 모든 사람이다. 그렇다면 우리는 약속의 땅에 무엇을 기대해야 하는가? 이사야가 유대인이 이웃 나라와 함께 하나님을 경배할 것이라고 예언했기 때문에 유대인이 약속의 땅에서 특별한 존재라는 사실을 안다. 하지만 하나님께서 그 씨 - 예수님을 믿는 자녀에게 이 땅을 주실 것도 사실이다. 그러므로 우리는 약속의 땅에 많은 사람이 정착할 것을 예상할 수 있다. 모든 사람이 예수 그리스도의 주권에 굴복할 때, 그들은 열방에 빛이 될 것이다. 왜냐하면, 약속의 땅은 다양한 사람이 한 분의 목자이신 예수 그리스도 아래 함께 모이는 것을 세상에서 가장 잘 볼 수 있는 장소이기 때문이다.

예루살렘 성전은 어떻게 되는가?

미래주의자들은 7년 대환란 중에 적그리스도가 유대인의 제물과 희생 제사를 중단시킨다는 믿음이 있기 때문에 앞으로 대환란에 들어가기 전이나 직후에 예루살렘에 유대 성전이 재건되어야 한다고 믿는다. 유대 종교 체계에 따라 제물과 희생은 오직 성전에서만 드릴 수 있기 때문이다.

반면, 부분적 과거주의자들은 이 부분에 매우 다른 견해가 있다. 예수님께서는 유대인들에게 "보라 너희 집이 황폐하여 버린 바 되리라"(마 23:38)고 예언하신 대로 유대 성전이 주 후 70년에 파괴되었고, 황폐하여 버린바 되는 것이 말씀의 성취이기 때문이다. 하나님께서는 직접 폐기하신 유대 종교 체계가 재건되는 것을 원하지 않으시며, 또다시 사람이 동물 희생 제사나 예루살렘 성전의 대제사장을 통해서 나아오는 것을 원치 않으신다. 예수님은 하나님과 사람 사이의 유일한 중재자시다(딤전 2:5).

예수님과 사도들이 관심을 두신 유일한 성전은 성령님께서 내주하시는 새로운 성전(기독교인)이었다. 성경에는 예루살렘 성전이 재건될 것이라는 어떤 언급도 찾을 수 없다. 예수님과 스데반에게 선고된 사형의 이유는 모두 하나님께서 돌로 만든 성전에 거하지 않으시며, 유대 성전은 파괴되고 새로운 영적인 성전이 세워질 것이라고 선포했기 때문이다(요 2:19; 막 14:58; 행 6:13~14, 7:44~50).

성령님의 영감을 받은 신약성경 저자들이 기록한 성전의 이해가 우리의 이해가 되어야 한다. 옛 성전을 따르는 구습이 아니라 새 성전을 따르는 새로운 하나님의 약속이 성취되는 성경의 기록을 받아들여야 한다. 바울은 유대인과 이방인으로 구성된 새로운 성전이 하나님께서 거하시는 장소가 될 것이라고 말한다. 이 성전은 예수 그리스도를 모퉁이 돌로 삼고 사도들과 선지자들을 기초 위에 건축된다(엡 2:11~22). 이것이 예수님께서 세우시는 신약의 성전, 교회이며 지옥의 권세가 이기지 못할 것이다(마 16:18)!

요약

어떤 독자들은 우리가 제시하는 유대인 견해를 대체 신학 REPLACEMENT THEOLOGY[2]으로 혼동할 수 있는데 그것은 오해다. 대체 신학은 하나님께서 유대인과 맺은 언약을 끝내셨고 기독교인이 유대인을 대신하여 아브라함에게 주어진 모든 약속의 유업을 차지했다고 가르친다.

대체 신학의 또 다른 극단은 시온주의다. 시온주의는 하나님께서 유대인을 사랑하셔서 그들을 이스라엘로 귀환시키시고 성전을 재건하며 세계를 지배하는 나라로 만드실 것이라고 상상한다. 미래주의자들은 시오니즘을 상당 부분 지지하며 기독교 시온주의 CHRISTIAN ZIONISM[3]라고 부른다.

---

2. 대체 신학 : 약속의 땅을 포함하여 하나님께서 유대인에게 주신 모든 약속이 기독교인을 위한 약속으로 대체되었다고 주장하는 신학.
3. 기독교 시온주의 : 유대인들은 아브라함에게 약속된 땅을 포함한 하나님의 모든 약속을 성취할 것이라고 본다.

우리는 대체 신학이나 기독교 시온주의가 아니라 한 새사람^{ONE} $^{NEW\ MAN4}$을 가르친다. 이 견해는 하나님께서 여전히 유대인과 언약을 맺고 계시다고 보며, 미래에 유대인에게 주실 영적 대각성이 보장되어 있다고 본다. 하지만 약속의 땅에 관한 아브라함의 언약은 유대인만이 아니라 예수님을 믿는 모든 사람에게 유효하다고 본다. 이 견해의 궁극적인 목적은 유대인과 이방인이 같이 한 새사람이 되어 함께 하나님을 경배하는 것이다(요 10:16; 엡 2:11~22).

기독교 시온주의자들은 유대인과 이스라엘 국가를 향해 커다란 충성심을 보인다. 유대주의가 기독교의 기초를 형성하기 때문에 기독교인들이 유대인들을 사랑하는 것이 놀라운 일은 아니며, 하나님께서 마지막 대부흥 때 유대인들과 이방인들의 마음을 하나로 만드실 것이다. 하지만 부분적 과거주의자들은 하나님께서 약속을 성취하시는 방식으로 기독교 시온주의를 사용하신다고 믿는 것은 오해라고 여긴다. 기독교 시온주의에서 말하는 것처럼 아브라함에게 약속된 땅을 유대인들만 배타적으로 소유하지 않을 것이다. 나무에서 잘린 가지처럼 유대인들이 아브라함에게 약속된 축복에서 단절되었다(롬 11:17~19). 이제는 예수님을 메시아로 받아들이는 유대인들이 접붙임을 받아(롬 11:24) 하나님의 모든 자녀에 포함할 날이 올 것이다. 그러므로 기독교인 유대인들과 이방인들이 약속의 땅을 함께 소유할 것이다.

---

4. 한 새 사람 : 하나님께서 미래에 일어날 대각성을 포함하는 유대인을 향한 언약을 여전히 가지시지만, 약속의 땅을 포함하여 아브라함에게 하신 하나님의 약속이 예수님을 믿는 모든 사람에게도 유효하다는 견해.

기독교 시온주의자들은 유대인과 이스라엘을 향해 강력한 지지와 충성심을 보인다. 사실 유대교가 기독교의 기초를 형성했기 때문에 기독교인이 유대인을 존중하는 것은 놀라운 일이 아니다. 그러나 부분적 과거주의자들은 기독교 시온주의가 하나님께서 언약을 이루시는 것을 오해한다고 본다.

가장 중요한 것은, 아브라함에게 주어진 약속의 땅은 유대인들만을 위한 것이 아니라는 점이다. 감람나무의 잘린 가지처럼 유대인들은 아브라함에게 약속된 축복에서 끊어졌다(롬 11:17~19). 예수님을 메시아로 영접한 유대인들이 축복에 다시 연결될 때가 오겠지만, 유대인뿐만 아니라 모든 하나님의 자녀가 함께할 것이다. 그러므로 약속의 땅은 메시아닉 쥬(예수 그리스도를 믿는 유대인)와 이방인이 함께 소유할 것이다.

만일 여러분이 우리가 설명하는 견해를 받아들인다면 앞으로 이방인의 때가 찰 때 일어날 엄청난 영혼의 추수를 기대하게 된다. 이 추수는 유대인의 마음에 거룩한 질투를 불러일으키고 유대인은 복음에 응답하고 유대인과 이방인이 함께 예수 그리스도를 경배하며, 그때 비로소 예루살렘에 평화가 있을 것이다. 그 날이 속히 오도록 함께 기도하자.

6장

THE ANTICHRIST

적그리스도

미래주의 종말론 견해를 가진 기독교인들은 "적그리스도"라는 말을 들으면 머릿속으로 사탄에게 사로잡힌 악한 지도자를 떠올린다. 이 지도자는 하나의 세계 정부, 통합된 경제 체계, 그릇된 종교 체계를 설립하여 곧 전 세계를 장악할 것으로 생각한다.[1] 이번 장에서는 과연 이런 적그리스도가 진짜 성경에 기록되어 있는지 볼 것이다.

---

1. 유명한 미래주의자인 잭 반 임패(JACK VAN IMPE)는 "적그리스도가 현재 살아 있으며 자신이 움직일 때를 기다린다고 주장한다. (MILLENNIUM: BEGINNING OR END?(지복천년, 시작인가 끝인가?), 테네시주 네쉬빌: WORD 출판사, 1999년, P. 5).

적그리스도의 일관된 구절들

당신은 "적그리스도"가 단지 성경의 네 구절에만 기록된 사실을 아는가? 네 구절 모두 요한일서와 요한이서에 있다. 우리는 성경이 증거하는 적그리스도를 알기 위해 이 구절을 각각 살펴볼 것이다. 그러나 먼저 우리는 적그리스도라는 주제를 성경이 얼마나 적게 말하는지 깨달아야 한다.

미래주의 종말론 견해를 배운 일부 기독교인들은 요한계시록을 다가올 적그리스도가 마지막 때에 세상에서 수행할 악한 활동을 기록한 것으로 생각한다. 하지만 안타깝게도 "적그리스도"라는 단어는 요한계시록에서 단 한 번도 언급되지 않는다. 이 사실은 오랫동안 미래주의 종말론 가르침을 받아온 기독교인에게 매우 큰 큰 충격이다. 요한계시록에 적그리스도가 나온다는 믿음은 대부분 적그리스도를 요한계시록에 언급된 짐승과 동일시하는 데서 비롯된다. 제4장 요한계시록에서 연구한 것처럼 짐승은 로마제국과 연결되어 있음을 확인했다. 부분적 과거주의자들은 요한 일서와 요한 이서에서 언급하는 적그리스도가 요한계시록의 짐승과 연결할 정당한 근거가 없음을 안다. 더 자세히 보겠지만, 성경에 기록된 적그리스도 묘사와 요한계시록의 짐승 묘사는 완전히 다르다.

미래주의자들은 적그리스도를 단 9:27에 언급된 희생 제사와 소제를 폐지하는 사람과 연관시키고 싶어 한다. 그러나 다니엘 9

장에 적그리스도는 전혀 나오지 않으며 제3장에서 논의한 것처럼 희생 제사와 소제를 폐지한 사람은 오히려 십자가의 죽으심으로 희생 제사와 소제를 폐지하신 예수님으로 이해하는 것이 더 성경 해석학적으로 정확하다.

미래주의자들은 예수님께서 마 24:15에 언급하신 멸망의 가증한 것을 적그리스도라고 믿고 싶어 한다. 그러나 우리가 제1장에서 살펴본 것처럼 예수님께서 말씀하신 가증한 것은 예루살렘을 포위한 로마 군대라고 이해하는 것이 더 정확하다. 누가는 같은 내용을 기록하면서 멸망의 가증한 것이 군대라고 밝힌다.

> 너희가 예루살렘이 군대들에게 에워싸이는 것을 보거든 그 멸망이 가까운 줄을 알라 (눅 21:20)

미래주의자들이 적그리스도를 가르치기 위해 일반적으로 사용하는 유일한 성경 구절은 살후 2:3~10으로, 바울이 불법의 사람(죄의 사람 또는 멸망의 아들이라고도 함)을 말하는 부분이다. 그러나 이 구절은 미래의 적그리스도와 아무 상관이 없다. 불법의 사람을 알아보기 전에 먼저 "적그리스도"라는 단어가 실제로 등장하는 네 개의 성경 구절을 살펴보자.

요한의 적그리스도 묘사

전술한 것처럼 성경에서 "적그리스도"라는 단어를 찾을 수 있는 곳은 네 구절에 불과하며 네 구절 모두 요한일서와 요한이서에 등장한다. 요한이 이 용어를 어떤 의미로 사용했는지 이해하려면 요한이 살았던 시대의 역사적 배경과 수신자들을 살펴봐야 한다. 요한은 소아시아에서 주요 사역을 수행했는데 이곳은 기독교를 왜곡한 영지주의^{GNOSTICISM}의 중심지였다. 요한의 사역을 바르게 이해하려면 1세기에 발생한 영지주의를 알아야 한다.

1세기 영지주의

1세기 초반의 영지주의는 영적 세계(영계)와 자연 세계(자연계)가 뚜렷하게 분리된 이분법적 세계관이었다. 영계는 선하고 좋으며 자연계는 부패하고 타락했다고 간주했기 때문에 영지주의 세계관을 가진 지도자들이 기독교를 수용할 때, 하나님께서 육체를 입으시고 예수님의 형상으로 타락한 세상에 오실 수 없다는 결론을 내렸고, 이것은 예수님의 본질에 관한 잘못된 가르침으로 이어졌다. 이들은 자연계가 타락했기 때문에 좋은 기독교인이 되려면 영적으로 매우 민감해져야 한다고 믿었다. 그러므로 영지주의는 사람이 하나님을 알려면 비밀스러운 지식을 가져야 한다고 가르치면서 신비적 이해를 발전시켰다. 영적인 지식^{GNOSIS}이라는 단어에서 영지주의^{GNOSTICISM}가 유래했는데, 이는 문자적으로 "지식"을 의미한다.

1세기 동안 영지주의는 다양한 형태로 등장했는데 가장 영향력 있는 영지주의 그룹은 구약을 완전히 거부하고 구약의 하나님은 악마이며 예수님께서 우리에게 "알려지지 않은 아버지"를 계시하기 위해 오셨다고 주장했다. 다른 영지주의는 구약의 종교 예식이 기독교인들에게 여전히 유효하다고 가르쳤으며, 또 다른 영지주의는 극도의 고행과 채식주의, 결혼을 포함한 일체의 성적인 표현을 반대하는 금욕주의였으며, 또 다른 영지주의는 모든 율법에서의 "자유"와 함께 난잡한 혼음을 예배 예식의 일부라고 주장했다.

당시에 가장 유명한 영지주의 교사는 케린투스^{CERINTHUS}였는데 그는 소아시아에 살던 유대인으로, 예수님께서 성령으로 잉태된 것이 아닌 요셉과 마리아의 아들인 일반 사람이라고 가르쳤으며 예수님께서 세례를 받으실 때 "그리스도^{CHRIST}"라는 영이 임했다가 십자가에 못 박히실 때 떠났다고 주장했다. 예수님께서 사람들이 물리적 세계에 묶인 노예 상태를 극복하는 비밀스러운 가르침을 가져오셨으며, 동시에 유대인의 관습을 함께 지키면 관능적인 즐거움$^{SENSUAL\ PLEASURES}$을 누리면서 문자 그대로 1천 년 동안 살 수 있다고 믿었다. 이런 케린투스의 가르침이 소아시아 전역에 만연했다.

역사적인 기록을 보면 요한이 케린투스를 얼마나 싫어했는지 알 수 있다. 어느 날 요한이 제자들과 함께 에베소의 공중목욕탕에서 케린투스를 만나자마자 목욕탕을 나가면서 "진리의 대적인 케린투스 때문에 목욕탕이 무너질 것"이라고 제자들에게 경고했다고 한다.[2] 사도 요한은 이렇게 극심한 영지주의적 환경에서 사역했다. 기록에 의하면 주 후 150년쯤에는 모든 기독교인의 1/3 이상이 작든 크든 영지주의의 영향을 받았다고 한다. 영지주의는 매우 큰 규모의 악한 주술(CULT)이었으며, 교부들의 주요 관심사였다. 사도 요한은 영지주의를 향한 싸움의 최전방에 서 있었다.

요한, 영지주의 가르침을 수정하다

우리는 요한이 사역한 역사적 배경을 통해 요한이 기록한 성경을 더 쉽게 이해할 수 있다. 예를 들어 요한복음은 이렇게 시작한다.

> 1 태초에 말씀이 계시니라 이 말씀이 하나님과 함께 계셨으니 이 말씀은 곧 하나님이시니라 2 그가 태초에 하나님과 함께 계셨고 그가 태초에 하나님과 함께 계셨고… 14 말씀이 육신이 되어 우리 가운데 거하시매 우리가 그의 영광을 보니 아버지의 독생자의 영광이요 은혜와 진리가 충만하더라 (요 1:1~14)

당신은 이 말씀이 얼마나 심오한 것인지 아는가? 영지주의는 자연계를 악하다고 생각하기 때문에 예수님께서 하나님이시면서 사람의 몸을 입으셨다는 사실을 믿지 않았다. 그러나 요한은 자기가 직접 사람의 몸을 입으신 예수님을 두 눈으로 보았다고 담대히 증거한다. 예수님은 이 땅에 오셔서 실재하셨다(JESUS WAS REAL).

---

2. 팜필리우스 유세비우스(PAMPHILIUS EUSEBIUS), 교회사 (영국 런던; 펭귄서적, 1965년), III, p. 28.

요한은 예수께서 참 하나님이시면서 사람의 몸을 입으셨다고 증거한다. 또 요한은 요한일서의 시작을 예수님을 향한 영지주의 견해를 정면으로 반박하는 선포로 시작한다.

> 1 태초부터 있는 생명의 말씀에 관하여는 우리가 들은 바요 눈으로 본 바요 자세히 보고 우리의 손으로 만진 바라 2 이 생명이 나타내신 바 된지라 이 영원한 생명을 우리가 보았고 증언하여 너희에게 전하노니 이는 아버지와 함께 계시다가 우리에게 나타내신 바 된 이시니라 (요일 1:1~2)

이제 요한이 얼마나 분명하고 강력하게 영지주의에 맞섰는지 이해하는가? 요한은 자신뿐만 아니라 다른 사도들도 예수님의 말씀을 듣고, 보았고, 손으로 만졌다고 한다. 예수님께서는 하나님이시며 육신을 입으셨다. 영지주의에 맞선 요한의 싸움은 성경학자들 사이에 이미 잘 알려진 내용이다.

요한일서와 요한이서의 적그리스도

이런 역사적 이해를 바탕으로 요한의 서신들을 보자. 요한일서에서 영지주의 거짓 예언자들을 경고한다.

> 1 사랑하는 자들아 영을 다 믿지 말고 오직 영들이 하나님께 속하였나 분별하라 많은 거짓 선지자가 세상에 나왔음이라 2 이로써 너희

가 하나님의 영을 알지니 곧 예수 그리스도께서 육체로 오신 것을 시인하는 영마다 하나님께 속한 것이요 3 예수를 시인하지 아니하는 영마다 하나님께 속한 것이 아니니 이것이 곧 적그리스도의 영이니라 오리라 한 말을 너희가 들었거니와 지금 벌써 세상에 있느니라 (요일 4:1~3)

요한일서가 영지주의 사상과 문화의 영향을 받은 1세기 기독교인들을 향한 서신임을 이해하면, 여러 교사를 판단하라는 경고의 의미가 무엇인지 알 수 있다. 요한은 교사들을 판단하기 위한 가장 기본적인 기준은 예수 그리스도를 어떻게 가르치는가에 두었다.

참된 선지자와 교사는 "예수님께서 육체로 오신 것"을 인정하지만, 영지주의의 거짓된 예언자들과 교사들은 이것을 부인할 것이다. 요한이 말하는 적그리스도는 예수님께서 육체로 오신 것을 부인하거나 예수님께서 하나님이심을 부인하는 영이다. 요한이 말하는 적그리스도는 언제 세상에서 활동했을까? 요한은 적그리스도가 이미 "벌써 세상에 있다"고 말한다. 즉, 요한이 살았던 1세기에 이미 적그리스도가 활동 중이었다. 요한은 적그리스도의 활동을 "많은 거짓 예언자들이 세상에 나왔다"는 말로 확증한다.

그러나 미래주의자들은 적그리스도가 1세기에 있었다는 현실을 받아들이기 어려워한다. 우리가 앞서 살펴본 대로, 미래주의자들은 자신의 전제에 따라 종말로 여기는 모든 성경의 언급과 사건이 미래에 발생할 것이라고 믿는다. 반면, 부분적 과거주의자들은 특정한 구절을 미래나 과거에 억지로 끼워 맞추지 않으면서 해당 구절을 각각의 문맥과 역사적 상황에 따라 이해하려고 노력한다. 부분적 과거주의자들은 성경을 해석할 때, 해당 구절의 문맥을 확인하고 역사 기록을 고려하여 역사적으로 입증할만한 사건이 존재하는지 찾는다. 우리가 부분적 과거주의자의 관점으로 요한일서를 보면 문맥이 제시하는 두 개의 시간 기준을 발견할 수 있다.

1) "세상에 나왔다" 2) "이제 벌써 세상에 있다"

시간 기준을 향한 미래주의적 편견을 배제하고 요한의 시간 기준을 이해하면, 요한이 기록한 적그리스도는 그의 생애 동안 활동한 사람이라는 것에 의심의 여지가 없다. 이제 적그리스도를 언급하는 다른 구절을 살펴보자. 요일 2:18은 다음과 같이 기록한다.

> 아이들아 지금은 마지막 때라 적그리스도가 오리라는 말을 너희가 들은 것과 같이 지금도 많은 적그리스도가 일어났으니 그러므로 우리가 마지막 때인 줄 아노라

이 구절에서 요한은 적그리스도를 묘사하거나 정의를 제시하는 것이 아니라 적그리스도가 많다고 알려줌으로써 우리의 이해를 넓힌다. 더 나아가, 적그리스도"들"이 이미 "나타났다"고 한다. 요일 2:22은 덧붙여 말한다.

> 거짓말하는 자가 누구냐 예수께서 그리스도이심을 부인하는 자가
> 아니냐 아버지와 아들을 부인하는 그가 적그리스도니

이런 적그리스도 묘사는 우리가 앞서 살펴본 내용과 비슷하다. 적그리스도는 예수님께서 그리스도이심을 부인하며 성부와 성자를 부인 한다. 마지막으로, 적그리스도가 언급된 마지막 구절을 살펴보자.

> 미혹하는 자가 세상에 많이 나왔나니 이는 예수 그리스도께서 육체
> 로 오심을 부인하는 자라 이런 자가 미혹하는 자요 적그리스도니
> (요이 1:7)

요한의 적그리스도 묘사를 보면, "예수 그리스도께서 육체로 오심을 부인하는 미혹하는 자"라고 표현한다. 요한이 1세기 영지주의 가르침에 얼마나 분명하게 대적하는지 이해되는가? 요한은 자신이 생존하는 동안 활동했던 미혹하는 자를 말한다. 그래서 성경의 다른 부분에는 적그리스도라는 단어 자체가 없다. 요한서신의 역사적 배경을 주목하는 기독교인들에게 요한이 1세기 동안 대적한 대상은 영지주의 교사임이 분명하다.

요한이 적그리스도를 언급하는 네 개의 구절 중 세 구절에서 적그리스도는 예수 그리스도께서 하나님께로부터 오심과 예수님께서 육체로 오심을 부인하는 사람을 적그리스도라고 묘사한다.

또 네 구절 중 세 구절에서 요한은 적그리스도가 1세기에 활동했다고 분명하게 말한다.

1) "지금도 많은 적그리스도가 일어났으니" (요일 2:18)
2) "이제 벌써 세상에 있느니라" (요일 4:3)
3) "세상에 나왔음이니라" (요일 4:1)
4) "세상에 나왔나니" (요이 1:7)

미래주의자의 가르침에 익숙한 기독교인에게는 이 사실이 매우 당황스러울 것이다. 내 목회자 친구 중의 한 명이 부분적 과거주의에 입각한 요한 일서와 요한 이서의 진리를 회중에 선포하자 한 여인이 "내 적그리스도를 빼앗아 가지 마세요!"라고 외쳤다. 이 사건은 슬프지만 사실이다. 실제로 어떤 기독교인들은 미래주의의 적그리스도 가르침에 너무 깊이 빠져든 나머지 다른 관점은 전혀 받아들이지 못한다. 이것은 분명히 위험하다.

불법의 사람

미래주의자들은 적그리스도를 살후 2장에 언급된 불법의 사람(죄의 사람 또는 멸망의 아들이라고도 함)과 동일시한다. 일반적으로 사람들은 이미 자신이 규정한 미래의 선입견을 품고 성경에 접근하기 때문에 이 불법의 사람이 실제로 성경에 어떻게 언급되는지 매우 주의 깊게 살펴볼 필요가 있다.

3 누가 어떻게 하여도 너희가 미혹되지 말라 먼저 배교하는 일이 있고 저 불법의 사람 곧 멸망의 아들이 나타나기 전에는 그 날이 이르지 아니하리니 4 그는 대적하는 자라 신이라고 불리는 모든 것과 숭배함을 받는 것에 대항하여 그 위에 자기를 높이고 하나님의 성전에 앉아 자기를 하나님이라고 내세우느니라… 9 악한 자의 나타남은 사탄의 활동을 따라 모든 능력과 표적과 거짓 기적과 10 불의의 모든 속임으로 멸망하는 자들에게 있으리니 이는 그들이 진리의 사랑을 받지 아니하여 구원함을 받지 못함이라 (살후 2:3~10)

불법의 사람이 누구인지 이해하기 위해서 바울이 서신을 기록한 역사의 배경을 알아야 한다. 바울은 누구에게 이 편지를 썼나? 이 편지는 데살로니가 지역에 살던 신자들을 위해 기록한 것이다. 중요한 것은 불법의 사람이 활동한 시기인데, 바울은 불법의 사람이 나타나기 전에 먼저 배교하는 일이 발생한다고 말한다. 우리가 이미 1장에서 논의한 것처럼, 배교는 먼 미래에 일어날 일이 아니라 주 후 1세기에 발생한 일이었다.

예루살렘의 시릴(CYRIL)

많은 사람이 건전한 교리에서 벗어나, 선한 것보다 악한 것을 선호하기 때문에 "배교"가 존재하고 대적의 등장이 예상된다.

(고대 기독교 주석(ANCIENT CHRISTIAN COMMENTARY) 2000년, XI, p. 109)

바울은 불법의 사람이 등장하는 또 다른 시간대를 제공한다.

6 너희는 지금 그로 하여금 그의 때에 나타나게 하려 하여 막는 것이 있는 것을 아나니 7 불법의 비밀이 이미 활동하였으나 지금은 그것을 막는 자가 있어 그 중에서 옮겨질 때까지 하리라 (살후 2:6~7)

이 구절에서 바울은 불법의 사람이 자신이 사는 시기에 등장한다고 세 번 언급한다.

1) "지금... 막는 것"
2) "이미 활동하였으나"
3) "지금... 막는"

바울은 데살로니가 사람들에게 "너희는 지금 그로 하여금 그의 때에 나타나게 하려 하여 막는 것이 있는 것을 아나니"라고 말하는데, 이는 데살로니가 지역 신자들이 불법의 사람이 누구인지 잘 알았으며, 당시에 그들 주위에서 일어난 일이었음을 말해준다. 더구나 우리는 바울이 주 후 68년경에 순교 당한 것을 알기 때문에 이 본문에 나오는 불법의 사람은 그 당시 또는 그 이전의 사람을 기록한 것이 틀림없다. 그렇다면, 이 불법의 사람은 누구인가?

이 질문에 한 가지 답만 제공하기가 훨씬 더 쉽지만, 기독교 역사를 살펴보면 수십(또는 수백) 명의 사람이 불법의 사람으로 등장했으며 이에 관한 광범위한 연구 결과, 신빙성이 있는 세 가지 답을 제시할 수 있다. 하지만 불법의 사람이 누구인지의 답은 부차적인 이슈에 불과하고 이 책은 불법의 사람에게만 집중하지 않기 때문에 세 가지 대답을 간략하게만 살펴볼 것이다. 불법의 사람의 자세한 내용은 참고문헌에서 확인할 수 있다.

불법의 사람, 네로 황제

우리가 불법의 사람을 언급할 때 바울이 기록한 서신의 수신자가 소아시아 지역에 사는 사람으로서, 불법의 사람이 누구인지 알 수 있었다는 사실을 고려해야 한다. 물론 우리는 데살로니가후서를 거룩한 성경으로 인정하고, 자신의 개인적인 삶에 적용할 수 있다. 하지만 우리는 성경의 역사적 배경 역시 중요하게 생각해야 한다. 바울은 2천 년 전, 힘든 시기를 통과하는 친구들과 제자들에게 편지를 쓴 것이다.

우리가 만일 1세기 기독교인이었다면 데살로니가후서의 불법의 사람을 읽으면서 로마 황제 네로를 떠올렸을 것이다. 당시의 사람들은 네로 황제보다 더 많은 불법을 저지른 사람을 상상할 수 없었다. 앞서 설명한 것처럼 네로는 임신한 아내를 발로 걷어차서 죽인 것을 포함하여 자기 가족을 많이 살해했으며, 수많은 기독교인을 고문하고 살해했으며, 자신을 신으로 숭배하라고 요구했다. 네로를 "전능한 하나님"과 "구세주"로 언급하는 당시의 비문이 존재한다. 이를 비추어 보면, 바울 서신을 처음 읽은 데살로니가 사람들은 불법의 사람이 네로라고 쉽게 결론 내렸을 것이다. 많은 과거주의 교사가 불법의 사람은 네로 황제인 것에 동의한다. 이 주제에서 가장 탁월한 연구를 한 사람은 케네스 젠트리 쥬니어이며 참고 문헌에 책의 제목을 수록했다.

요한 크리소스톰

"불법의 일이 이미 일어났다." 바울은 네로를 말하는 것이다.

(고대 기독교 주석(Ancient Christian Commentary) 2000년, XI, p. 111)

어거스틴

불법적인 일이 이미 일어났다는 주장은 무엇을 의미하는가?... 그는 항상 이 사람이 네로를 지칭하는 것으로 이해할 것이라고 예상했다.

(스튜어트(Stuart)의 묵시록(Apocalypse, 2007년 12월 1일)에서 인용, http://www.preteristarchive.com/StudyArchive/a/augustine_amillennial.html)

불법의 사람, 존 레비(John Levi)

존경받는 종말론 교사이자 작가인 존 브레이[JOHN BRAY]는 불법의 사람이 1세기에 등장한 기스칼라의 존 레비[JOHN LEVI OF GISCHALA]였다고 주장한다.[3] 존 레비는 로마 정부의 전복을 시도한 열심당[ZEALOT]의 지

---

3. 존 브레이, The Man of Sin of II Thessalonians 2(데살로니가후서에 나타난 불법의 사람 2), (

도자였으며 유대인과 로마의 통치에 반대했다는 점에서 실제로 불법의 사람이었다. 바울이 데살로니가 사람들에게 서신을 기록할 때 존 레비는 예루살렘에서 활동하면서 유대인들이 로마에 반역하도록 선동했다. 하지만 대제사장 안나스는 존 레비의 선동을 금지했는데, 존 레비는 2만 명의 군인과 이두메인들을 선동하여 예루살렘을 대적하여 대제사장을 포함한 8천 명이 넘는 사람을 죽이는 대학살을 저질렀다.

대제사장이 죽자, 존 레비는 열심 당원과 많은 유대인을 선동하여 함께 로마 정부를 향해 반역했다. 이 반역은 많은 유대인에게 유행처럼 번져 나갔으며 갈수록 과격해졌다. 존 레비의 반역은 결국 주 후 70년 로마가 예루살렘을 파괴하도록 공격하는 원인이 되었다. 존 레비는 예루살렘의 옥수수 공급 물량을 다른 공급품과 함께 불태웠는데, 결과적으로 로마 군대가 예루살렘을 포위했을 때 수천 명의 주민이 굶어 죽는 원인이 되었으며, 예루살렘이 로마군의 공격을 받을 때 존 레비와 그의 추종자들은 성전을 장악하고 성전 기물을 사용하여 성전을 더럽히고, 희생 제사를 금지했다. 이 의미에서 존 레비는 성전에 있을 동안 하나님의 자리에 올랐다. 성전이 불타오를 때 결국 존 레비는 체포되었다. 존 브레이는 이때가 바로 예수님께서 심판장으로 오셔서 이 불법의 사람을 죽이신 것이라고 말한다.

플로리다주 레이크랜드: 존 브레이 미니스트리, 1997), PP. 27-41.

불법의 사람, 육에 속한 사람

바울이 말한 불법의 사람의 또 하나의 합리적인 설명은 불법의 사람이 개인이 아닌 세속적이고 죄악 된 인류를 나타낸다는 해석이다. 일반적으로 기독교인이 불법의 사람을 처음들을 때, 보통은 한 인격체를 생각하기 때문에 불법의 사람이 개인이 아니라는 것을 이해하기 어려워한다. 그러나 사도 바울은 비슷한 영적인 상태에 있는 개인을 무리로 언급한다. 바울 서신에는 구원받은 사람과 구원받지 못한 사람, 아담에 속한 사람과 그리스도께 속한 사람, 옛사람과 새 사람, 불법의 사람과 의로운 사람(예, 롬 5:12~21; 6:5~6; 고전 2:14; 3:1, 16; 12:12~14, 고후 6:14~16; 엡 2:19~22; 4:22~24; 골 3:5~11)과 같은 표현이 나오는데, 이것은 비슷한 상태에 있는 사람들을 하나의 무리로 정의하는 성경적 구분법이다. 그러므로 아담은 죄에 속한 모든 사람의 표현이다. 반면 그리스도께 속한 모든 사람은 하나님의 성전이다. 죄에 속한 사람은 죄로 죽을 모든 사람이다. 그리스도의 몸은 그리스도 안에서 사는 모든 사람이다. 바울이 자신의 다른 서신에서도 같은 개념을 사용하기 때문에 데살로니가 사람들에게 이 개념을 사용한 것은 놀라운 일이 아니다. 이 이해를 기반으로 불법의 사람을 알아보자.

> 그는 대적하는 자라 신이라고 불리는 모든 것과 숭배함을 받는 것에 대항하여 그 위에 자기를 높이고 하나님의 성전에 앉아 자기를 하나님이라고 내세우느니라 (살후 2:4)

바울은 이 구절을 통해 육에 속한 사람이 어떻게 하나님을 거부하고 자신을 하나님처럼 높이는지 설명한다. 어느 날, 예수님께서 재림하실 때 성경에 양과 염소, 또는 알곡과 가라지를 구분한 것처럼 하나님의 사람을 구분하면 자연스럽게 불법의 사람(육신적인 사람의 집단)이 드러날 것이고 그 후에 다음 일이 일어날 것이다.

> 그 때에 불법한 자가 나타나리니 주 예수께서 그 입의 기운으로 그를 죽이시고 강림하여 나타나심으로 폐하시리라 (살후 2:8)

예수님께서 영광중에 재림하사 악인은 멸하시고 육신적인 것을 제거하실 것이다. 이 견해는 이 책의 두 저자 가운데 마틴 트랜치가 가장 선호하는 관점이다.

불법의 사람은 누구였을까?

우리가 인정해야 할 것은 불법의 사람이 누구였는지 아무도 정확하게 알 수 없다는 것이다. 다만 본문의 시간 기준에 따라 바울이 서신을 기록한 1세기에 살았던 것은 분명하다. 앞서 논의한 것처럼 불법의 사람은 육에 속한 죄 가운데 있는 모든 사람을 언급한 것이거나, 네로나 존 레비 같은 지도자일 수 있다. 역사적으로 바울 생존 당시는 매우 어려운 시기로 악한 정권의 억압적인 지배자가 존재했다. 어쩌면 데살로니가 사람들을 다스린 알려지지 않은 정부 관리일 수도 있다.

요약

최근 몇 년 동안 수백 권의 책과 영화가 '적그리스도'는 '다가올 세계 지도자일 것이다'라는 이미지를 차용, 발전시켜왔다. 비성경적 적그리스도 개념은 많은 상상력이 추가될 충분한 여지가 있다. 미래주의는 이런 상상력을 동원하여 대다수 기독교인의 마음속에(심지어는 믿음이 없는 사람들에게까지) 비성경적 적그리스도 상을 믿음에 버금가는 자리까지 올려놓았다. 적그리스도 신화의 많은 부분이 요한일서와 요한이서의 적그리스도와 요한계시록의 짐승, 데살로니가후서의 불법의 사람을 동일시하는 성경 해석학적 실수에서 시작되었다. 전술한 것처럼 적그리스도와 짐승과 불법의 사람을 동일시할 수 있는 성경적 근거가 없다.

또 적그리스도, 짐승, 불법의 사람의 성경 묘사는 서로 매우 다르다. 요한 서신의 적그리스도는 예수님께서 육체로 오셨음을 부인하는 지도자 또는 영이었다. 요한계시록의 짐승은 로마제국의 지도자였으며 네로 황제일 가능성이 크다. 불법의 사람은 몇 가지 대상 중 하나일 수 있지만 1세기의 영지주의나 수백 명의 악한 지도자 중 하나일 수 있다.

적그리스도와 짐승, 불법의 사람이 같은 사람이라고 주장할 수 있는 합리적 근거는 없다. 성경에는 적그리스도를 언급하는 구절이 네 개만 존재하는데, 네 구절 모두 적그리스도가 1세기 동안 살았음을 명시 또는 암시한다. 또 초대교회가 영지주의에 대항한 역사적인 싸움을 이해하면 적그리스도(들)의 간략한 언급이 이단적 사고를 조장한 거짓 예언자들과 교사들임을 알 수 있다.

물론 현대의 기독교인들은 1세기에 활동한 적그리스도의 역사적 증거를 받아들이지만, 미래주의자들은 정체불명의 적그리스도가 미래에 등장할 것이라고 상상할 것이다. 그러나 우리는 스스로 정직해져야 한다. 우리는 자신이 원하는 것을 상상할 수 있는 자유가 있지만, 앞으로 다가올 미래에 적그리스도가 등장하는 것이 성경적이라고 주장하는 것은 명백히 잘못된 일이다.

이제 우리는 지금까지 논의한 내용을 바탕으로 미래주의자들에게 아래 공란에 앞으로 적그리스도가 등장한다는 주장을 뒷받침하는 분명한 성경 구절을 기록해 보도록 도전한다.

이것이 지나치게 감정적이어 보인다면 용서를 구한다. 하지만 현실에 직면하지 않으면 자신의 잘못된 신념과 교리를 포기하지 않는다. 단언컨대, 미래에 적그리스도가 등장할 것이라는 성경 구절은 존재하지 않기 때문에 위의 공란을 채울 수 있는 사람은 없다. 미래에 적그리스도가 나타날 것이라는 성경적 근거는 없다.

7장

THE RAPTURE

휴거

미래주의자와 부분적 과거주의자 모두 재림과 휴거를 믿는다. 예수님께서 능력과 영광으로 이 땅에 재림하셔서 하늘에 나타나사 세상을 심판하실 것이다. 하지만 미래주의와 부분적 과거주의는 재림과 휴거의 사건이 언제, 어떻게 펼쳐질지의 의견이 다르다.

이 차이점을 설명하기 전에, 성경에는 "휴거"라는 단어가 없다 휴거는 라틴어 '라피오^{RAPIO}'를 영어로 옮긴 것인데, 이 단어는 라틴어 성경 살전 4:17에 등장한다. 초기 사본에 사용된 실제 헬라어는 '하르파조^{HARPAZO}'로 보다 정확히 "데려가다, 붙잡다, 잡아채다, 끌어 올리다$^{CAUGHT\ UP}$"로 번역된다. 우리는 이번 장에서 "휴거"와 "끌어 올리다" 단어를 번갈아 사용할 것이다. 성경 기자가 의도한 의미를 문자적으로 가장 잘 전달하는 용어는 "끌어 올리다"이다.

미래주의의 재림 견해

미래주의 견해는 대개 다음과 같은 방식으로 휴거를 묘사한다.

예수님께서 오직 신자들만 볼 수 있도록 하늘에 비밀스럽게 나타나시면 선택된 신자들이 지구를 떠나 공중으로 "끌어 올려져" 하늘에서 주님을 만난다. 지구에서는 기독교인이 운전하던 차가 부서지고, 기독교인의 집에는 옷만 남으며, 죽은 신자들 역시 "끌어 올려져" 육체가 무덤에서 사라진다. 그리고 예수님께서는 7년 동안 선택된 신자들과 천국에서 어린양의 혼인 잔치를 즐기는데 이는 예수님과 신부의 혼인 잔치에 해당한다. 이 7년 동안 적그리스도가 지구를 지배하고 대부분의 사람이 적그리스도를 따르며, 계시록 4장에서 18장에 기록된 사건이 발생한 후 하나님께서 진노를 쏟으시며 모든 사람의 1/3을 포함한 세상의 많은 부분이 파괴되는 고난이 임할 것이다.

자, 이 묘사에는 혼란스러운 부분이 존재한다. 미래주의자들은 휴거가 예수님의 재림이라고 말하지만, 정확히 말하면 첫 번째 재림이고, 천국 잔치와 지상의 환란이 끝나는 7년 후에 두 번째 재림이 일어난다고 한다. 미래주의자들은 두 번째 재림 때에 예수님께서 선택된 신자들과 함께 오신다고 주장하며, 두 번째 재림은 첫 번째 재림과 다르게 은밀히 오시지 않고 모든 사람이 주님을 볼 것이라고 한다. 두번째 재림에서 심판자로 오신 예수님과 군대는 아마겟돈 전쟁에서 적들을 물리치실 것이다. 미래주의자들 사이에서도 자세한 부분에서 약간의 차이가 있지만, 위의 것이 일반적으로 잘 알려진 휴거 내용이다.

예수님의 재림을 두 번으로 나누는 미래주의 견해

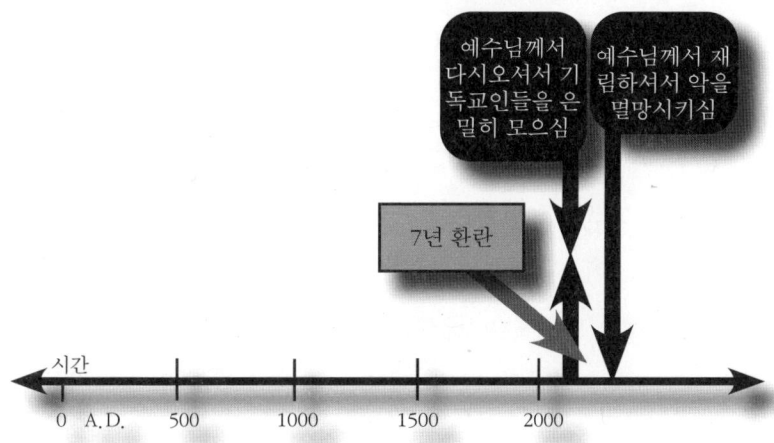

미래주의 휴거 견해는 19세기 이전에는 잘 알려지지 않았다. 미래주의 휴거 교리를 역사적으로 처음 언급하는 내용은 존 질 JOHN GILL 박사의 저서(1748)와 모건 에드워즈 MORGAN EDWARDS의 저서(1788)에서 발견되었다. 영국의 존 넬슨 더비 JOHN NELSON DARBY가 1830년에서 1833년까지 아일랜드에서 개최한 파워스코트 컨퍼런스에서 공개할 때까지 어느 단체도 미래주의 휴거 이론을 받아들이지 않았다. 더비는 1827년경에 휴거 계시를 받았다고 주장했다(일부는 더비가 마가렛 맥도널드라는 15세의 스코틀랜드 소녀가 받은 예언을 사용했다고 한다).

더비는 "Any Movement" 교리를 강력하게 선도한 플리머스 형제 운동PLYMOUTH BRETHREN MOVEMENT을 만들었다.

더비는 1864년경 미국을 방문해서 휴거 견해를 퍼트렸으며 남북 전쟁 이후 윌리엄 E. 블랙스톤WILLIAM E. BLACKSTONE이 미래주의 휴거 견해를 'Jesus Is Coming'이라는 글로 쓴 것이 받아들여졌다. 유명한 설교자 D. L 무디가 휴거 교리를 지지했다. 하지만 1909년에 나온 유명한 스코필드 주석 성경의 각주에 더비의 종말론 견해가 정식으로 게재되기 전까지 휴거는 인기를 얻지 못했다.[1]

더비와 스코필드의 휴거 견해가 현재 미래주의 견해로 발전했다. 기독교인이 천국에서 7년 동안 머무른다는 것은 제3장에서 전술한 것처럼 미래주의자들이 말하는 다니엘의 70 이레에 해당한다. 기독교인이 휴거되어 천국에 있는 동안 하나님께서 유대인들에게 7년의 은혜를 베푸시며 그 기간에 유대인들은 세계적으로 중요한 위치를 차지하지만, 7년의 중간에 적그리스도가 유대인들과의 약속을 어기고 예루살렘에 재건한 성전에서 자신을 하나님이라고 선포할 것이라고 한다. 그때 하나님께서 진노를 세상에 쏟으시며 온 세상에 대환란이 일어난다. 7년이 끝나면 두 번째 재림이 일어나 예수님께서 지상에 오신다고 한다.

---

1. 켈리 버너(KELLY VARNER), WHOSE RIGHT IT IS (펜실베니아주 SHIPPENSBURG: DESTINY IMAGE 출판사, 1995년), PP. 143-145.

부분적 과거주의의 재림 견해

제3장에서 설명한 것처럼 부분적 과거주의자들은 다니엘의 70이레는 다니엘 9장에 나타난 69번째 주 직후에 이어지는 1세기에 완료되었다고 본다. 그러므로 부분적 과거주의자들은 미래에 특별한 7년이 있다고 보지 않고, 재림을 두 부분으로 나누지 않고 오히려, 예수님의 재림이 한 번의 큰 사건으로 일어난다고 본다.

부분적 과거주의자들은 예수님께서 계속해서 교회를 세우시며 기독교인들이 많은 시련과 좌절을 직면하겠지만, 실패보다 더 많은 승리와 성공을 경험할 것이라고 본다. 이런 점진적인 세우심 PROGRESSIVE BUILDING 은 하나님만이 아시는 "마지막 날"까지 계속된다. 그 날이 되면, 아무런 경고나 징조 없이 예수님께서 구름을 타고 오실 것이며 모든 사람이 주님을 볼 것이다. 주님께서 재림하실 때 모든 신자들(산 자와 죽은 자 모두)은 "끌어 올려져" 주님을 만날 것이다.

부분적 과거주의의 휴거에서는 기독교인들이 재림 후 7년 동안 하늘에 있지 않다. 마치 암탉이 병아리를 날개 아래 품는 것처럼 신자들은 "끌어올려"질 것이다. 예수님께서 세상의 악을 제거하시는 동안 당신의 백성을 보호하시고 신자들과 함께 지상으로 내려오신다. 이런 이유로 헬라어 '하르파조 HARPAZO'가 "들려 없어지는 것"이 아니라 "끌어올려 지는 것"이므로 더 정확한 번역이라고 전술한 바 있다. 기독교인이 끌어 올려져서 천국으로 가지 않고 공중에서 주님을 만난 다음 주님과 함께 다시 세상에 내려와 통치하고 다스릴 것이다.

부분적 과거주의자들은 이 "끌어올려 짐"을 공항에 방금 막 도착한 친구를 만나는 사람으로 비유한다. 친구가 공항에 도착해야 친구를 마중 나갈 수 있다. 마중 나간 친구들은 도착한 친구와 함께 또 다른 비행기를 타고 떠나는 것이 아니라 친구를 데리고 집으로 올 것이다. 마찬가지로 예수님께서 재림하실 때, 신자들을 천국으로 데려가시는 것이 아니라 이 땅에 함께 오실 것이다. 예수님께서 이 땅의 악을 제거하시는 데는 많은 시간이 필요하지 않다. 주님의 영광이 나타나는 순간 모든 것을 변화시키기 때문에 기독교인들은 공중에서 예수님을 만나는 순간, 이 땅의 악이 제거되고 예수님과 신자들이 내려와 이 땅을 다스릴 것이다.[2]

부분적 과거주의의 재림 견해

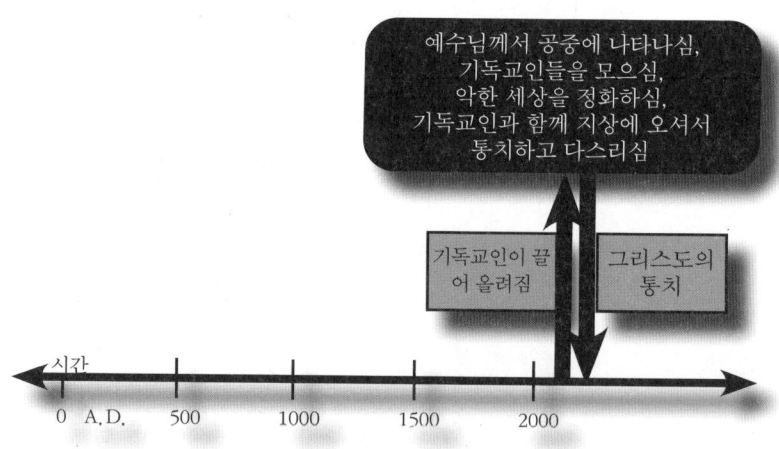

---

2. 이 책의 공동 저자 마틴 트렌치는 후천년설을 지지하므로 이 재림을 심판의 위대한 날이라고 본다. 반대로 해럴드 에벌리는 전천년설을 지지하며 예수 그리스도의 천년 왕국이 끝나고 두번째 심판이 있을 것이라고 본다.

관련 구절 고찰

휴거의 부분적 과거주의 견해가 미래주의 견해보다 더 성경적인 이유를 보자. 예수님의 재림을 의미하는 성경 구절이 많이 있지만 휴거를 논의할 때 참조되는 주요 구절은 세 개(네 번째 구절은 논란의 여지가 있음)뿐이다. 처음 두 구절은 기독교인이 영화로운 몸을 얻는 내용이다.

> 51 보라 내가 너희에게 비밀을 말하노니 우리가 다 잠 잘 것이 아니요 마지막 나팔에 순식간에 홀연히 다 변화되리니 52 나팔 소리가 나매 죽은 자들이 썩지 아니할 것으로 다시 살아나고 우리도 변화되리라 (고전 15:51~52)

> 20 그러나 우리의 시민권은 하늘에 있는지라 거기로부터 구원하는 자 곧 주 예수 그리스도를 기다리노니 21 그는 만물을 자기에게 복종하게 하실 수 있는 자의 역사로 우리의 낮은 몸을 자기 영광의 몸의 형체와 같이 변하게 하시리라 (빌 3:20~21)

이 구절은 우리의 새로운 몸을 말하며 휴거의 "끌어 올림"은 다루지 않는다. 미래주의자와 부분적 과거주의자 모두 기독교인이 휴거될 때 즉시 영광스럽게 변화된다고 보기 때문에 이 성구는 양측의 주장을 지지하기 위해 사용할 수 있다. 휴거를 가르치기 위해 사용하는 세 번째 구절은 살전 4:16~17이다.

16 주께서 호령과 천사장의 소리와 하나님의 나팔 소리로 친히 하
늘로부터 강림하시리니 그리스도 안에서 죽은 자들이 먼저 일어나
고 17 그 후에 우리 살아 남은 자들도 그들과 함께 구름 속으로 끌어
올려 공중에서 주를 영접하게 하시리니 그리하여 우리가 항상 주와
함께 있으리라

이것이 공중으로 "끌어 올림 받아" 주님을 만나는 유일한 구절
이다. 앞서 본 것처럼 이 구절은 7년 동안 하늘로 "끌어올려 없어
지는" 것이 아니라 공중으로 "끌어 올려져서" 주님을 "만나는" 것
을 말한다. 바울이 로마여행을 할 때도 같은 용어인 "만나다(아판
테시스APANTESIS)"를 사용한다.

15 그 곳 형제들이 우리 소식을 듣고 압비오 광장과 트레이스 타베르
네까지 맞으러 오니 바울이 그들을 보고 하나님께 감사하고 담대한
마음을 얻으니라 16 우리가 로마에 들어가니… (행 28:15~26)

이 구절에서 바울은 제자들을 만나지만, 목적지를 바꾸지 않고
제자들과 함께 로마로 갔다. "만나다"가 열 처녀 비유에 두 번 사용
된다(마 25:1~13). 지혜로운 다섯 처녀가 신랑을 "만나는" 장면에서
지혜로운 다섯 처녀는 다른 곳으로 가지 않고 신랑을 만나서 영접
했다. 이 비유와 같이 기독교인들은 공중에서 다른 곳으로 떠나는
것이 아니라 주님을 영접한 후 주님과 함께 지구로 내려온다.

휴거에 언급되는 네 번째 성경 구절은 논란의 여지가 있다. 사실, 미래주의 견해를 주장하는 대부분의 학자는 미래주의자들이 이 구절을 이 구절을 잘못 사용한다는 사실을 인정한다. 이 구절은 미래주의자들에게 널리 알려진 "공상 과학" 소설이나 영화에서 보는 마태복음 24장의 "남겨진다$^{LEFT\ BEHIND}$"는 구절이다.

> 37 노아의 때와 같이 인자의 임함도 그러하리라…그 때에 두 사람이 밭에 있으매 한 사람은 데려가고 한 사람은 버려둠을 당할 것이요 41 두 여자가 맷돌질을 하고 있으매 한 사람은 데려가고 한 사람은 버려둠을 당할 것이니라 42 그러므로 깨어 있으라 어느 날에 너희 주가 임할는지 너희가 알지 못함이니라 (마 24:37~39)

제1장에서 마태복음 24장을 논의할 때, 우리는 이 구절이 기독교인의 비밀스러운 휴거를 의미하는 것이 아니라 세상에 오셔서 믿지 않는 사람을 심판하시는 예수님의 재림을 말하는 것이라고 설명했다. 이 노아의 비유에서 데려감을 당한 사람을 일부 미래주의자들의 주장과 달리 구원받는 신자가 아니라고 볼 수 있다. 다시 한번 잘 생각해보라. 노아의 때에 갑자기 심판이 임했을 때 경건하지 않은 사람들은 심판을 받아 땅에서 사라졌고, 노아와 가족은 남아서 세상을 유업으로 받았다. 마찬가지로 예수님께서 재림하셔서 심판하실 때, 노아와 가족이 방주에서 보호받았듯이 기독교인들은 예수님의 품 안에서 보호받으며, 세상에서는 악한 자들이 심

판을 받은 후에 예수님과 구원받은 의인들은 이 땅을 통치하기 위해 "남겨질^{LEFT BEHIND}" 것이다. 이것이 예수님께서 마태복음 13장의 알곡과 가라지 비유에서 제자들에게 가르치신 내용이다.

> 40 그런즉 가라지를 거두어 불에 사르는 것 같이 세상 끝에도 그러하리라 41 인자가 그 천사들을 보내리니 그들이 그 나라에서 모든 넘어지게 하는 것과 또 불법을 행하는 자들을 거두어 내어 42 풀무 불에 던져 넣으리니 거기서 울며 이를 갈게 되리라 43 그 때에 의인들은 자기 아버지 나라에서 해와 같이 빛나리라 귀 있는 자는 들으라 (마 13:40~43)

이 본문에서 예수님께서는 거두어져 버려질 대상은 불법을 행하는 자들이며, 뒤에 남겨져 해와 같이 빛날 사람은 의인들이라고 분명하게 말씀하신다. 미래주의자들과 반대로 부분적 과거주의자들은 예수님과 함께 세상에 임한 주님의 나라를 다스리고 통치할 수 있도록 "남겨지기^{LEFT BEHIND}"를 원한다. 마 5:5이 우리에게 말씀하시는 것처럼 온유한 자가 땅을 기업으로 받을 것이다.

요약

당신이 부분적 과거주의자의 재림 견해를 받아들이면 예수님의 재림이 두 번 일어나는 것을 보지 않을 것이다. 하나님의 진노가 세상에 쏟아지는 동안, 기독교인이 7년간 하늘에 있을 것이라는 가정은 성경적 근거가 없는 추측일 뿐이다. 예수님께서 재림하실 때, 문자 그대로 이 땅^{EARTH}으로 오실 것이다.

재림을 향한 미래주의자와 부분적 과거주의자의 또 다른 점은 가까운 미래에 일어날 일에 초점을 맞추는 것이다. 미래주의자들은 다가올 휴거를 지나치게 강조해서 신자들의 마음을 최전방에 있게 한다. 다가올 휴거 개념의 맹점은 자칫 신자들을 현실 도피적으로 만든다는 것이다.

하지만 부분적 과거주의 견해를 받아들이는 기독교인들의 관심사는 다가올 휴거를 확실하게 믿으면서 동시에 휴거를 통해 하늘로 올라가 도피하는 것보다, 세상에서 일어날 대추수와 함께 영광 중에 통치하는 교회에 있다.

대부분의 미래주의자는 대추수로 예표하는 전 지구적인 부흥을 기다린다고 말하지만, 이들의 마태복음 24장 해석에 따르면 재림 전에 커다란 배교가 반드시 일어나야 하므로 대부흥이 일어난다는 자신들의 주장과 배치된다. 미래주의자들은 세상이 갈수록 더 악해진다고 믿기 때문에, 말세에 적그리스도가 등장하고 하나님께서 진노를 세상에 쏟으시기 전에 기독교인들을 휴거시키실 것이라고 믿을 수밖에 없다. 그래서 미래주의자들은 머지않아 다가올 극심한 7년 대환란을 피할 휴거에 중점을 둘 수밖에 없다.

그러나 부분적 과거주의자들은 미래를 올바로 보기 때문에, 부정적인 사건들보다 강력하게 일어날 교회와 다가올 대추수를 감당할 준비를 하는 것에 중점을 둔다.

8장

THE END-TIMES

마지막 때

마지막 때를 의미하는 용어는 매우 다양하다.

END-TIMES, END DAYS, LAST DAYS, LATTER DAYS

마지막 때를 표현하는 용어가 대부분 복수형이므로 마지막 때 관련 사건이 한순간에 발생하는 것이 아니라 일정 기간에 걸쳐 일어난다는 사실을 알 수 있다.

성경에서 단수형으로 지칭하는 "그 날"은 최후의 대심판을 의미한다. "그 날" 또는 "주의 날"이라고도 하는 때는 역사의 정점을 이루는 것으로서 우리가 현재 말하는 마지막 때와는 구별해야 한다.

이번 장에서 우리는 "그 날, 주의 날"은 다루지 않을 것이다. 하지만 성경에서 "마지막 때"라고 언급한 내용을 살펴보면서 "마지막 때"와 "주의 날"이 어떻게 다른지 알아볼 것이다.

자신이 마지막 때에 산다고 믿은 사도들

성경의 여러 구절을 보면 1세기 사도들이 스스로 마지막 때에 산다고 믿었음을 알 수 있다. 예를 들어 베드로가 오순절에 말씀을 선포할 때, 요엘서를 인용하면서 당시를 "말세"라고 지칭하면서 사람들의 삶에 성령님께서 역사하시는 경험을 할 것이라고 말한다.

> 15 때가 제 삼 시니 너희 생각과 같이 이 사람들이 취한 것이 아니라 16 이는 곧 선지자 요엘을 통하여 말씀하신 것이니 일렀으되 17 하나님이 말씀하시기를 말세에 내가 내 영을 모든 육체에 부어 주리니 너희의 자녀들은 예언할 것이요 너희의 젊은이들은 환상을 보고 너희의 늙은이들은 꿈을 꾸리라 (행 2:15~17)

베드로는 마지막 날이 오순절에 성취된다는 요엘의 예언을 자신 있게 선포했다. 또 자신이 마지막 때를 산다는 이해 속에서 베드로 전서를 기록했다. 베드로는 마지막 때를 예수님께서 자신의 생애 가운데 나타나신 때라고 정의한다.

> 그는 창세 전부터 미리 알린 바 되신 이나 이 말세에 너희를 위하여 나타내신 바 되었으니 (벧전 1:20)

바울도 구약에 일어난 사건에서 우리가 어떻게 배워야 할 것인지 설명하면서 말세라는 용어를 사용한다.

> 그들에게 일어난 이런 일은 본보기가 되고 또한 말세를 만난 우리를 깨우치기 위하여 기록되었느니라 (고전 10:11)

과연 바울이나 베드로가 틀렸거나 혼동한 것인가? 우리가 바울이나 베드로뿐만 아니라 다른 신약성경 기자의 가르침에서도 자신들이 마지막 때를 산다고 믿었음을 확인할 수 있다. 히브리서 기자는 다음과 같이 기록한다.

> 1 옛적에 선지자들을 통하여 여러 부분과 여러 모양으로 우리 조상들에게 말씀하신 하나님이 2 이 모든 날 마지막에는 아들을 통하여 우리에게 말씀하셨으니 이 아들을 만유의 상속자로 세우시고 또 그로 말미암아 모든 세계를 지으셨느니라 (히 1:1~2)

히브리서 기자는 자신이 마지막 때에 사는 것을 확신하면서 마지막 때는 하나님께서 지상에 계신 예수님을 통해 말씀하신 공생애 기간이라고 정의한다. 야고보 역시 같은 말세 관으로 탐욕스러운 부자들을 책망하면서 멸망을 선포했음을 알 수 있다.

> 너희 금과 은은 녹이 슬었으니 이 녹이 너희에게 증거가 되며 불 같이 너희 살을 먹으리라 너희가 말세에 재물을 쌓았도다 (약 5:3)

야고보는 1세기를 "마지막 때"라고 믿었다. 사도 요한은 훨씬 더 큰 확신 속에서 말세의 믿음을 언급한다.

> 아이들아 지금은 마지막 때라 적그리스도가 오리라는 말을 너희가 들은 것과 같이 지금도 많은 적그리스도가 일어났으니 그러므로 우리가 마지막 때인 줄 아노라 (요일 2:18)

요한은 적그리스도의 존재를 근거로 자신이 마지막 때에 산다고 확신했으며, 자신의 제자들도 이 사실을 깨닫기 원했다. 그렇다면 신약성경 기자들이 틀린 것인가? 사도들이 2천 년이라는 기간을 오해한 것인가?

미래주의의 마지막 때 견해

미래주의가 이해하는 마지막 때 요점은 1세기의 사도 이후 2천 년 뒤인 현재를 사는 우리가 참된 마지막 때를 살고 있으며, 최소한 2천 년 전보다 마지막 때에 근접했다고 생각한다. 미래주의자들이 말세 또는 마지막 때를 언급할 때는 예수님의 재림 정점에서 발생할 것이라고 믿는 휴거, 대환란, 적그리스도, 지진, 기근, 재난, 배교 사건과 같은 징조 시나리오를 포함한다. 이 모든 이해는 마지막 때를 현재를 기준으로 가까운 미래나 최근에 시작된 기간으로 설정했기 때문이다.

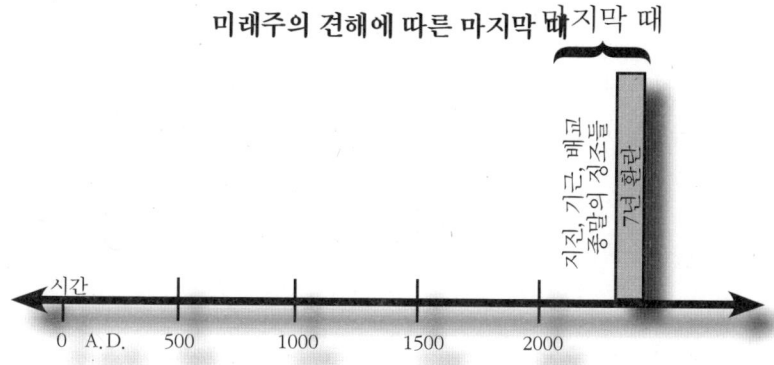

미래주의자들은 신약성경 기자들이 스스로 마지막 때에 산다고 믿은 이유가, 사도들이 그 시기를 오해했기 때문이라고 말하거나 마지막 때는 예수님의 부활에서 세상의 종말까지의 기간이라고 주장하면서 마지막 때가 2천 년 이상 연장되었다고 말한다. 미래주의자들은 필요에 따라 마지막 때 시간 정의를 수정하면서 자신이 가진 종말 직전의 짧은 기간 동안 있을 대환란 주장을 되풀이한다.

부분적 과거주의의 마지막 때 견해

부분적 과거주의 견해는 신약성경 기자들의 말을 문자 그대로 믿기 때문에 베드로, 바울, 야고보와 요한은 틀리지 않았다고 본다. 사도들은 마지막 때에 산 것이 맞다. 놀랍게도 우리가 익숙한 것과 다르게 지금은 마지막 때가 아니다.

먼저, 우리는 성경이 의미하는 마지막 때 또는 말세 개념을 올바르게 이해해야 한다. 요엘은 성령님께서 세상에 부어지는 기간을 말세라고 정의한다. 베드로는 요엘의 정의를 받아들여 오순절 날에 성취되었다고 믿는다(행 2:16~17). 또 베드로는 예수님께서 세상에 계신 기간을 말세라고 정의한다(벧전 1:20). 야고보는 자신의 세대를 말세로 이해했다(약 5:3). 요한은 적그리스도들이 활동한 시기를 말세라고 정의하고 적그리스도들이 자신의 생애에 활동했다고 한다(요일 2:18). 히브리서 기자는 지금으로부터 2천 년 전 세상에 사신 예수 그리스도를 통해 하나님께서 사람에게 말씀하신 기간을 "마지막 때"라고 말한다(히 1:1~2).

"마지막 때"의 성경적 정의에 따르면 사도들은 마지막 때에 산 것이 맞다. 하나님께서 성경 기자들에게 영감을 주셔서 성경을 기록했다고 믿는다면, 이들이 실수했다고 말해선 안 된다. 예를 들면 요한은 자신의 시기가 "마지막 때"라고 강조했다(요일 2:18). 우리는 하나님께서 요한에게 영감을 주셨다고 믿기 때문에 2천 년 전이 마지막 때였다고 결론내려야 한다. 부분적 과거주의자들은 성경이 명확하게 말씀하시는 내용에 동의한다. 마지막 때는 1세기에 일어났다. 그렇다면 시간의 표현상 끝인 마지막 때가 어떻게 1세기에 일어났다는 것인가?

예수님 시대에 살았던 유대인의 관점에서 살펴보자. 구약을 잘 알았던 유대인들은 하나님의 언약도 잘 알았다. 유대인에게 가장 희망적인 약속은 오실 메시아와 새로운 왕국이었으며 경건한 유대인들은 이 약속에 자신의 삶을 맞추었다. 하나님의 언약은 유대인들에게 아주 중요했기 때문에 구약성경의 선지자들이 약속한 날들을 항상 고대했다.

예수님께서 이 땅에 오셨을 때, 영적인 의미에서 새로운 나라를 가져오셨다. 예수님께서는 새로운 언약을 제정하셨으며 성전은 파괴되었고 낡은 종교 체계가 완전히 끝났다. 그러므로 구약의 관점에서 볼 때 1세기가 마지막 때가 맞으며, 이전 것은 끝났다. 마지막 때는 하나님께서 새로운 것을 제정하심으로써 옛것을 폐기하신 시기다.

마지막 때는 예수님께서 자신을 메시아로 드러내신 날부터 주후 70년 예루살렘 성전이 파괴된 날까지 해당한다. 사도들은 틀리지 않았다. 그들은 마지막 때에 살았으며 우리는 새로운 시대에 살고 있다. 우리는 새로운 나라와 새로운 언약 속에서 산다!

부분적 과거주의 견해에 따른 마지막 때

부분적 과거주의의 마지막 때 이해는 미래주의 견해에 익숙한 기독교인들에게 매우 충격적인 메시지다. 미래주의자들은 자기 생각이 틀릴 수 없다고 믿을 만큼 세상의 종말에, 마지막 때와 말세의 언급을 많이 들었다. 그러나 우리는 성경을 있는 그대로 역사적인 관점을 통해 해석하고 이해해야 하며, 앞서 강조한 것처럼, 성경은 구절의 문맥 안에서 살펴보아야 한다.

1) "이는 곧 선지자 요엘로 말씀하신 것이니 말세에" (행 2:16~17)

2) "이 말세에" (벧전 1:20)

3) "말세를 만난" (고전 10:11)

4) "이 모든 날 마지막에" (히 1:1~2)

5) "말세에" (약 5:3)

6) "마지막 때라" (요일 2:18)

7) "우리가 마지막 때인 줄 아노라" (요일 2:18)

마지막 때는 미래라는 선입견 없이 위의 구절을 보면, 마지막 때의 시간 기준이 과거를 언급하며 특히 사도들이 살던 기간을 언급한다는 점에 의심의 여지가 없다. 이 문제는 기독교인뿐만 아니라 비기독교인 앞에서 믿음을 변호하는 데도 상당히 중요하다. 현대의 가장 영향력 있는 무신론자 중 한 명인 버트란드 러셀[BERTRAND RUSSELL]이라는 학자가 쓴 "내가 기독교인이 아닌 이유"에서 사도들이 스스로 마지막 때에 살았다고 믿은 점을 지적하면서, 마태복음 24

장의 사건이(최소한 러셀 자신이 이해하는 한도 내에서) 한 세대 안에 일어나지 않았기 때문에 예수님께서 거짓 선지자였다고 주장한다[1]. 러셀과 다른 많은 영향력 있는 무신론자는, 예수님과 사도들이 마지막 때에 살았다고 믿은 점이 틀렸다고 지적하면서 기독교인을 조롱한다.

이제 우리는 마지막 때를 살던 주님과 사도들의 믿음을 놓고 구차하게 변명하지 말고 그들의 주장을 그대로 믿자. 사도들은 마지막 때에 살았으며, 우리는 그렇지 않다는 것이 사실이다.[2]

요약

마지막 때를 미래가 아닌 과거로 이해하면 교회와 세상의 미래를 향한 우리의 기대도 바뀐다. 성경에는 후일 LATTER DAYS에 많은 사람이 믿음에서 떠날 것을 말씀하는 구절이 있다(딤전 4:1). 또 비슷한 성경 구절이 있다(유 1:18). 미래주의자들은 미래에 세상의 종말이 오기 전이 마지막 때라는 주장을 믿기 때문에, 미래를 향해 가면 갈수록 세상이 영적으로, 도덕적으로 더 나빠질 것이라고 믿는다. 그러나 사실 성경의 마지막 때는 우리의 미래를 말하는 것이 아니라 구약을 기준으로 자신이 살던 때를 말하는 것이며, 성경 기자들이 기록한 성경의 문맥을 살펴보면 더 분명해진다.

---

1. 버트란드 러셀, WHY I AM NOT A CHRISTIAN AND OTHER ESSAYS ON RELIGION AND RELATED SUBJECTS(내가 그리스도가 아닌 이유, 그리고 종교 및 관련 주제의 다른 수필들), 폴 에드워즈(PAUL EDWARDS) 편집 (뉴욕: SIMON & SCHUSTER, 1957년), P. VI.
2. 일부 부분적 과거주의자들은 예수님의 재림을 마지막 날, 혹은 마지막 때라고 부른다. 그러나 미래주의자와 같은 용어를 사용한다고 해서 1세기에 끝난 마지막 때와 혼동하지 않는다.

그러나 성령이 밝히 말씀하시기를 후일에 어떤 사람들이 믿음에서
떠나 미혹하는 영과 귀신의 가르침을 따르리라 하셨으니 (딤전 4:1)

바울은 디모데에게 주변의 악한 상황에 놀라지 말것을 권면한다. 왜냐하면, 성령님께서 이미 후일 즉, 그들의 때에 이런 일이 일어날 것을 밝히 보여주셨기 때문이다. 또 유다서는 마지막 때에 나타날 악한 사람들을 경고한다.

그들이 너희에게 말하기를 마지막 때에 자기의 경건하지 않은 정욕
대로 행하며 조롱하는 자들이 있으리라 하였나니 (유 1:18)

유다는 본문에서 2천 년 후에 등장할 조롱하는 자를 말하는 것이 아니라 자신의 시대에 살던 기롱하는 자들을 언급한다. 1세기에 로마 통치 아래 있던 사람들의 끔찍한 영적, 도덕적 상황을 이해하면 이 구절을 잘 이해할 수 있다. 유대인들은 자신의 타락한 상태를 알았다. 유대인 역사가 요세푸스는 자기 백성들의 상태를 언급했는데 그 세대가 예루살렘의 멸망을 목격했다.[3]

유대인의 타락 외에도, 유대인과 로마인이 기독교인들을 고문하고 살해하는 잔인한 박해가 진행되었으며 많은 사람이 거짓 메시아, 거짓 선지자, 거짓 교사에게 속았다. 그 시대는 속임과 부패가 만연한 세대였다. 그 시대의 영적 및 도덕적 상태를 알면 마지

---

3. 세계가 시작된 이래, 어떠한 세대도 이렇게 비참한 고통을 당하지 않았으며 이보다 더 악할 수 없었다. (유대인의 전쟁(THE WARS OF THE JEWS), V:x:5)

막 때의 조롱하는 자들과 악한 사람들을 경고하는 두 신약성경 구절을 쉽게 이해할 수 있다. 우리가 위의 두 구절을 시간 기준과 문맥으로 살펴보면, 조롱하는 자들과 악한 자들이 1세기에 활동한 악한 사람임을 부인할 수 없다. 이렇게 명백한 성경적 관점은 이 두 성경 구절을 오용하는 미래주의자들이 주장하는, 예수 그리스도의 재림이 다가올수록 악이 더 증가할 것이라는 주장과는 완전히 다르다.

부분적 과거주의자들은 미래나 세상을 향해 비관적이고 부정적인 견해를 가지지 않는다. 부분적 과거주의자들은 우리가 새로운 시대를 살고 있으며 이 새로운 시대의 교회는 더 강력하게 연합하고 성숙하며, 초대교회가 사람들에게 인정받은 것처럼 하나님의 영광을 회복할 것이라고 믿는다. 그리고 다니엘서에 나온 것처럼 하나님의 나라가 세상을 가득 채울 때까지 계속해서 성장할 것이라고 믿는다.[4]

---

[4] 부분적 과거주의자들도 예수님께서 재림하시는 미래의 기간을 언급하기 위해 "마지막 때"나 "종말"이라는 용어를 사용한다. 하지만 1세기가 이전 것에서 새것으로 변화한 것을 나타내기 위해 성경에서 사용한 방식과 미래주의자들이 미래의 종말을 언급하는 차이점을 혼동하지 않는다.

결론

이 책의 전반적인 내용은 지금까지 부분적 과거주의 견해를 접하지 못한 독자들에게 큰 충격과 혼란을 줄 수 있다. 그러나 우리는 종말론과 관련한 성경 구절을 "승리의 견해"로 이해할 수 있다고 확신하며, 참고할 수 있는 다른 책도 목록에 포함했다. 그렇다고 해서 우리는 당신이 모든 성경 구절을 우리의 방식으로 이해해야 한다고 생각하지 않는다. 실제로 부분적 과거주의 교사 중에 우리와 다른 방법으로 종말론을 설명하는 사람들도 있다.

이 책의 목적은 여러분이 종말론에 관한 승리의 견해를 수용하게 하는 데 있다. 승리의 견해는 여러분이 미래를 향해 두려움이 아닌 용기를 가지고 원대한 계획을 수립하여 전진하게 하고, 다음 세대에게 다가올 더 큰 하나님의 부흥을 준비하게 하며, 우리가 믿는 하나님은 재앙과 심판을 내리는 분이 아니라 세상을 구원하시는 분이심을 믿도록 격려할 것이다.

기억하라, 사탄은 이 세상을 다스릴 수 없다. 오직 예수님만 진정한 주님이시며, 예수님의 발아래에 모든 원수를 굴복시키실 것이다. 할렐루야!

Bibliography 1

참고문헌 1

본 서적을 위한 참고 자료로 아래의 도서를 사용했다.

Aquinas, Thomas. Golden Chain. New York: Mowbray, 1956.

Athanasius. On the Incarnation. Translated and edited by Sister Penelope Lawson, S.C.M.V. New York: Macmillan Publishing Co., 1946.

어거스틴. 고백록. Translated by Maria Boulding. New York: Vintage Spiritual Classics, 1998.

Bray, John. Matthew 24 Fulfilled. Lakeland, FL: John Bray, 1996.

Bray, John. The Man of Sin of II Thessalonians 2. Lakeland, FL: John Bray, 1997.

Calvin, John. Calvin's Commentaries (1847). Grand Rapids, MI: Baker Book House, 1984.

Calvin, John. Commentary on a Harmony of the Evangelists, Matthew, Mark, and Luke. Translated by William Pringle. Grand Rapids, MI: Eerdmans, 1949.

Chilton, David. 낙원의 구속사. Tyler, TX: Dominion Press, 1994.

Coontz, Stephanie. The Way We Never Were: American Families and the Nostalgia Trap. New York, NY: Basic Books, 1992.

Currie, David. Rapture: The End-times Error That Leaves the Bible Behind. Manchester: Sophia Institute Press, 2003.

D'Emilio, John and Freedman, Estelle. Intimate Matters: A History of Sexuality in America. New York, NY: Harper and Row, 1988.

조나단 에드워즈, 조나단 에드워즈 전집 (1834). Edited by Edward Hickman. 2 volumes. Edinburgh: Banner of Truth, 1974.

Epiphanius, The Panarion of St. Ephiphanius of Salamis. New York: E. J. Brill, 1987.

유세비우스, 유세비우스의 교회사. London, England: Penguin Press, 1965.

Eusebius, Pamphilius. The Proof of the Gospel (c. A.D. 300). Translated by W. J. Ferrar. New York: The Macmillan Co., 1920.

Farrar, Frederick. The Early Days of Christianity. New York: AL Burt, 1884.

Gorday, Peter, ed. Ancient Christian Commentary on Scripture: New Testament IX. Downers Grove, IL: InterVarsity Press, 2000.

Hagee, John. Jerusalem Countdown. Lake Mary, FL: Frontline, 2006.

Hutchins, Robert Maynard, ed. Great Books of the Western World. Volume 15, Tactius' Annuals and Histories. Chicago, IL: Encyclopaedia Britannica, Inc., 1952.

Josephus, Flavius. Josephus: The Complete Works. Translated by William Whiston. Nashville, TN: Thomas Nelson Publishers, 1998.
Kik, J. Marcellus. An Eschatology of Victory. Nutley, NJ: Presbyterian and Reformed Publishing Co., 1971.

Latourette, Kenneth Scott. A History of Christianity, Vol. 1, New York: Harper and Row, 1975.

Lindsey, Hal. The Late Great Planet Earth. Grand Rapids, MI: Zondervan Publishing, 1975.

Mauro, Philip. The Seventy Weeks and the Great Tribulation. Clackamas, OR: Emissary Publications, 1921.

Merrill, Dean. Sinners in the Hands of an Angry Church. Grand Rapids, MI: Zondervan Publishing, 1997.

Origen. Origen Against Celsus. Translated by James Bellamy. London: B. Mills, 1660.

Pike, G. Holden. The Life and Work of Charles Haddon Spurgeon. Edinburgh, UK: Funk and Wagnalls Co., 1992.

Roberts, Alexander, and Donaldson, James, eds. The Ante-Nicene Fathers: Translations of the Writings of the Fathers Down to A.D. 325. 10 volumes. Grand Rapids, MI: Eerdmans Publishing Co., 1989.

Russell, Bertrand. Why I Am Not a Christian and Other Essays on Religion and Related Subjects. New York: Simon & Schuster, 1957.

Simmons, Kurt. The Consummation of the Ages. Carlsbad, NM: Bimillennial Preterist Association, 2003.

Simonetti, Manlio, ed. Ancient Christian Commentary on Scripture: New Testament Ib. Downers Grove, IL: InterVarsity Press, 2002.
Sproul, R. C. The Last Days According to Jesus. Grand Rapids, MI: Baker Books, 1998.

찰스 스펄전, 설교 전집 마태 복음1, 2, Grand Rapids, MI: Baker Book House, 1979.

Spurgeon, Charles. The Gospel of the Kingdom. Pasadena, TX: Pilgrim Publications, 1974.

Tacitus, Cornelis. Annuals of Imperial Rome. New York: Penguin Books, 1989.

Van Impe, Jack. Millennnium: Beginning or End? Nashville, TN: Word Publishing, 1999.

Varner, Kelley. Whose Right It Is. Shippensburg, PA: Destiny Image Publishers, 1995.

Wells, Ronald A. History Through the Eyes of Faith. New York, NY: HarperCollins Publishers, 1989.

요한 웨슬레. The Works of John Wesley. Edited by Albert C. Outler. Nashville, TN: Abingdon, 1985.

> 본 서적에 수록된 정보 수집에 도움이 될 수 있는
>
> 미래주의 견해 자료는 다음 사이트에서 찾아볼 수 있다.

http://www.preteristarchive.com

BIBLIOGRAPHY 2

참고문헌 2

우리가 다음 모든 서적에 수록된 내용의 전부를 보장하는 것은 아니지만 (어떤 내용은 완전한 과거주의 견해를, 일부는 부분적 과거주의 견해를 제공한다), 해당 서적이 승리의 종말론 이해의 폭을 넓혀줄 것이다.

Bray, John. Matthew 24 Fulfilled. Lakeland, FL: John Bray Ministry, 1996.

Bray, John. The Man of Sin of II Thessalonians 2. Lakeland, FL: John Bray Ministry, 1997.

Chilton, David. The Days of Vengeance: An Exposition of the Book of Revelation. Fort Worth, TX: Dominion, 1987.

Currie, David. Rapture: The End-times Error That Leaves the Bible Behind. Manchester, NH: Sophia Institute Press, 2003.

DeMar, Gary. Last Days Madness: Obsession of the Modern Church. 3rd ed. Atlanta: American Vision, 1997.

해럴드 에벌리, 미래를 향한 올바른 관점(벧엘북스 출판 예정). Yakima, WA: Worldcast Publishing, 2002.

Gentry, Kenneth L., Jr. Before Jerusalem Fell. Tyler, TX: Institute for Christian Economics, 1989.

Gentry, Kenneth L., Jr. The Beast of Revelation. Tyler, TX: Institute for Christian Economics, 1989.

빌 헤몬. 영원한 교회. Point Washington, FL: Christian International Publishers, 1981.

Josephus, Flavius. Josephus: The Complete Works. Translated by William Whiston. Nashville, TN: Thomas Nelson Publishers, 1998.

Kik, J. Marcellus. An Eschatology of Victory. Nutley, NJ: Presbyterian and Reformed Publishing Co., 1971.

Krupp, Nate. The Church Triumphant. Shippensburg, PA: Destiny Image Publishers, 1988.

Ladd, George Eldon. The Gospel of the Kingdom. Grand Rapids, MI: Eerdmans Publishing Co., 1959.

Mauro, Philip. The Seventy Weeks and the Great Tribulation. Clackamas, OR: Emissary Publications, 1921.

Murray, Iain H. The Puritan Hope. Carlisle, PA: Banner of Truth, 1998.

Noe, John. *Shattering the Left Behind Delusion*. Bradford, PA: International Preterist Association, 2000.

Pate, Marvin C., ed. *Four Views on the Book of Revelation*. Grand Rapids MI: Zondervan, 1998.

Simmons, Kurt. *The Consummation of the Ages*. Carlsbad, NM: Bimillennial Preterist Association, 2003.

R. C. 스프라울, 예수님께서 말씀하신 종말. Grand Rapids, MI: Baker Books, 1998.

Varner, Kelley. *Whose Right It Is*. Shippensburg, PA: Destiny Image Publishers, 1995.

더 자세한 정보는 다음 사이트에서 찾을 수 있다.

http://www.preteristarchive.com

About The Authors

해럴드 에벌리
Harold R. Eberle

해럴드 에벌리와 아내 린다는 1980년부터 6년간 교회에서 목사로 사역했다. 좋은 열매를 맺은 목회를 마치고 해럴드는 더 큰 그리스도의 몸을 섬기기 위해 부름 받았다. 해럴드는 전 세계의 수많은 성서 대학에서 인기 있는 컨퍼런스 강사다. 린다는 초등학교 교사를 하면서 여름 방학 기간에는 해럴드와 함께 사역한다.

해럴드는 수십 개국에서 사역했는데, 특히 세 지역에 집중했다. 1990년에 필리핀에서 Eddie Deita 목사와 성경 대학을 설립하고 지도자를 세웠으며, 1996년부터는 아프리카에서 Weston Gitonga 박사와 함께 중앙아프리카 7개 국가에서 12개의 성서 대학을 설립했다. 해럴드는 최근부터 모슬렘 통치 지역인 중동 지역에 초점을 맞추기 시작했다.

해럴드는 교회 지도력, 생명 중심의 기독교, 하나님 나라 재정, 교회사, 승리하는 기독교인의 삶 및 신학 분야의 책 25권을 저술했으며 책 중 몇 권은 전 세계의 성경 학교와 신학교에서 교과서로 사용된다. 해럴드와 린다는 결혼 후 33년 동안 세 명의 자녀를 키웠으며 현재 미국 워싱턴 주 야키마에서 행복한 삶을 살고 있다.

About The Authors

마틴 트렌치
Martin Trench

　마틴 트렌치 목사는 페루 리마에 거주 중이던 스코틀랜드 출신의 부모님 밑에서 태어났으며 6살 되던 해에 다시 스코틀랜드로 돌아왔다. 십 대 시절에는 마치 롤러코스터를 타는 것처럼 걷잡을 수 없는 삶을 살았지만, 18살에 복음의 권능과 하나님의 임재를 체험하고 회심하여 새롭게 태어났으며 전임사역으로 부름 받았다.

　1986년부터 1988년까지 스코틀랜드의 글래스고에 있는 유명한 성경학교에서 공부했으며 이후 철학, 사역학, 신학 학위(학사, 석사, 박사)를 취득했다. 그러나 마틴 트렌치는 유명한 학교의 이름과 학위보다 실제 삶에서의 사역 경험과 하나님과의 지속적인 교제, 끊임없이 배우려는 열망을 중요시 한다. 마틴은 고고학과 심리학, 신학에 큰 관심이 있었지만 건조한 지적 탐구보다 예언과 환상, 꿈과 치유 같은 초자연적 사건을 통해 하나님을 깊이 경험했다.

　1989년 BTI를 졸업하고 스코틀랜드의 은사주의적 교회의 부목사가 되었으며, 6년 후에 새로운 교회를 세우도록 파송되었다. 지금은 사랑하는 아내와 자녀들과 함께 캐나다 앨버타 주의 애드몬튼에 있는 게이트웨이 교회를 섬기고 있다.

도서 안내

승리의 종말론 / 값 16,000원

주님의 몸 된 교회는 계속해서 주님의 영광을 향해 성장하며 더욱 더 연합되어 이전에 보지 못한 하나님의 권능을 나타내고, 사탄은 결단코 이 세상을 장악하지 못할 것이다.
우리 주 예수 그리스도께서 만주의 주, 만왕의 왕으로서 모든 대적을 그 발아래 굴복시키실 것이다!

하나님의 불같은 사랑 / 값 13,500원

이 책은 저자의 베스트셀러 <기도 응답의 지연이 주는 축복>의 후속편으로, 하나님께서 사랑하는 교회에 어떻게 역사하시는지 알려준다. 하나님의 불같은 사랑을 경험하고, 성경에서 가장 영광스러운 주제인 "하나님의 사랑"을 깊이 묵상하라.

다윗의 세대 / 값 10,000원

다윗의 세대는 마지막 때에 성령님께서 기름부으신 예배자요 영적 용사의 세대이며 여호수아 세대가 시작한 하나님의 일을 완성하는 세대이다. 저자는 8개의 주제를 통해 다윗의 세대의 특징을 효과적으로 설명한다.

예언적 예배의 능력 / 값 9,000원

하나님 앞에 예언적 예배로 나아가려면 성령님과 친밀한 관계를 유지해야 하며, 성령님은 모든 예배마다 독특한 흐름으로 우리를 인도하신다. 성령님의 인도하심과 지휘를 따라갈 때 우리 삶에 하나님의 임재를 통한 성장과 성숙의 축복이 임한다.

지성소 / 값 10,000원

성령님께서 지금 이 시간 그리스도의 거룩한 신부들이 지성소로 들어가도록 부르신다. 하나님께서 가장 높고 은밀한 지성소에서 천국의 사명과 계시, 하나님의 뜻과 거룩한 부르심을 주시고, 이것을 성취할 수 있는 권능을 주신다!

중보적 예배 / 값 13,500원

우리가 예배와 중보기도를 음악과 하나로 모을 때, 이 땅 위에 하나님의 계획과 목적이 더 충만하게 나타날 것이다. 이 책은 깊은 예배와 강력한 기도와 탁월한 음악의 능력이 함께 어우리지도록 돕는다.

참된 예배자의 마음 / 값 8,500원

이 책의 저자 켄트 헨리는 지난 40년간 예배를 인도하고 예배자를 훈련하는 일에 헌신해왔다.
이 책을 통해 참된 예배자의 마음을 더 깊이알고 살아가게 될 것이다.

하나님의 임재를 갈망하는 예배자 / 값 10,000원

샘 힌 목사는 어떻게 예배를 통해 하나님의 임재 안으로 들어갈 수 있는지 친절하게 알려 준다. 예배 가운데 주님께 초점을 맞추고 하나님의 영광과 은혜로 자기 자신을 보기 시작할 때, 당신은 가장 놀라운 변화를 경험하게 될 것이다.

옮긴이 / 정광의
서강대학교를 졸업하고 서울신학대학 대학원 M.div를 수료했으며,
현재 마중물 교회를 개척중이다.

옮긴이 / 천슬기
경북대학교를 졸업하고 번역서를 통해 성도들에게 하나님의 기름부음과
선한 영향력이 임하기를 기도하면서 다양한 영성서적을 번역하고 있다.

승리의 종말론 개정판 3쇄

펴 낸 이 : 한성진
펴 낸 날 : 1쇄 2017년 3월 13일, 2쇄 2020년 6월 15일, 3쇄 2022년 2월 18일
펴 낸 곳 : 벧엘북스 BETHEL BOOKS
등   록 : 2008년 3월 19일 제 25100-2008-000011호

지 은 이 : 해럴드 에벌리, 마틴 트렌치
옮 긴 이 : 정광의, 천슬기
표   지 : 조종민

주   소 : 서울시 강남구 봉은사로 71길 31 한나빌딩 지층
웹사이트 : www.facebook.com/BBOOKS2 또는 벧엘북스로 검색
전   화 : 010-9897-4969
I S B N : 978-89-94642-30-7

※ 책 값은 뒷표지에 있습니다.
※ 잘못된 책은 교환해 드립니다.